高等院校经济管理类主干课程教材

主编●常 艳 吴伟荣

AUDITING [第一版]

审计学

长江出版传媒
Changjiang Publishing & Media
湖北科学技术出版社
HUBEI SCIENCE & TECHNOLOGY PRESS

MAIN TEACHING MATERIAL

图书在版编目(CIP)数据

审计学 / 常艳，吴伟荣主编. — 武汉：湖北科学技术出版社，2020.2
ISBN 978-7-5706-0856-0

Ⅰ. ①审… Ⅱ. ①常… ②吴… Ⅲ. ①审计学—教材
Ⅳ. ①F239.0

中国版本图书馆 CIP 数据核字(2019)第 293219 号

审 计 学
SHENJIXUE

责任编辑：秦 艺　　封面设计：喻 杨

出版发行：湖北科学技术出版社　　电　话：027-87679442
地　址：武汉市雄楚大街 268 号
（湖北出版文化城 B 座 13—14 层）　　邮　编：430070
网　址：http://www.hbstp.com.cn

印　刷：武汉市卓源印务有限公司　　邮　编：430026

787 × 1092　1/16　　16.25 印张　391 千字
2020 年 2 月第 1 版　　2020 年 2 月第 1 次印刷

定　价：49.00 元

总　　序

“高等院校经济管理类主干课程教材”是为适应我国高等经济管理教育蓬勃发展的需要而组织编写的系列教材。教育部2012年9月发布的《普通高等学校本科专业目录》中，经济学科门类计有4小类10个专业，管理学科门类计有9小类32个专业。2006年教育部的数据表明在全国普通高校中经济类专业布点1 518个，管理类专业布点4 328个，其中绝大多数属于应用型专业。经济管理类应用型专业主要着眼于培养社会主义经济建设发展所需要的德、智、体、美全面发展的高素质专业人才，要求既具有比较扎实的理论功底和良好的发展后劲，又具有较强的专业技能、实践能力和创新精神。教育是民族振兴和社会进步的基石。我们从推动高等教育内涵式发展，着力提高高等教育质量，确定“高等院校经济管理类主干课程教材”的编写原则与要求如下。

（1）坚持主编负责制。每一本教材的主编，对其编写的教材质量全面负责，并充分发挥参编人员的积极性，吸纳参编人员的智慧。

（2）体系完整、结构严谨。一门独立的课程必然有其区别于其他课程的内容，课程的知识体系决定该课程教材的体系。在确定教材编写大纲及章节安排时，应做到思路清晰、逻辑严密、主次分明、重点突出、承前启后、前呼后应、首尾一贯。

（3）内容充实、新颖。借鉴国内外最新教材，融会当前有关经济管理学科的最新理论和实践经验，用最新的知识充实教材内容。

（4）注重能力培养。为全面实施素质教育，教材建设具有重要作用。教材建设不仅要关注知识的现代化与传授方式，而且要注重学生的能力培养。经济管理类教材建设，应重视培养学生的社会责任感、创新精神和实践能力。

（5）锐意改革与创新。教材建设应秉承锐意改革与创新的精神，及时反映教学改革与创新的成果，同时用教材改革与创新推动整体教育教学改革。

党的十八大明确提出坚定不移沿着中国特色社会主义道路前进，为全面建成小康社会而奋斗的宏伟目标。实现这一宏伟目标需要培养千百万经济管理高素质人才。我们认真着力编好这套“高等院校经济管理类主干课程教材”，既是我们的追求，也是我们的责任。

“高等院校经济管理类主干课程教材”的顺利出版，是参加本系列教材编写和审稿的各位老师付出了大量卓有成效的辛勤劳动，湖北科学技术出版社社领导和编辑室、市场部的同仁奔波四方做了大量组织协调工作，对此，编委会表示由衷的敬意与谢意！由于该套书编写、编辑工程浩大，参编单位与人员众多，加之编者的学术水平所限，在编写要求、写作风格、学术思想等诸多方面的协调难度较大，故而难免会存在一些不足，诚恳欢迎同行专家和广大读者批评指正，以便再版时修改与完善。

“高等院校经济管理类主干课程教材”编委会

2014年1月于武汉

前　言

注册会计师审计在保护投资者和其他利益相关者权益、维护市场经济秩序中的意义越来越重要。本教材系统介绍注册会计师审计的理论和实务，同时，考虑审计知识的全面性和审计工作的广泛性，对注册会计师除财务报表审计以外的其他业务，以及政府审计和内部审计的有关理论和方法等也进行了介绍。

在编写过程中，我们认真梳理了本教材的结构体系和内容，力求体现以下几个特点。

第一，全面介绍现代审计学的系统化理论与方法。全书共十三章，第一章至第六章主要介绍审计的产生和发展、职业道德规范及审计的基本原理和基本方法；第七章至第十三章主要介绍审计实务，包括财务报表审计中各交易循环审计的流程及主要账户的审计、终结审计阶段的工作和完成审计报告。

第二，结合我国审计领域的新变化、新内容，全面介绍我国2006年颁布和实施，后又于2010年全面修订的中国注册会计师执业准则体系的核心内容和要求，并根据审计领域的最新发展，介绍计算机技术在审计中的运用及近几年审计准则的新变化。严格按照最新发布的企业会计准则和中国注册会计师执业准则体系的核心要求阐述审计实务，并对审计人员的职业道德和法律责任等进行探讨和研究，有利于提高学生乃至广大读者的实务操作水平。

第三，突出审计实务。审计学是在审计实践中发展起来的一门学科。审计理论不仅是审计实践经验的总结，而且已经形成一个合乎逻辑、能够反映审计实践活动客观规律的知识系统。本教材在全面阐述审计基本理论和方法的同时，从销售与收款循环审计、采购与付款循环审计、生产与存货循环审计、筹资与投资循环审计、货币资金审计、完成审计工作与审计报告等方面探讨适应我国审计的实践活动情况且具有可操作性的审计技巧和审计方法。

第四，为了便于教学，结合会计、审计专业教学特点，每一章都配有关键术语、延伸阅读、思考题、练习题，并根据需要设计案例分析，便于教师讲解和学生课堂讨论，还以融媒体的形式结合二维码丰富课程内容。

本教材由武昌首义学院常艳副教授和华中农业大学吴伟荣副教授主编，华中农业大学王淅勤教授、武昌首义学院周叶叶老师和刘慧敏老师担任副主编。常艳全面设计全书章节架构，执笔第五章、第六章，并负责修正、总撰、定稿全书；吴伟荣执笔第七章至第十章；王淅勤执笔第一章、第十三章；周叶叶负责编写第二章至第四章、第十二章；刘慧敏负责编写第十一章。此外，本教材在编写过程中还得到了湖北科学技术出版社的大力帮助，在此一并表示感谢。

本教材的内容体系既能适应我国会计学、审计学、财务管理学专业教学之用，也能满足工商管理、财政金融等其他相关经济类专业教学之用。此外，本教材可作为会计师事务所的审计人员、企事业单位的经济管理人员业务学习的参考用书。

由于编者的水平有限，对本教材存在的不足之处，恳请读者批评指正。

编者

2019 年 8 月

目　　录

第一章　审计概论

学习目的与要求

通过本章的学习，能够了解审计产生和发展的历程；理解和掌握审计的定义、审计的基本分类、审计的对象；了解审计的基本职能、审计监督体系的构成；重点了解会计师事务所的组织形式，熟悉注册会计师的业务范围。

第一节　审计的产生与发展

一、审计的产生

审计是经济发展到一定阶段的产物，它随着社会生产力和生产关系的发展而逐步完善。当财产所有者与经营管理者出现分离，形成委托与受托经济责任关系之后，财产所有者（委托人）出于对财产经营管理者（受托人）的经营情况进行监督和检查的需要，产生了对审计的客观需求。

我国最早的审计产生于西周时期，根据《周礼》所载，宰夫“岁终，则令群吏正岁会。月终，则令正月要。旬终，则令正日成，而以考其治。治不以时举者，以告而诛之”。当时年终、月终、旬终的财计报告由宰夫命令督促各部门官吏整理上报，并就地稽核，发现违法乱纪者，可越级向天官冢宰或周王报告，加以处罚。由此可见，宰夫是独立于财计部门之外行使审计职能的官职。宰夫一职的出现，标志着政府审计的产生。

秦汉时期是政府审计制度的确立时期。这一时期的特点主要表现在：第一，秦代设御史大夫一职，执掌弹劾、纠察之权，专司监察全国的民政、财政及财物审计事务，并协助丞相处理政事。第二，“上计”制度日趋完善。“上计”制度是指皇帝亲自听取和审核各级地方官吏的财计报告，以决定赏罚的制度。各地官府定期将财政收支、钱粮出入等逐级上报中央官厅，由御史大夫进行审核。全国“上计”时，皇帝在场受计（听审），御史大夫在场支持审理。汉承秦制，仍设有御史大夫和“上计”制度，并制定“上计律”，首次将审计监督用法律形式固定下来，成为我国最早的审计立法。

隋唐至宋代，随着中央集权的不断加强，官僚系统进一步发展，审计制度也日臻完善。隋代除继续推行御史监察制度外，还设置了隶属于刑部的比部，掌管国家财计监督，行使审计职权。唐代改设三省六部，六部之中，刑部掌天下律令、刑法等政令，比部隶属于刑部，凡国家财计，不论军政内外，均加以勾稽并审核。唐代的比部审查范围极广，涉及国家财经各领域，项目众多，具有很强的独立性和较高的权威性。北宋时，掌管经济检查监督权的官府被命名为审计司，成为我国历史上第一个以审计命名的机构。南宋时，审计司又改名为审计院。宋代审计司（院）的建立，是我国“审计”的正式命名，从此“审计”一词便成为进行财政经济监督的专用名词，对后世中外审计建制具有深远的影响。

据考证，早在奴隶制下的古罗马、古埃及和古希腊时代，已有官厅审计机构，并设有监督官一职。审计人员以“听证（auditing）”方式，对掌管国家财物和赋税的官吏进行审查和考核，成为具有审计性质的经济监督工作。

注册会计师审计起源于16世纪的意大利。当时地中海沿岸的商业城市经济比较繁荣，商业经营规模不断扩大。由于单个业主难以向企业投入巨额资金，为适应筹集所需大量资金的需要，合伙制企业应运而生。在合伙制企业中，所有权和经营权开始分离。未参与经营管理的合伙人需要维护其自身权益，执行合伙人也希望能够证实自己经营管理的能力。这样，在客观上就需要独立的专职第三方对合伙企业进行监督、检查，人们开始聘请会计专家来担任查账和公证的工作。于是出现了一批具有良好的会计知识、从事查账和公证工作的专业人员，他们所进行的查账与公证，可以说是注册会计师审计的起源。此阶段的审计也被称之为账项基础审计。

总之，审计是社会经济发展到一定阶段的产物，受托经济责任是其产生的根本原因，由此产生的委托代理关系称之为第一层委托代理关系，受托人有义务向委托人报告其责任履行情况，但由于委托人与受托人双方的利益关系不一致，由此带来的委托人利益损失成为代理成本。委托人出于自身利益维护的需要，客观上需要一个独立的第三方对受托人的责任履行情况进行监督，第二层委托代理关系由此产生，审计应运而生。审计的三方关系如图1-1所示。

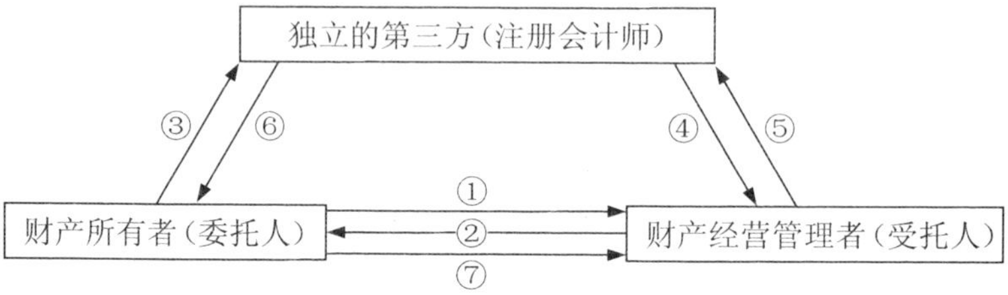

图1-1 审计关系

由此可见，财产所有者与财产经营管理者之间是受托经济责任关系，财产所有者与注册会计师之间是审计的委托与受托关系，注册会计师与财产经营管理者之间是审计与被审计的关系。具体表现在：①财产所有者将资源财产委托给财产经营管理者代为经营管理；②财产经营管理者接受委托并对财产所有者承担相应的经济责任；③财产所有者委托注册会计师对财产经营管理者进行审计；④注册会计师对财产经营管理者经济责任履行情况进行审计；⑤财产经营管理者接受注册会计师的审计；⑥注册会计师将财产经营管理者经济责任的履行情况以审计报告的形式报告给财产所有者；⑦财产所有者根据审计报告考核和评价财产经营管理者，以确立或解除其经济责任。

二、审计的发展

18世纪60年代，英国开始工业革命。随着资本主义大工业的发展和企业生产规模的不断扩大，依靠单个资本的缓慢积聚已经难以适应社会需要，于是出现了以发行股票筹集资本为特征的股份公司。在股份公司中，所有权和经营权普遍分离。持有股票而不直接参与经营管理的股东出于对自身投资的安全和回报考虑，十分关心公司的财务状况和经营成果。而公司财务状况和经营成果是通过其提供的会计报表来反映的。会计报表是否真实、准确，经理人员是否存在舞弊、欺诈行为，需要由社会上具有专业技能的会计师进行检查、鉴证。这些会计师就是独立审计人员。一般认为，使注册会计师审计产生的“催产剂”是1721年英国的“南海公司事件”。当时的南海公司以虚假的会计信息诱骗投资人上当，其股票价格一时扶摇直上。但好景不长，南海公司最终未能逃脱破产倒闭的厄运，致使股东和债权人损失惨重。其后，英国议会聘请会计师查尔斯·斯耐尔（Charles Snell）对南海公司会计账目进行审计，并以“会计师”的名义出具了“查账报告”，从而宣告了独立会计师——注册会计师的诞生。

19世纪末20世纪初，世界经济的中心从英国转移到美国，美国的注册会计师职业迅速崛起并很快成为引导世界注册会计师职业发展的火车头。1887年，美国公共会计师联盟（American Association of Public Accountants）成立。1957年更名为美国注册会计师协会，后来成为世界上最大的注册会计师职业团体。注册会计师审计逐步渗透到社会经济领域的各个层面。20世纪初期，由于金融资本对产业资本更加广泛的渗透，企业同银行利益关系更加紧密，银行逐渐把企业资产负债表作为了解企业信用状况和偿债能力的主要依据，于是在美国产生了帮助贷款人及其他债权人了解企业信用的资产负债表审计，即美国式注册会计师审计。审计方法也逐步从单纯的详细审计过渡到初期的抽样审计。这一时期，注册会计师审计的主要特点是：审计对象由会计账目扩大到资产负债表；审计的主要目的是通过对资产负债表数据的审查，判断企业的信用状况和偿债能力；审计的方法从详细审计初步转向抽样审计；审计报告使用人除企业股东外，更突出了债权人。

从1929年到1933年，资本主义世界经济大危机时期，大批企业倒闭，大量投资者和债权人蒙受了巨大的经济损失。这使得企业的利益相关者更加关心企业盈利水平，从而产生了对企业利润表进行审计的客观要求。为了加强对证券市场的监督，维护投资者和社会公众利益，美国先后颁布了《1933年证券法》和《1934年证券交易法》，明确规定：公开发行和在交易所上市交易的公司必须向证券交易委员会（the U. S. Securities and Exchange Commission，SEC）报送并向公众披露经注册会计师审计的资产负债表和损益表。从此，上市公司财务报表审计作为一种法定审计制度在美国得以确立，并逐步被其他国家所借鉴。同时期科学管理思想的问世，促生了制度基础导向审计，使审计效率得到了一定程度的提高。这一时期，注册会计师审计的主要特点是：审计对象转为以资产负债表和损益表为中心的全部财务报表及相关财务资料；审计的主要目的是对财务报表发表审计意见，以确定财务报表的真实可靠，查错防弊转为次要目的；审计范围已扩大到测试相关的内部控制，并以控制测试为基础进行抽样审计；审计报告使用人扩大到股东、债权人、证券交易机构、税务部门、金融机构及潜在投资者；审计准则开始拟定，审计工作向标准化、规范化过渡；注册会计师资格考试制度广泛推行，注册会计师专业素质普遍提高。

第二次世界大战以后，跨国公司的发展和国际资本的流动带动了注册会计师审计的跨国界发展，形成了一批国际会计师事务所（以下简称国际所）。随着事务所规模的扩大，形成了“八大”国际所，分别是安达信会计师事务所（Arthur Andersen）、普华国际会计师事务所（Price Waterhouse）、亚瑟·杨会计师事务所（Arthur Young）、恩斯特惠尼会计师事务所（Ernst & Whinney）、德洛伊特·哈斯金斯·塞尔斯会计师事务所（Deloitte Haskins & Sells）、塔奇·罗斯会计师事务所（Touch Ross & Co.）、毕马威会计师事务所（Klynveld Peat Marwich Goerdeler，KPMG）以及永道会计师事务所（Coopers & Lybrand）。2001年，美国安然公司会计造假案爆发，为其出具审计报告的安达信会计师事务所，因涉嫌舞弊和销毁证据受到美国司法部门的调查，之后宣布关闭，其成员所也纷纷与其他国际会计师事务所合并。由此形成了“四大”国际所，即普华永道会计师事务所（Price Waterhouse Coopers）、安永会计师事务所（Ernst & Young）、毕马威会计师事务所（KPMG）、德勤会计师事务所（Deloitte Touche Tohmatsu）。与此同时，审计技术也在不断发展，抽样审计方法得到普遍运用，风险导向审计方法得到推广。

进入信息化时代以来，随着信息技术和互联网技术的飞速发展，市场经济主体的商业模式日新月异，审计范围、审计内容、审计手段以及对审计人员的职业胜任能力要求都发生了翻天覆地的变化，审计对象信息的形式更加多样化，电子数据变得越来越重要，在审计对象越来越复杂的同时，数据采集和挖掘技术运用于审计证据的获得、比较和分析，大大提高了审计效率。计算机审计、网络审计、数据式审计等非现场审计也应运而生。随着云计算的发展，云审计的应用前景十分广阔。

三、我国独立审计的产生和发展

与西方国家独立审计相比，我国独立审计的产生较晚，最早的注册会计师审计始于辛亥革命之后，我国的民族工商业获得了较大发展，产生了对鉴证会计报表、维护股东权益、协调经济利益的现实需要。1918年6月，著名会计学家谢霖向北洋政府农商部申请开办会计师事务所。同年9月，农商部颁布了我国第一部注册会计师法规——《会计师暂行章程》，并批准谢霖为我国第一位注册会计师。谢霖创办的正则会计师事务所，揭开了我国注册会计师职业发展的序幕。此后，越来越多的注册会计师被批准，并建立了会计师事务所，包括潘序伦先生创办的潘序伦会计师事务所（后改称立信会计师事务所）。1925年，上海会计师公会成立。1930年，国民政府颁布施行《会计师条例》，确立了会计师职业的法律地位。1933年，在上海成立了“全国会计师协会”。但是，在半殖民地半封建的旧中国，注册会计师职业未能得到很大的发展，注册会计师审计也未能充分发挥应有的作用。会计师事务所主要集中在上海、天津、广州等沿海城市，注册会计师业务主要是为企业设计会计制度、代理申报纳税、提供会计咨询服务等。

新中国成立初期，注册会计师审计在经济恢复工作中发挥了积极作用。当时由于不法资本家囤积居奇、投机倒把、偷税漏税等造成了极为恶劣的财政状况，负责财经工作的陈云同志大胆聘用注册会计师，依法对工商企业进行查账。这在当时对平抑物价、保证国家税收、争取国家财政经济状况好转做出突出贡献。但后来由于我国推行苏联高度集中的计划经济模式，商品经济受到遏制。

中国共产党十一届三中全会后，随着“对内搞活经济，对外实行开放”方针的实行，商品经济得到迅速发展，为注册会计师制度的恢复重建创造了客观条件。1980 年 12 月，财政部发布了《中华人民共和国中外合资经营企业所得税法施行细则》，规定外资企业年度会计报表要经由注册会计师进行审计，从而为我国注册会计师审计制度的重建提供法律依据。1980 年 12 月 23 日，财政部发布《关于成立会计顾问处的暂行规定》，标志着我国注册会计师职业开始复苏。1981 年 1 月，上海公正会计事务所（后改为上海市会计师事务所）成立，成为新中国第一家由财政部批准独立承办注册会计师业务的会计师事务所。我国注册会计师制度恢复后，注册会计师的服务对象主要是"三资企业"。这一时期的涉外经济法规对注册会计师业务做了明确规定，包括外商投资企业的年度报表和清算报表必须由注册会计师审计，投入资本必须经由注册会计师验证。1984 年 9 月 25 日，财政部印发《关于成立会计咨询机构问题的通知》，明确了注册会计师应当办理的业务。1985 年 1 月实施的《中华人民共和国会计法》规定："经国务院财政部门批准组成会计师事务所，可以按照国家有关规定承办查账业务。"1986 年 7 月 3 日，国务院颁发《中华人民共和国注册会计师条例》，同年 10 月 1 日起实施。1988 年 11 月 15 日，财政部领导下的中国注册会计师协会正式成立。20 世纪 90 年代以来，国家陆续颁布的《股票发行与交易管理暂行条例》《公开发行股票公司信息披露实施细则》《中华人民共和国公司法》《中华人民共和国证券法》等法规，均强制要求上市公司必须向公众披露经注册会计师审计的会计报表。上市公司审计随之成为我国维护投资者和社会公众利益的重要制度，同时也成为一些会计师事务所的重要业务。1993 年 10 月 31 日，第八届全国人民代表大会常务委员会第四次会议审议通过了《中华人民共和国注册会计师法》，自 1994 年 1 月 1 日起施行。在国家法律、法规的规范下，我国注册会计师行业得到了飞速发展，为改革开放、国有企业转制和社会主义市场经济体制的建立及有序运行发挥了积极的作用。1996 年 10 月 4 日，中国注册会计师协会加入亚太会计师联合会，并于 1997 年 4 月在亚太会计师联合会第四十八次理事会上当选为理事。1997 年 5 月 8 日，国际会计师联合会（The International Federation of Accountants，IFAC）全票通过，接纳中国注册会计师协会为正式会员。按照国际会计师联合会章程的规定，中国注册会计师协会同时成为国际会计准则委员会的正式会员。

1996 年和 1997 年，第一批、第二批中国独立审计准则分别开始施行，标志着我国独立审计走向标准化、法制化、规范化。2010 年，我国对 38 项审计准则进行修订，并于 2012 年 1 月 1 日正式开始实施，实现与国际审计准则趋同。2016 年 1 月 7 日，中国注册会计师协会呼应国际审计准则提升审计报告信息含量的要求，印发《中国注册会计师审计准则第 1504 号——在审计报告中沟通关键审计事项》等 7 项审计准则征求意见稿。2019 年 7 月 1 日中国注册会计师协会又对《中国注册会计师审计准则第 1101 号——注册会计师总体目标和审计工作的基本要求》等 18 项准则进行了修订。

第二节　审计的定义、分类与职能

一、审计的定义

审计经过不断地完善和发展，至今已经形成一套比较完备的科学体系。人们对审计的概念也进行了深入的研究，其中最具代表性的是美国会计学会（American Accounting Association，AAA）发布的《基本审计概念说明》，将审计定义为一个系统化过程，即通过客观地获取和评价有关经济活动与经济事项认定的证据，以证实这些认定与既定标准的符合程度，并将结果传达给有关使用者。

在美国会计学会前会长阿尔文·A. 阿伦斯（Alvin A. Arens）所著的审计学经典教材《审计学：一种整合方法》中，将审计定义为：审计师是具有胜任能力的独立人员，对特定的经济实体的可计量信息进行搜集和评价证据，以确定和报告这些信息与既定标准的符合程度。

依据上述定义，审计应包含以下审计要素。

（1）审计主体。审计主体应为独立的具有胜任能力的人员。独立行使审计是最本质特征。审计机构和人员在整个审计过程中要保持独立性，这种独立性既包括形式上的独立，也包括实质上的独立。只有这样，才能保证审计结论客观公正、不偏不倚，才能取信于利用审计结果的利害关系人。胜任能力要求审计人员掌握足够的专业知识和技能，有丰富的经验，从而得出恰当的审计结论。

（2）利害关系人。审计人员最终要将审计结果传达给审计授权人或委托人，他们要利用或依赖审计结论。对一个企业来说，审计的利害关系人通常包括股东、债权人、管理层、政府监管部门、一般社会公众等。

（3）审计标准。审计的最终目标是在获取充分适当审计证据的基础上，确定和报告这些信息与既定标准的符合程度，出具审计报告，发表审计意见。在审查和评价被审计单位财务收支的合法性、合规性时，是以该单位业务活动中相关的法律法规为标准；对上市公司年报进行例行财务审计时的既定标准，指的是公认会计准则。

（4）审计证据。审计证据用于证明或证伪被审计单位管理层做出的认定，是审计人员形成审计结论、发表审计意见的基础，因此，审计活动的核心就是对特定经济实体的可计量信息进行搜集和评价证据。

（5）系统过程。审计活动是一个系统化的过程。系统化意味着有明确的审计目标、相关联的审计要素和要素间的动态相关性，也就是说，在审计实务中，首先明确审计目标，然后依据审计目标规划审计工作、配置审计资源、制订审计策略，通过执行审计计划和有步骤的工作取得和比较、评价审计证据，最终实现审计目标。

二、审计的分类

（一）审计的基本分类

1. 按审计主体不同分类

审计主体是指实施审计行为的审计组织和审计人员。按审计主体不同，审计可分为政府审计、民间审计、内部审计。

（1）政府审计，也称国家审计，是指由政府审计机关所执行的审计。国家通过财政与税收形成大量的国有资源，并通过法律授权方式将这些国有资源分配给政府机构、事业单位、国有企业管理和使用。为监督和评价这些管理和使用国有资源的单位受托经济责任的履行情况，国家通过制定审计方面的法律规定设置政府审计机关，代表国家对其进行审计，以保护国有资源的安全完整，提高国有资源运用的合法性和效益性。

（2）民间审计，是指由民间审计组织所执行的审计。民间审计组织通常是经有关部门审核批准成立的，如我国经财政部门审核批准成立的会计师事务所。民间审计组织的主体是注册会计师，因此，民间审计又称为注册会计师审计。民间审计的特点是受托审计，民间审计组织只有接受了审计委托人的委托，才能开展审计业务。没有审计委托，就没有民间审计。

（3）内部审计，是指由内部审计机构所执行的审计。随着单位规模扩大，内部管理层次增加，形成了一定数量的相对独立地管理和使用本单位经济资源的内部下属单位，于是在组织内部形成了最高管理层与下属单位管理者之间的受托经济责任关系。最高管理层在本单位内部设置专职内部审计机构和审计人员，授权他们对下属单位为履行内部受托经济责任而产生的财务收支活动、经营管理活动及其经济效益情况进行审计。内部审计的主要目的是查错防弊、促进改善经营管理和实现经济目标、提高经济效益。

2. 按审计内容和目的分类

按内容和目的分类，审计可分为财政财务审计、合规性审计和绩效审计。

（1）财政财务审计，是指对被审计单位的财政或财务收支的真实合法性及其相关会计记录的公允性所执行的审计。

（2）合规性审计，是指对被审计单位某些财务活动或经营活动是否符合特定标准所进行的审计。特定标准的来源较多，有国家财经法纪，此时合规性审计又称为财经法纪审计；有国家环境保护方面的法律法规，此时合规性审计又称为环境审计；有经济合同中规定的要求，此时合规性审计又称为合同合规性审计。

（3）绩效审计，又称为经济效益审计，是指对被审计单位财务收支及其经营管理活动的经济性、效率性和效果性所进行的审计。其目的是通过对这些经济活动的审查，验证其绩效的有无及高低，发现影响绩效的问题，提出相应改进建议，帮助被审计单位改善经营管理、提高绩效水平，增强被审计单位履行受托经济责任的能力。在国外，绩效审计也称为“三 E”审计。“三 E”审计是经济性（economy）审计、效率性（efficiency）审计、效果性（effectiveness）审计的简称。经济是指如何以更少的投入实现目标；效率是指如何以较少的投入产出更多的产品；效果是指投入的资源是否达到了既定目标。“三 E”审计又向“五 E”审计发展，即增加了环保性（environment）审计和公平性（equity）审计。环保是指经济活动是否有效利用了自然资源、是否影响环境保护，投入的资源是否促进了环境的可持续性；公平是指资源的分配及再分配是否公平及其对社会秩序稳定的影响。

（二）审计的其他分类

按审计涉及的范围分类，审计可分为全部审计与局部审计；按实施审计的时间分类，审计可分为事前审计、事中审计和事后审计，也可以分为定期审计与不定期审计，还可以分为期中审计与期末审计；按实施审计的地点分类，审计可分为就地审计和报送审计；按审计的动机分类，审计可分为强制审计和任意审计；按实施前是否预先通知被审计单位，审计可分为通知审计和突击审计。

三、审计的职能

审计职能是指审计本身所固有的内在功能，取决于社会经济条件和经济发展的客观需要，并随着社会经济的发展而发展。现代审计的基本职能主要包括经济监督职能、经济鉴证职能、经济评价职能。

1. 经济监督职能

经济监督是指监察和督促被审计单位的经济活动，使其按照正常的经济规律和法规制度运行。通过经济监督维护委托人的经济利益不被代理人（受托人）所侵蚀，体现审计的防护性职能。经济监督职能主要体现在：通过审计，督促被审计单位尽职尽责、合理合法地履行受托经济责任；确保财务收支活动及其相关经营管理活动的真实性、合法性和效益性；确保财务报表和其他相关资料的正确性、合法性和公允性。

2. 经济鉴证职能

经济鉴证是指鉴定和证明被审计对象的经济资料是否公允地反映了其经济活动的实际情况，确定其可信赖程度并做出书面说明。经济鉴证的主要作用在于增加利益相关者之间的相互信任，促进经济活动的顺利开展。经济鉴证职能主要体现在：审计主体通过对被审计单位财务报表和其他相关经济资料的审核检查，确定反映和说明被审计单位财务收支活动及受托经济责任履行情况的财务报表和其他相关经济资料是否真实、合法、公允，并做出书面证明，为被审计单位的股东、债权人、监管部门、职工等相关单位与个人考核和评价被审计单位财务状况、经营成果及其变动趋势与受托经济责任履行情况提供可靠依据。

3. 经济评价职能

经济评价是指评估和确定被审计单位经济决策、经济计划和方案是否先进可行，经济活动是否按照既定目标进行，经济效益有无高低，相关管理制度是否健全有效等。经济评价的主要作用在于通过对既有经济管理活动进行评价，进而促进其效率、效果的提高。经济评价职能主要体现在：通过审计，评价被审计单位财务收支的真实性、合法性、效益性；评价财务报表及其他相关资料的正确性、合法性和公允性；评价被审计单位受托经济责任的履行情况；评价被审计单位领导人员的经营管理水平、能力、业绩及廉洁自律情况；评价被审计单位经济决策与方案是否先进可行；评价相关管理制度是否合理、健全、有效等。在此基础上，针对发现的问题，提出相应的改进与完善建议，促进被审计单位更有效地履行受托经济责任。

应该说，不同的审计组织形式在审计职能的体现上侧重点有所不同，政府审计和内部审计侧重于经济监督和经济评价，而注册会计师审计则更侧重于经济鉴证。

第三节　注册会计师与会计师事务所

一、注册会计师

（一）注册会计师的素质要求

注册会计师执业道德守则对注册会计师的职业道德和专业胜任能力提出要求，并且要求注册会计师持续地保有专业胜任能力。要求注册会计师应当遵循诚信、客观和公正原则，在执行审计和审阅业务以及其他鉴证业务时保持独立性。注册会计师应当获取和保持专业胜任能力，保持应有的关注，勤勉尽责。注册会计师应当持续了解并掌握当前法律、技术和实务的发展变化，将专业知识和技能始终保持在应有的水平，确保为客户提供具有专业水准的服务。

（二）注册会计师的资格要求

注册会计师是指依法取得注册会计师证书并在会计师事务所从事审计和会计咨询、会计服务业务的执业人员。为了选拔优秀人才加入注册会计师队伍，我国于1991年起施行了注册会计师全国统一考试制度。从1994年起，通过注册会计师全国统一考试成为取得注册会计师资格的前提。通过考试，一大批优秀人才加入注册会计师队伍。

1. 报考条件

根据《中华人民共和国注册会计师法》及《注册会计师全国统一考试办法》的规定，具有下列条件之一的中国公民，可报名参加考试：①高等专科以上学校毕业学历；②会计或者相关专业（相关专业是指审计、统计、经济，下同）中级以上技术职称。

2. 考试组织

全国考试委员会负责制定与考试有关的方针、政策，全面领导和组织考试工作。全国考试委员会办公室在全国考试委员会领导下，负责考试的具体组织和实施，并指导各地方考试委员会办公室的工作。全国考试委员会办公室设在中国注册会计师协会。

各省、自治区、直辖市财政厅（局）根据《中华人民共和国注册会计师法》等的规定，成立本地区考试委员会及其办公室，负责领导并组织本地区的注册会计师考试工作。

3. 考试科目和成绩认定

自2009年起，考试划分为两个阶段：第一阶段为专业阶段，主要测试考生是否具备注册会计师所需的专业知识、基本技能和职业道德要求，考试内容包括会计、审计、财务成本管理、公司战略与风险管理、经济法和税法六科；第二阶段为综合阶段，主要测试考生是否具备在注册会计师执业环境中运用专业知识，保持职业价值观、职业态度与职业道德，有效解决实务问题的能力，设综合一科。单科成绩合格者，其合格成绩在此后的连续四次考试中有效。第一阶段六科合格的，获得专业阶段合格证书，然后才能参加第二阶段考试，全科成绩合格的，才能取得全科合格证书和注册会计师资格，并可申请加入中国注册会计师协会，成为非执业会员。

4. 注册登记

根据《中华人民共和国注册会计师法》的规定，参加注册会计师全国统一考试成绩合格，并在中国境内从事审计业务工作两年以上者，可以向各省、自治区、直辖市注册会计师协会申请注册。省级注册会计师协会负责注册会计师的审批，受理的注册会计师协会应当批准符合法律规定条件的申请人的注册，并报财政部备案。

要取得执业资格，还必须加入一家事务所，具有两年以上实际工作经验，并符合其他审批条件。只有经批准注册并获得证书，方可执行注册会计师业务。

二、会计师事务所

（一）民间审计组织的基本形式

民间审计组织的基本形式是会计师事务所，是注册会计师依法承办业务的机构。综观注册会计师行业在各国的发展，会计师事务所主要有独资、普通合伙制、有限责任公司制、有限责任合伙制四种组织形式。

1. 独资会计师事务所

独资会计师事务所又称个人会计师事务所，由具有注册会计师执业资格的个人独立开业，承担无限责任。优点是对执业人员的需求不多，容易设立，执业灵活，能够在代理记账、代理纳税等方面很好地满足小型企业对注册会计师服务的需求，虽承担无限责任，但实际发生风险的程度相对较低；缺点是无力承担大型审计业务，缺乏发展后劲。

2. 普通合伙制会计师事务所

普通合伙制会计师事务所是由两位或两位以上合伙人组成的合伙组织。合伙人以各自的财产对会计师事务所的债务承担无限连带责任。优点是在风险牵制和共同利益的驱动下，促使会计师事务所强化专业发展，扩大规模，提高规避风险的能力；缺点是建立一个跨地区、跨国界的大型会计师事务所要经历一个漫长的过程，同时，任何一个合伙人在执业中的失误舞弊行为，都可能给整个会计师事务所带来灭顶之灾。

3. 有限责任公司制会计师事务所

有限责任公司制会计师事务所是由执业注册会计师认购会计师事务所的股份，并以其所认购的股份对会计师事务所承担有限责任。会计师事务所以其全部资产对其债务承担有限责任。优点是可以通过股份制形式迅速聚集一批注册会计师，建立规模型大所，承办大型业务；缺点是降低风险责任对执业行为高度制约的同时，弱化了注册会计师的个人责任。

4. 有限责任合伙制会计师事务所

有限责任合伙制会计师事务所又称特殊普通合伙制会计师事务所。其特征是，无过失的合伙人对于其他合伙人的过失或不当执业行为以自己在事务所的财产为限承担责任，不承担无限责任，除非该合伙人参与了过失或不当执业行为。它既融入了合伙制和有限责任公司制会计师事务所的优点，又摒弃了它们的不足。这种组织形式是为顺应经济发展对注册会计师行业的要求，于20世纪90年代初期兴起。到1995年年底，美国执业机构已完成向有限责任合伙制的转型，其他国家和地区执业机构的转型也在进行中。同时，在它们的主导下，许多国家和地区的大中型会计师事务所也陆续开始转型。有限责任合伙制会计师事务所已成为当今注册会计师职业界组织形式发展的一大趋势。

从国际惯例来看，会计师事务所的执业登记都由注册会计师行业主管机构统一负责。会计师事务所必须经过主管机关或注册会计师协会的批准登记并由注册会计师协会予以公告。独资会计师事务所和普通合伙制会计师事务所经过这个程序即可开业，有限责任会计师事务所一般还应进行公司登记。

（二）我国会计师事务所的基本形式

在我国，会计师事务所是经国家批准、依法设立并独立承办注册会计师业务的机构。会计师事务所是注册会计师的工作机构，注册会计师只有加入事务所才能承接业务。当前，我国会计师事务所有三种组织形式：有限责任制、普通合伙制和特殊普通合伙制。

1. 有限责任制会计师事务所

有限责任制会计师事务所是指由注册会计师出资发起设立、承办注册会计师业务并负有限责任的社会中介机构，事务所以其全部资产对其债务承担责任，出资人承担的责任以其出资额为限。

2. 普通合伙制会计师事务所

普通合伙制会计师事务所是由注册会计师合伙设立、承办注册会计师业务的社会中介机构，合伙人按出资比例或者协议约定，以各自的财产对事务所的债务承担无限连带责任。

3. 特殊普通合伙制会计师事务所

特殊普通合伙制会计师事务所是由事务所的合伙人设立，各合伙人根据协议出资、合伙经营、共享收益、共担风险，依照法律的规定和协议的约定对事务所的债务承担责任。无过失的合伙人对于其他合伙人的过失或不当执业行为以自己在事务所的财产为限承担责任，不承担无限责任。它的特点在于既融入了普通合伙制会计师事务所和有限责任制会计师事务所的优点，又摒弃了它们的不足。我国的特殊普通合伙制会计师事务所类似于国际上通行的有限责任合伙制会计师事务所。根据我国财政部规定，大型会计师事务所应当于2010年12月31日前转制为特殊普通合伙组织形式；同时鼓励中型会计师事务所于2011年12月31日前转制为特殊普通合伙组织形式。

第四节 注册会计师的业务范围

根据《中华人民共和国注册会计师法》的规定，注册会计师承办鉴证业务与会计服务、税务服务以及管理咨询等相关服务。此外，注册会计师还根据委托人的委托，从事审阅业务、其他鉴证业务和相关服务业务。

1. 审计业务

审查企业会计报表，出具审计报告。为了有效制止和防范利用会计报表弄虚作假的行为，提高会计报表质量，我国依法实行企业年度会计报表审计制度。同时，随着我国社会主义市场经济体制的确立与发展，财务报表使用者日渐增多，他们需要通过分析财务会计报告据以做出经济决策，因此最为关心财务会计报告的合法性、公允性。注册会计师的职能之一就是通过对财务报表进行审计，为社会提供鉴证服务，以提高会计信息的质量。

2. 审阅业务

从国内外有关注册会计师的法律看，审计业务是注册会计师的法定核心业务。由于注册会计师具有良好的职业形象和较强的专业能力，这使得其日益成为政府部门和社会公众信赖的专业人士。许多国家和地区，注册会计师除了承办传统审计业务，还承办其他鉴证业务，以增强信息使用者对所鉴证信息的信赖程度，其中包括财务报表审阅业务。财务报表审阅，是指注册会计师接受委托，主要通过询问和分析程序为主的审阅程序，获取充分、适当的证据，对财务报表提供有限保证。审阅提供的保证程度低于审计，适用于被审阅单位或者财务信息的其他使用者不需要审计，但又对信息质量有一定要求的情况。

3. 其他鉴证业务

目前，在全球范围内，除了审计和审阅业务外，注册会计师还承办诸如财务信息审核业务、网域认证和系统鉴证等其他鉴证业务，这些鉴证业务可以增强鉴证报告使用者的信赖程度。

4. 相关服务业务

相关服务包括对财务信息执行商定程序、代编财务信息、税务服务、管理咨询以及会计服务等。

(1) 对财务信息执行商定程序，是注册会计师对特定财务数据、单一财务报表或整套财务报表等财务信息执行与特定主体商定的具有审计性质的程序，并就执行的商定程序及其结果出具报告。

(2) 代编财务信息，是注册会计师运用会计而非审计的专业知识和技能，代客户编制一套完整或非完整的财务报表，或代为收集、分类和汇总其他财务信息。

(3) 税务服务，包括税务代理和税务策划。税务代理是注册会计师接受企业或个人委托，为其填制纳税申报表、办理纳税事项。税务策划是由于纳税义务发生范围和时间不同，注册会计师从客户利益出发，代替纳税义务人设计可替代或不同结果的纳税方案。

(4) 管理咨询。会计师事务所为企业提供包括对公司治理结构、信息系统、预算管理、人力资源管理、财务会计，以及经营效率、效果和效益等的诊断和专业意见与建议。

（5）会计咨询服务。注册会计师提供的会计咨询服务业务，除了代编财务信息外，还包括对会计政策的选择和运用提供建议、担任常年会计顾问等。

思考与练习

关键术语

审计、独立审计、注册会计师、鉴证

延伸阅读

1. 中国注册会计师协会考试制度 http://www.cicpa.org.cn/exam/exam_system/
2. 会计行业未来展望
http://www.cicpa.org.cn/Column/swsnbzl/xxdt/201903/t20190318_51794.html
3.《注册会计师行业信息化建设规划（2016—2020年）》
http://www.cicpa.org.cn/news/201612/t20161216_49375.html
4.《会计师事务所信息化促进工作方案》
http://www.cicpa.org.cn/news/201707/t20170703_49968.html

思考题

1.《不列颠百科全书》中定义：审计就是对单位会计账目的检查。谈谈你对此定义的看法。

2. 企业拟向银行申请贷款，你认为委托注册会计师审计其会计报表对该企业和银行各有什么意义？

3. 审计产生与发展的动因是什么？

4. 请解释为什么我国绝大多数会计师事务所都选择有限责任制？

5. 请说明注册会计师审计、政府审计和内部审计之间的主要区别。

练习题

（一）单项选择题

1. 注册会计师审计产生的直接原因是（　　）。
A. 合伙企业制度的出现　　B. 股份制企业制度的出现
C. 资本市场的发展　　D. 所有权与经营权的分离

2. “审计”一词最早出现于我国（　　）。
A. 西周时期　　B. 秦汉时代
C. 宋代　　D. 新中国成立初期

3. 中国第一家会计师事务所是（　　）。
A. 立信会计师事务所　　B. 正则会计师事务所
C. 上海会计师事务所　　D. 武汉会计师事务所

4. 注册会计师提供的相关服务不包括（　　）。
A. 会计咨询　　B. 管理咨询

C. 纳税筹划　　D. 验资

5. 注册会计师审计从起源发展到现在经历了一个较长的过程，在审计发展的不同时期，其主要审计目的也在调整。下列关于不同阶段的审计目的陈述不恰当的是(　　)。

A. 英式注册会计师审计主要目的是查错防弊

B. 美式注册会计师审计主要目的是判断企业信用状况

C. 1929 年到 1933 年的经济危机后，审计的主要目的是对财务报表发表审计意见，查错防弊转为次要目的

D. 风险导向审计确立后审计的主要目的是审查账户余额或各类交易是否存在错报

6. 把查错防弊作为次要的审计目的是注册会计师审计发展的下列（　　）阶段。

A. 1844 年至 20 世纪初的英国详细审计

B. 20 世纪初开始的美国资产负债表审计

C. 美国《1933 年证券法》出台后

D. 2001 年美国安然安达信案件后

7. 财务报表审计目标是注册会计师通过执行审计工作对（　　）发表审计意见。

A. 会计资料及其他有关资料的真实性、合法性

B. 经济活动

C. 财务报表的合法性、公允性

D. 财务状况、经营成果及现金流量

8. 下列相关业务中，需要注册会计师执行具有审计性质的程序的是（　　）。

A. 代编财务信息　　B. 税务服务

C. 管理咨询　　D. 财务信息执行商定程序

9. 根据美国会计学会（AAA）对审计的定义，下列对审计概念的理解中不恰当的是（　　）。

A. 审计是一个系统化过程

B. 在财务报表审计中，“既定标准”是指适用的财务报告编制基础

C. 审计的价值需要通过把审计结果传递给利害关系人来实现

D. 审计应当确保被审计单位财务报表与“既定标准”相一致

10. 以下属于非鉴证业务的是（　　）。

A. 财务报表审计　　B. 财务报表审阅

C. 内部控制审计　　D. 纳税筹划

（二）多项选择题

1. 注册会计师通过执行审计工作对财务报表发表审计意见，注册会计师发表审计意见的内容是（　　）。

A. 财务报表是否符合适用的会计准则和相关会计制度的规定

B. 财务报表是否符合企业会计准则和国家其他有关法规的规定

C. 财务报表是否在所有方面公允地反映被审计单位的财务状况、经营成果和现金流量

D. 财务报表是否在所有重大方面公允地反映被审计单位的财务状况、经营成果和现金流量

2. 关于审计的分类可以从不同角度加以考察，按主体的不同可以分为（　　）。

A. 政府审计　　B. 内部审计

C. 注册会计师审计　　D. 财务报表审计

3. 以下有关注册会计师的财务报表审计的说法中正确的是（　　）。

A. 注册会计师必须查出财务报表中所有重大舞弊

B. 注册会计师应当获取充分、适当的审计证据，才能对财务报表发表审计意见

C. 审计的核心环节是“识别、评估和应对”财务报表重大错报风险

D. 注册会计师审计是一种有偿的受托审计

4. 下列有关注册会计师审计报告使用者的陈述中恰当的有（　　）。

A. 英式审计时期审计报告使用者主要是企业股东

B. 美国资产负债表审计阶段审计报告使用者主要是投资者

C. 美国全部财务报表审计阶段审计报告使用者由企业股东扩大到债权人

D. 现代财务报表审计的审计报告使用者包括企业股东、债权人以及政府有关部门等利益相关者

5. 以下有关注册会计师和内部审计的说法中不恰当的有（　　）。

A. 为了提高审计效率，注册会计师实施审计过程中应当利用内部审计的工作结果

B. 内部审计是注册会计师审计的基础

C. 注册会计师审计体现为既独立于被审计单位又独立于委托人的双向独立

D. 内部审计由于隶属于单位内部，因此无法保持独立性

6. 目前，我国会计师事务所采用的组织形式有（　　）。

A. 独资会计师事务所

B. 有限责任公司制会计师事务所

C. 普通合伙制会计师事务所

D. 特殊普通合伙制会计师事务所

（三）判断改错题（正确的打“√”，错误的打“×”，并改正）

1. 风险导向审计减少了对会计资料的检查，有助于提高审计结论的可靠性。（　　）

2. 依据《中华人民共和国注册会计师法》的规定，合伙会计师事务所以会计师事务所的全部资产对其债务承担责任，不足部分由当事合伙人承担无限责任。（　　）

3. 有限责任合伙会计师事务所最明显的特征是所有的合伙人只需承担有限责任。（　　）

4. 在我国的审计监督体系中，政府审计是主导，注册会计师审计和内部审计是必要的补充。 （ ）

5. 注册会计师的独立、客观和公正不仅保证了其鉴证职能的发挥，而且也使其在社会上享有较高的权威性。 （ ）

6. 财务报表审计的核心工作是对管理层认定与适用的财务报告编制基础是否相符进行评价和判断。 （ ）

7. 注册会计师的审计意见可以提高财务信息的可靠性或可信度。 （ ）

8. 注册会计师审计在股份公司出现后初步形成。 （ ）

9. 注册会计师实施的财务报表审计对象就是被审计单位的财务报表。 （ ）

10. 目前，我国会计师事务所的组织形式仅包括普通合伙制和有限责任公司制。 （ ）

（四）综合题

根据案例资料进行分析，并回答相关问题。

18 世纪初，随着大英帝国殖民主义的扩张，海外贸易有了很大发展。英国政府发行中奖债券，后于 1710 年将发行中奖债券所募集的资金用于创立南海股份有限公司（下称南海公司），从事殖民地贸易。

南海公司经过 10 年的惨淡经营业绩始终平平，1719 年政府允许将中奖债券的 70%（约 1 000 万英镑）与南海公司股票进行转换。公司的董事们开始对外散布利好消息，并预测在 1720 年的圣诞节，公司可能要按面值的 60%支付股利。这一利好消息的宣布促成了债券的转换，进而带动了股价的飞速上升。1719 年，公司股价为 114 英镑，1720 年 3 月，股价升至 300 英镑，7 月股价高达 1 050 英镑。同时公司老板雅各希·布伦特实施以数倍于面额的价格发行可分期付款的新股，又将获取的现金转贷给购买股票的公众。这样，随着南海公司股价的与日俱增，一场投机浪潮席卷全国，各种职业的人都被卷入这场漩涡。《大恐慌》一书描写当时的情形：政治家忘记了政治，律师忘记了法庭，贸易商放弃了买卖，医生丢弃了患者，店主关闭了铺子，教父离开了圣坛，甚至连高贵的夫人也忘记了高傲和虚荣。

1720 年 6 月英国国会已通过了《泡沫公司取缔法》，许多公司被解散，公众的怀疑逐渐扩展到南海公司，继股价高达 1 050 英镑后，外国投资者首先开始抛售南海公司的股票。1720 年 9 月 28 日公司股票下跌到 190 英镑，1720 年 12 月公司股票下跌到 124 英镑，1720 年底，政府对南海公司财产清查，其资本已所剩无几，1720 年政府逮捕了雅各希·布伦特。

南海公司倒闭的消息传来，犹如晴天霹雳，惊呆了正陶醉在黄金美梦中的债权人和投资者。迫于舆论的压力，1720 年 9 月，英国议会组织了一个由 13 人参加的特别委员会，对"南海泡沫"事件进行查证，发现该公司的会计记录严重失实，明显存在蓄意篡改数据的舞弊行为，于是特邀一名资深会计师查尔斯·斯耐尔，对南海公司账目进行检查。查尔斯·斯耐尔通过对南海公司账目的审核，于 1721 年提交了一份对其会计账簿进行检查的意见。在该份报告中，查尔斯指出了南海公司存在舞弊行为、会计记录严重不实等问题。议会根据这份查账报告，将南海公司董事之一的雅各希·布伦特以及其他合伙人的不动产全部予以没收。其中一位叫乔治·卡斯韦尔的爵士被关进了伦敦塔监狱。

查尔斯·斯耐尔以会计师名义对南海公司会计账目进行审查并提出了“查账报告书”，从而宣告了独立会计师——注册会计师的诞生。

要求：

（1）试结合该案例说明民间审计产生的客观基础。

（2）注册会计师是否有责任揭示被审计单位财务报表中的舞弊或违法行为？

第二章　审计职业道德与法律责任

学习目的与要求

通过本章的学习，理解审计职业道德的基本原则及注册会计师职业道德概念框架、注册会计师法律责任的成因以及如何避免法律诉讼；了解注册会计师法律责任的种类。

我国审计执业规范体系主要由审计准则、审计质量控制准则、职业道德准则和后续教育准则等部分组成。由于注册会计师审计执业规范体系最为完善，政府审计和内部审计规范体系均是在注册会计师审计执业规范体系的基础上发展起来的。因此，本章以注册会计师为主，主要阐述审计职业道德和法律责任的基本内容。

中国注册会计师执业准则体系受《中国注册会计师职业道德守则》统御，会计师事务所质量控制准则旨在确保注册会计师执业准则得到贯彻实施。注册会计师执业准则包括鉴证业务准则和相关服务准则（图 2-1）。

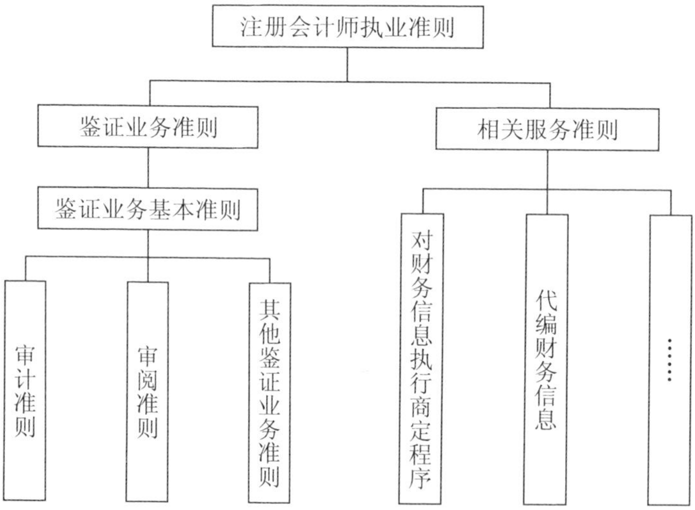

图 2-1　注册会计师执业准则体系

第一节　审计职业道德

一、审计职业道德的含义

审计职业道德是审计人员在审计工作过程中形成的，具有审计职业特征的道德准则和行为规范。审计职业道德是审计管理规范体系的重要组成部分，是所有审计人员坚持依法独立审计、保证审计职业水平的重要因素。保持应有的职业道德、严格遵守职业道德规范，是审计人员树立良好形象、保持良好信誉的重要措施，也是充分发挥审计职能的必要条件。

二、注册会计师职业道德的基本原则

注册会计师为实现执业目标，必须遵守一些基本原则。与职业道德有关的基本原则包括诚信、独立性、客观和公正、专业胜任能力和应有的关注、保密、良好的职业行为。

1. 诚信

诚信是指诚实、守信。也就是说，一个人言行与内心思想一致，不虚假，能够履行与别人的约定而取得对方的信任。诚信原则要求注册会计师应当在所有的职业关系和商业关系中保持正直和诚实，秉公处事、实事求是。

注册会计师如果认为业务报告、申报材料或其他信息存在下列问题，则不得与这些有问题的信息发生牵连。

（1）含有严重虚假或误导性的陈述。

（2）含有缺乏充分依据的陈述或信息。

（3）存在遗漏或含糊其词的信息。

注册会计师如果注意到已与有问题的信息发生牵连，应当采取措施消除牵连。在审计业务中，如果注册会计师依据执业准则出具了恰当的非标准业务报告，不被视为违反上述要求。

2. 独立性

独立性是指不受外来力量控制、支配，按照一定之规行事。独立性原则通常是对注册会计师而不是非执业会员提出的要求。在执行鉴证业务时，注册会计师必须保持独立性。在市场经济条件下，投资者主要依赖财务报表判断投资风险，在投资机会中做出选择。如果注册会计师不能与客户保持独立，而是存在经济利益、关联关系，或屈从于外界压力，就很难取信于社会公众。

注册会计师的独立性包括两个方面——实质上的独立和形式上的独立。实质上的独立是一种内心状态，使得注册会计师在提出结论时不受损害职业判断的因素影响，诚信行事，遵循客观和公正原则，保持职业怀疑态度。形式上的独立是一种外在表现，使得一个理性且掌握充分信息的第三方，在权衡所有相关事实和情况后，认为会计师事务所或审计项目组成员没有损害诚信原则、客观和公正原则或职业怀疑态度。注册会计师执行审计和审阅业务以及其他鉴证业务时，应当从实质上和形式上保持独立，不得因任何利害关系影响其客观性。

3. 客观和公正

客观是指按照事物的本来面目去考察，不添加个人的偏见。公正是指公平、正直，不偏袒。客观和公正原则要求注册会计师应当公正处事、实事求是，不得由于偏见、利益冲突或他人的不当影响而损害自己的职业判断。如果存在导致职业判断出现偏差，或对职业判断产生不当影响的情形，注册会计师不得提供相关专业服务。

4. 专业胜任能力和应有的关注

（1）专业胜任能力，是指注册会计师具有专业知识、技能和经验，能够经济有效地完成客户委托的业务。注册会计师如果不能保持和提高专业胜任能力，就难以完成客户委托的业务。事实上，如果注册会计师在缺乏足够的知识、技能和经验的情况下提供专业服务，就构成了一种欺诈。一个合格的注册会计师，不仅要充分认识自己的能力，对自己充满信心，更重要的是，必须清醒地认识到自己在专业胜任能力方面存在的不足。如果注册会计师不能认识到这一点，承接了难以胜任的业务，就可能给客户乃至社会公众带来危害。

注册会计师在应用专业知识和技能时，应当合理运用职业判断。专业胜任能力可分为两个独立阶段：①专业胜任能力的获取；②专业胜任能力的保持。注册会计师应当持续了解和掌握相关的专业技术和业务的发展情况，以保持专业胜任能力。持续职业发展能够使注册会计师保持和发展专业胜任能力，使其能够胜任特定业务环境中的工作。

（2）应有的关注，要求注册会计师遵守执业准则和职业道德规范要求，勤勉尽责，认真、全面、及时地完成工作任务。在审计过程中，注册会计师应当保持职业怀疑态度，运用专业知识、技能和经验，获取和评价审计证据。同时，注册会计师应当采取措施以确保在其授权下工作的人员得到适当的培训和督导。在适当情况下，注册会计师应当使客户、工作单位和专业服务的其他使用者以及业务报告的其他使用者了解专业服务的固有局限性。

专业胜任能力和应有的关注原则要求注册会计师通过教育、培训和执业实践获取和保持专业胜任能力。注册会计师应当持续了解并掌握当前法律、技术和实务的发展变化，将专业知识和技能始终保持在应有的水平，确保为客户提供具有专业水准的服务。

5. 保密

注册会计师能否与客户维持正常的关系，有赖于双方能否自愿而又充分地进行沟通和交流，不掩盖任何重要的事实和情况。只有这样，注册会计师才能有效地完成工作。注册会计师与客户的沟通，必须建立在为客户信息保密的基础上。这里所说的客户信息，通常是指涉密信息。一旦涉密信息被泄露或被利用，往往会给客户造成损失。因此，许多国家规定，在会计师事务所工作的注册会计师，在没有取得客户同意的情况下，不能泄露任何客户的涉密信息。

保密原则要求注册会计师应当对在职业活动中获知的涉密信息予以保密，不得有下列行为。

（1）未经客户授权或法律法规允许，向会计师事务所以外的第三方披露其所获知的涉密信息。

（2）利用所获知的涉密信息为自己或第三方谋取利益。

注册会计师在社会交往中应当履行保密义务。注册会计师应当警惕无意泄密的可能性，特别是警惕无意中向近亲属或关系密切的人员泄密的可能性。近亲属是指配偶、父母、子女、兄弟姐妹、祖父母、外祖父母、孙子女、外孙子女。

另外，注册会计师应当对拟接受的客户或拟受雇的工作单位向其披露的涉密信息保密。在终止与客户或工作单位的关系之后，注册会计师仍然应当对在职业关系和商业关系中获知的信息保密。如果变更工作单位或获得新客户，注册会计师可以利用以前的经验，但不应利用或披露以前职业活动中获知的涉密信息。注册会计师应当明确在会计师事务所内部保密的必要性，采取有效措施，确保其下级员工以及为其提供建议和帮助的人员遵循保密义务。

注册会计师在下列情况下可以披露涉密信息。

（1）法律法规允许披露，并且取得客户或工作单位的授权。

（2）根据法律法规的要求，为法律诉讼、仲裁准备文件或提供证据，以及向有关监管机构报告发现的违法行为。

（3）法律法规允许的情况下，在法律诉讼、仲裁中维护自己的合法权益。

（4）接受注册会计师协会或监管机构的执业质量检查，答复其询问和调查。

（5）法律法规、执业准则和职业道德规范规定的其他情形。

6. 良好的职业行为

注册会计师应当遵守相关法律法规，避免发生任何损害职业声誉的行为。注册会计师在向公众传递信息以及推介自己和工作时，应当客观、真实、得体，不得损害职业形象。注册会计师应当诚实、实事求是，不得有下列行为。

（1）夸大宣传提供的服务、拥有的资质或获得的经验。

（2）贬低或无根据地比较其他注册会计师的工作。

三、注册会计师职业道德概念框架

（一）职业道德概念框架的内涵

《中国注册会计师职业道德守则》不可能对各式各样的情形予以逐一界定并给出相应的应对措施。因此，《中国注册会计师职业道德守则》提出职业道德概念框架，以指导注册会计师遵循职业道德基本原则，履行维护公众利益的职责。职业道德概念框架是指解决职业道德问题的思路和方法，用以指导注册会计师。

（1）识别对职业道德基本原则的不利影响。

（2）评价不利影响的严重程度。

（3）必要时采取防范措施消除不利影响或将其降低至可接受的水平。

职业道德概念框架具有普遍适用性，指导注册会计师处理对职业道德基本原则产生不利影响的各种情形，能够防止注册会计师错误地认为只要守则未明确禁止的情形就是允许的。

在运用职业道德概念框架时，注册会计师应当运用职业判断。如果发现存在可能违反职业道德基本原则的情形，注册会计师应当评价其对职业道德基本原则的不利影响。在评价不利影响的严重程度时，注册会计师应当从性质和数量两个方面予以考虑。如果认为对职业道德基本原则的不利影响超出可接受的水平，注册会计师应当确定是否能够采取防范措施消除不利影响或将其降低至可接受的水平。

在运用职业道德概念框架时，如果某些不利影响是重大的，或者合理的防范措施不可行或无法实施，注册会计师可能面临不能消除不利影响或将其降至可接受水平的情形。如果无法采取适当的防范措施，注册会计师应当拒绝或终止所从事的特定专业服务，必要时与客户解除合约关系，或向其工作单位辞职。

（二）可能对职业道德基本原则产生不利影响的因素

注册会计师对职业道德基本原则的遵循可能受到多种因素的不利影响。不利影响的性质和严重程度因注册会计师提供服务类型的不同而有差异。可能对职业道德基本原则产生不利影响的因素包括自身利益、自我评价、过度推介、密切关系和外在压力。

1. 自身利益

如果经济利益或其他利益对注册会计师的职业判断或行为产生不当影响，将产生自身利益导致的不利影响。

自身利益导致不利影响的情形主要包括：

（1）鉴证业务项目组成员在鉴证客户中拥有直接经济利益。

（2）会计师事务所的收入过分依赖某一客户。

（3）鉴证业务项目组成员与鉴证客户存在重要且密切的商业关系。

（4）会计师事务所担心可能失去某一重要客户。

（5）鉴证业务项目组成员正在与鉴证客户协商受雇于该客户。

（6）会计师事务所与客户就鉴证业务达成或有收费的协议。

（7）注册会计师在评价所在会计师事务所以往提供的专业服务时，发现了重大错误。

2. 自我评价

如果注册会计师对其（或者其所在会计师事务所或工作单位的其他人员）以前的判断或服务结果做出不恰当的评价，并且将据此形成的判断作为当前服务的组成部分，将产生自我评价导致的不利影响。

自我评价导致不利影响的情形主要包括：

（1）会计师事务所在对客户提供财务系统的设计或操作服务后，又对系统的运行有效性出具鉴证报告。

（2）会计师事务所为客户编制原始数据，这些数据构成鉴证业务的对象。

（3）鉴证业务项目组成员担任或最近曾经担任客户的董事或高级管理人员。

（4）鉴证业务项目组成员目前或最近曾受雇于客户，并且所处职位能够对鉴证对象施加重大影响。

（5）会计师事务所为鉴证客户提供直接影响鉴证对象信息的其他服务。

3. 过度推介

如果注册会计师过度推介客户或工作单位的某种立场或意见，使其客观性受到损害，将产生过度推介导致的不利影响。

过度推介导致不利影响的情形主要包括：

（1）会计师事务所推介审计客户的股份。

（2）在审计客户与第三方发生诉讼或纠纷时，注册会计师担任该客户的辩护人。

4. 密切关系

如果注册会计师与客户或工作单位存在长期或亲密的关系，且过于倾向他们的利益，或认可他们的工作，将产生密切关系导致的不利影响。

密切关系导致不利影响的情形主要包括：

（1）项目组成员的近亲属担任客户的董事或高级管理人员。

（2）项目组成员的近亲属是客户的员工，其所处职位能够对业务对象施加重大影响。

（3）客户的董事、高级管理人员或所处职位能够对业务对象施加重大影响的员工，最近曾担任会计师事务所的项目合伙人。

（4）注册会计师接受客户的礼品或款待。

（5）会计师事务所的合伙人或高级员工与鉴证客户存在长期业务关系。

这里的项目合伙人是指会计师事务所中负责某项业务及其执行，并代表会计师事务所在报告上签字的合伙人。在有限责任制的会计师事务所，项目合伙人是指主任会计师、副主任会计师或具有同等职位的高级管理人员。如果项目合伙人以外的其他注册会计师在业务报告上签字，《中国注册会计师职业道德守则》对项目合伙人做出的规定也适用于该签字注册会计师。

5. 外在压力

如果注册会计师受到实际的压力或感受到压力（包括对注册会计师实施不当影响的意图）而无法客观行事，将产生外在压力导致的不利影响。

外在压力导致不利影响的情形主要包括：

（1）会计师事务所受到客户解除业务关系的威胁。

（2）审计客户表示，如果会计师事务所不同意对某项交易的会计处理，则不再委托其承办拟议中的非鉴证业务。

（3）客户威胁将起诉会计师事务所。

（4）会计师事务所受到降低收费的影响而不恰当地缩小工作范围。

（5）由于客户员工对所讨论的事项更具有专长，注册会计师面临服从其判断的压力。

（6）会计师事务所合伙人告知注册会计师，除非同意审计客户不恰当的会计处理，否则将影响晋升。

（三）应对不利影响的防范措施

防范措施是指可以消除不利影响或将其降至可接受水平的行动或其他措施。注册会计师应当运用判断，确定如何应对超出可接受水平的不利影响，包括采取防范措施消除不利影响或将其降低至可接受的水平，终止业务约定或拒绝接受业务委托。在运用判断时，注册会计师应当考虑：一个理性且掌握充分信息的第三方，在权衡注册会计师当时可获得的所有具体事实和情况后，是否很可能认为这些防范措施能够消除不利影响或将其降低至可接受的水平，以使职业道德基本原则不受损害。应对不利影响的防范措施包括法律法规和职业规范规定的防范措施和在具体工作中采取的防范措施。在具体工作中，应对不利影响的防范措施包括会计师事务所层面的防范措施和具体业务层面的防范措施。

1. 法律法规和职业规范规定的防范措施

（1）注册会计师资格必需的教育、培训和经验要求。

（2）持续的职业发展要求。

（3）公司治理方面的规定。

（4）执业准则和职业道德规范的规定。

（5）监管机构或注册会计师协会的监控和惩戒程序。

（6）由依法授权的第三方对注册会计师编制的业务报告、申报资料或其他信息进行外部复核。

2. 会计师事务所层面的防范措施

（1）领导层强调遵循职业道德基本原则的重要性。

（2）领导层强调鉴证业务项目组成员应当维护公众利益。

（3）制定有关政策和程序，实施项目质量控制，监督业务质量。

（4）制定有关政策和程序，识别对职业道德基本原则的不利影响，评价不利影响的严重程度，采取防范措施消除不利影响或将其降低至可接受的水平。

（5）制定有关政策和程序，保证遵循职业道德基本原则。

（6）制定有关政策和程序，识别会计师事务所或项目组成员与客户之间的利益或关系。

（7）制定有关政策和程序，监控对某一客户收费的依赖程度。

（8）向鉴证客户提供非鉴证服务时，指派鉴证业务项目组以外的其他合伙人和项目组，并确保鉴证业务项目组和非鉴证业务项目组分别向各自的业务主管报告工作。

（9）制定有关政策和程序，防止项目组以外的人员对业务结果施加不当影响。

（10）及时向所有合伙人和专业人员传达会计师事务所的政策和程序及其变化情况，并就这些政策和程序进行适当的培训。

（11）指定高级管理人员负责监督质量控制系统是否有效运行。

（12）向合伙人和专业人员提供鉴证客户及其关联实体的名单，并要求合伙人和专业人员与之保持独立。

（13）制定有关政策和程序，鼓励员工就遵循职业道德基本原则方面的问题与领导沟通。

（14）建立惩戒机制，保障相关政策和程序得到遵守。

3. 具体业务层面的防范措施

（1）对已执行的非鉴证业务，由未参与该业务的注册会计师进行复核，或在必要时提供建议。

（2）对已执行的鉴证业务，由鉴证业务项目组以外的注册会计师进行复核，或在必要时提供建议。

（3）向客户审计委员会、监管机构或注册会计师协会咨询。

（4）与客户治理层讨论有关的职业道德问题。

（5）向客户治理层说明提供服务的性质和收费的范围。

（6）由其他会计师事务所执行或重新执行部分业务。

（7）轮换鉴证业务项目组合伙人和高级员工。

（四）注册会计师职业道德概念框架的具体应用

1．专业服务委托

（1）接受客户关系。在接受客户关系前，注册会计师应当确定接受客户关系是否对职业道德基本原则产生不利影响。注册会计师应当考虑客户的主要股东、关键管理人员和治理层是否诚信，以及客户是否涉足非法活动（如洗钱）或存在可疑的财务报告问题等。

客户存在的问题可能对注册会计师遵循诚信原则或良好的职业行为原则产生不利影响，注册会计师应当评价不利影响的严重程度，并在必要时采取防范措施消除不利影响或将其降低至可接受的水平。如果不能将客户存在的问题产生的不利影响降低至可接受的水平，注册会计师应当拒绝接受客户关系。如果向同一客户连续提供专业服务，注册会计师应当定期评价继续保持客户关系是否适当。

（2）承接业务。注册会计师应当遵循专业胜任能力和应有的关注原则，仅向客户提供能够胜任的专业服务。在承接某一客户业务前，注册会计师应当确定承接该业务是否对职业道德基本原则产生不利影响。

如果项目组不具备或不能获得执行业务所必需的胜任能力，将对专业胜任能力和应有的关注原则产生不利影响。注册会计师应当评价不利影响的严重程度，并在必要时采取防范措施消除不利影响或将其降低至可接受的水平。

（3）客户变更委托。如果应客户要求或考虑以投标方式接替前任注册会计师，注册会计师应当从专业角度或其他方面确定应否承接该业务。如果注册会计师在了解所有相关情况前就承接业务，可能对专业胜任能力和应有的关注原则产生不利影响。注册会计师应当评价不利影响的严重程度。

由于客户变更委托的表面理由可能并未完全反映事实真相，根据业务性质，注册会计师可能需要与前任注册会计师直接沟通，核实与变更委托相关的事实和情况，以确定是否适宜承接该业务。

注册会计师应当在必要时采取防范措施，消除因客户变更委托产生的不利影响或将其降低至可接受的水平。如果采取的防范措施不能消除不利影响或将其降低至可接受的水平，注册会计师不得承接该业务。

2．利益冲突

注册会计师应当采取适当措施识别可能产生利益冲突的情形。这些情形可能对职业道德基本原则产生不利影响。注册会计师与客户存在直接竞争关系，或与客户的主要竞争者存在合资或类似关系，可能对客观和公正原则产生不利影响。注册会计师为两个以上客户提供服务，而这些客户之间存在利益冲突或者对某一事项或交易存在争议，可能对客观和公正原则或保密原则产生不利影响。

注册会计师应当评价利益冲突产生不利影响的严重程度，并在必要时采取防范措施消除不利影响或将其降低至可接受的水平。在接受或保持客户关系和具体业务前，如果与客户或第三方存在商业利益或关系，注册会计师应当评价其所产生不利影响的严重程度。

如果利益冲突对职业道德基本原则产生不利影响，并且采取防范措施无法消除不利影响或将其降低至可接受的水平，注册会计师应当拒绝承接某一特定业务，或者解除一个或多个存在冲突的业务约定。

3. 应客户的要求提供第二次意见

在某客户运用会计准则对特定交易和事项进行处理，且已由前任注册会计师发表意见的情况下，如果注册会计师应客户的要求提供第二次意见，可能对职业道德基本原则产生不利影响。

如果第二次意见不是以前任注册会计师所获得的相同事实为基础，或依据的证据不充分，可能对专业胜任能力和应有的关注原则产生不利影响。不利影响存在与否及其严重程度，取决于业务的具体情况，以及为提供第二次意见所能获得的所有相关事实及证据。

如果被要求提供第二次意见，注册会计师应当评价不利影响的严重程度，并在必要时采取防范措施消除不利影响或将其降低至可接受的水平。

4. 收费

会计师事务所在确定收费时应当主要考虑专业服务所需的知识和技能、所需专业人员的水平和经验、各级别专业人员提供服务所需的时间和提供专业服务所需承担的责任。在专业服务得到良好的计划、监督及管理的前提下，收费通常以每一专业人员适当的小时收费标准或日收费标准为基础计算。

收费是否对职业道德基本原则产生不利影响，取决于收费报价水平和所提供的相应服务。注册会计师应当评价不利影响的严重程度，并在必要时采取防范措施消除不利影响或将其降低至可接受的水平。

5. 专业服务营销

注册会计师通过广告或其他营销方式招揽业务，可能对职业道德基本原则产生不利影响。在向公众传递信息时，注册会计师应当维护职业声誉，做到客观、真实、得体。

注册会计师在营销专业服务时，不得有下列行为。

（1）夸大宣传提供的服务、拥有的资质或获得的经验。

（2）贬低或无根据地比较其他注册会计师的工作。

（3）暗示有能力影响有关主管部门、监管机构或类似机构。

（4）做出其他欺骗性的或可能导致误解的声明。

注册会计师不得采用强迫、欺诈、利诱或骚扰等方式招揽业务。注册会计师不得对其能力进行广告宣传以招揽业务，但可以利用媒体刊登设立、合并、分立、解散、迁址、名称变更和招聘员工等信息。

6. 礼品和款待

如果客户向注册会计师（或其近亲属）赠送礼品或给予款待，将对职业道德基本原则产生不利影响。注册会计师不得向客户索取、收受委托合同约定以外的酬金或其他财物，或者利用执行业务之便，牟取其他不正当的利益。

注册会计师应当评价接受款待产生不利影响的严重程度，并在必要时采取防范措施消除不利影响或将其降低至可接受的水平。如果款待超出业务活动中的正常往来，注册会计师应当拒绝接受。

7. 保管客户资产

除非法律法规允许或要求，注册会计师不得提供保管客户资金或其他资产的服务。注册会计师保管客户资金或其他资产，应当履行相应的法定义务。保管客户资金或其他资产可能对职业道德基本原则产生不利影响，尤其可能对客观和公正原则以及良好的职业行为原则产生不利影响。

注册会计师如果保管客户资金或其他资产，应当符合下列要求。

（1）将客户资金或其他资产与其个人或会计师事务所的资产分开。

（2）仅按照预定用途使用客户资金或其他资产。

（3）随时准备向相关人员报告资产状况及产生的收入、红利或利得。

（4）遵守所有与保管资产和履行报告义务相关的法律法规。

如果某项业务涉及保管客户资金或其他资产，注册会计师应当根据有关接受与保持客户关系和具体业务政策的要求，适当询问资产的来源，并考虑应当履行的法定义务。如果客户资金或其他资产来源于非法活动（如洗钱），注册会计师不得提供保管资产服务，并应当向法律顾问征询进一步的意见。

8. 对客观和公正原则的要求

在提供专业服务时，注册会计师如果在客户中拥有经济利益，或者与客户董事、高级管理人员或员工存在家庭和私人关系或商业关系，应当确定是否对客观和公正原则产生不利影响。

在提供专业服务时，对客观和公正原则的不利影响及其严重程度，取决于业务的具体情形和注册会计师所执行工作的性质。注册会计师应当评价不利影响的严重程度，并在必要时采取防范措施消除不利影响或将其降低至可接受的水平。如果防范措施不能消除不利影响或将其降低至可接受的水平，注册会计师应当拒绝接受业务委托或终止业务。

扫一扫，更多内容

第二节　审计法律责任

审计法律责任是指审计人员（主要是指注册会计师）在履行职责过程中，因违约、过失或欺诈而导致委托单位或利益相关者损失而承担的后果。注册会计师如果工作失误或犯有欺诈行为，将会给委托人或依赖审定财务报表的第三者造成重大损失，严重的甚至导致经济秩序的紊乱。因此，强化注册会计师的责任意识，严格注册会计师的法律责任，以保证其职业道德和执业质量，其意义就显得愈加重大。

一、会计责任与审计责任

1. 会计责任

编制和公允列报财务报表是被审计单位管理层的责任，这种责任包括：①按照适用的财务报告编制基础编制财务报表，并使其实现公允反映（如适用）；②设计、执行和维护必要的内部控制，以使财务报表不存在由于舞弊或错误导致的重大错报。

2. 审计责任

审计责任是注册会计师对委托人和被审计单位应尽的义务。审计准则规定：注册会计师的责任是在实施审计工作的基础上对财务报表发表审计意见。注册会计师按照中国注册会计师审计准则的规定执行审计工作。中国注册会计师审计准则要求执业注册会计师遵守职业道德规范，计划和实施审计工作，以对财务报表是否不存在重大错报获取合理保证。

3. 会计责任与审计责任的关系

会计责任与审计责任是一对联系紧密的概念，两者归属于不同的责任主体，彼此不可替代、减轻或免除。如果财务报表存在重大错报，而注册会计师通过审计没能发现，也不能因为财务报表已经注册会计师审计这一事实而减轻管理层和治理层对财务报表的责任。在实务中，会计责任常常影响审计责任。比如，被审计单位的管理层未能提交真实、合法的会计资料，导致注册会计师出具的审计报告不真实。这里既有被审计单位管理层提供虚假信息的会计责任，也有注册会计师未能查出而导致出具错误审计报告的审计责任。

二、注册会计师承担法律责任的成因

在现代社会中，注册会计师被控告起诉的事件正逐渐增加，其形成原因往往是多方面的，有的是被审计单位方面的原因，有的是注册会计师方面的原因，有的是双方的责任，还有的是使用者误解的原因。其中，被审计单位方面的责任和注册会计师方面的责任是最重要的。

（一）被审计单位方面的责任

1. 错误、舞弊和违反法规行为

（1）错误是指会计报表中存在的非故意错报或漏报。错误主要包括：①原始记录和会计数据的计算、抄写错误；②对事实的疏忽和误解；③对会计政策的误用。

（2）舞弊是指导致会计报表产生不实反映的故意行为。舞弊主要包括：①伪造、变造记录或凭证；②侵占资产；③隐瞒或删除交易或事项；④记录虚假的交易或事项；⑤蓄意使用不当的会计政策。

错误和舞弊的区别在于，错误是无意的，舞弊是故意的。如蓄意漏记重要业务，蓄意遗漏应披露的事项，篡改、伪造、虚构编制会计报表的数据，蓄意错用会计政策，极力掩盖错报事项等都是舞弊。

被审计单位的会计部门或其他管理部门发生某些严重错误和舞弊而注册会计师未

能查出，这往往会给他人造成损失，注册会计师可能遭到委托单位及有关方面的控告。当然，由于审计的固有限制，不能苛求注册会计师发现和揭露会计报表中所有错误与舞弊情况。因此，既不能要求注册会计师对所有未查出的会计报表中的错误与舞弊情况负责，也不意味着注册会计师对未能查出的会计报表中的重大错误与舞弊没有任何责任，关键要看未能查出的原因是否源自注册会计师本身的过错。

（3）违反法规行为是指被审计单位故意或非故意地违反除企业会计准则及国家其他有关财务会计法规之外的国家法律、行政法规、部门规章和地方性法规、规章的行为。注册会计师对被审计单位的违法行为，应同管理当局讨论，向律师请教，必要时扩大审计程序以查明事实真相。注册会计师对被审计单位的违法行为，应做如下处理：①如果违法行为对会计报表有严重影响而未做适当的会计处理和披露，注册会计师应发表保留意见或否定意见，因为这时会计报表不符合公认会计原则；②如果注册会计师不能取得违法行为的充分证据，应发表保留意见或拒绝表示意见；③如果被审计单位拒绝采取必要措施纠正重大违反法规行为，注册会计师应考虑采取适当措施，必要时，解除业务约定。

2. 经营失败

被审计单位在经营失败时，也可能会连累注册会计师。很多会计和法律专业人员认为，财务报表使用者控告会计师事务所的主要原因之一，是不理解经营失败和审计失败之间的差别。

众所周知，资本投入或借给企业后，就面临某种程度的经营风险。所谓经营风险，是指企业由于经济或经营条件的变化，如经济萧条、决策失误或同行之间意想不到的竞争等，而无力归还借款或无法达到投资人期望的收益。反映经营风险的极端情况就是经营失败。

审计失败是指注册会计师由于没有遵守公认审计准则而形成或提出了错误的审计意见。出现经营失败时，审计失败可能存在，也可能不存在。另外，还可能存在这样的情况，即审计人员确实遵守了审计准则，但却提出了错误的审计意见，这种情况称作审计风险。

在绝大多数情况下，当注册会计师未能发现重大错报并出具了错误的审计意见时，就可能产生其是否保持应有的职业谨慎的法律问题。如果注册会计师在审计过程中没有保持应有的职业谨慎，导致发表错误的审计意见就属于审计失败。在这种情况下，注册会计师通常应当对利用错误审计意见而蒙受损失的有关各方予以经济上的赔偿，并可能同时致使会计师事务所也遭受损失。

（二）注册会计师方面的责任

如果不是由于注册会计师方面的原因给被审计单位或第三者造成损失，注册会计师将不负法律责任。但是，会计师事务所和注册会计师因违约、过失和欺诈等行为给被审计单位或第三者造成损失，可能会承担法律责任。

1. 违约

违约是指合同的一方或几方未能达到合同条款的要求。当违约给他人造成损失时，注册会计师应负担违约责任。比如，会计师事务所在商定的时期内，未能提交审计报告，或违反了与被审计单位订立的保密协议等。

2. 过失

过失是指在一定条件下缺少应具有的合理的谨慎。评价注册会计师的过失，是以其他合格注册会计师在相同条件下可做到的谨慎为标准的。当过失给他人造成损害时，注册会计师应负过失责任。通常将过失按其程度不同分为普通过失和重大过失两种。

（1）普通过失，也称一般过失，通常是指没有保持职业上应有的合理的谨慎。对注册会计师则是指没有完全遵循专业准则的要求。比如，未按特定审计项目取得必要和充分的审计证据就出具审计报告的情况，可视为普通过失。

（2）重大过失，是指连起码的职业谨慎都不保持，对重要的业务或事务不加考虑，满不在乎。对注册会计师而言，则是指根本没有遵循专业准则或没有按专业准则的基本要求执行审计。

另外，还有一种过失叫“共同过失”，即对他人过失，受害方自己未能保持合理的谨慎，因而蒙受损失。比如，被审计单位未能向注册会计师提供编制纳税申报表所必要的信息，反而又控告注册会计师未能妥当地编制纳税申报表，这种情况可能使法院判定被审计单位有共同过失。再如，在审计中未能发现现金等资产短少时，被审计单位可以过失为由控告注册会计师，而注册会计师又可以说现金等问题是由缺乏适当的内部控制造成的，并以此为由反击被审计单位的诉讼。

3. 欺诈

欺诈又称舞弊，是以欺骗或坑害他人为目的的一种故意的错误行为。作案具有不良动机是欺诈的重要特征，也是欺诈与普通过失和重大过失的主要区别之一。对于注册会计师而言，欺诈就是为了达到欺骗他人的目的，明知委托单位的财务报表有重大错报，却加以虚伪的陈述，出具无保留意见的审计报告。

与欺诈相关的另一个概念是“推定欺诈”，又称“涉嫌欺诈”，是指虽无故意欺诈或坑害他人的动机，但却存在极端或异常的过失。推定欺诈和重大过失这两个概念的界限往往很难界定，许多法院曾经将注册会计师的重大过失解释为推定欺诈，特别是近年来有些法院放宽了“欺诈”一词的范围，使得推定欺诈在法律上成为等效的概念。

三、注册会计师承担法律责任的种类

注册会计师因违约、过失或欺诈给被审计单位或其他利害关系人造成损失的，按照有关法律和规定，可能被判承担行政责任、民事责任或刑事责任。这三种责任可单处，也可并处。

1. 行政责任

行政责任是指注册会计师做出违反有关行政管理的法律法规的规定，但尚未构成犯罪的行为所依法应当承担的法律后果，行政责任追加与否主要考虑审计过程。行政责任分为行政处分和行政处罚。对于注册会计师个人来说，行政处罚包括警告、暂停执业、吊销注册会计师证书；对于会计师事务所而言，行政处罚包括警告、没收违法所得、罚款、暂停执业、撤销等。

2. 民事责任

民事责任是指注册会计师因违反合同义务或者不履行其他法律义务，使他人蒙受损失而依法应承担的民事法律后果。民事责任追究与否更多地考虑审计结果。因为民事责任主要是赔偿损失、停止侵害等形式，是针对审计的不良结果的。

3. 刑事责任

刑事责任是指注册会计师造成对社会经济的严重危害而应受到刑法制裁的义务。刑事责任追究与否要同时考虑结果和过程。如果注册会计师违反法规并对社会经济造成影响，根据刑法规定，必须承担刑事责任。刑事责任主要是指按有关法律程序判处一定的徒刑。

一般来说，因违约和过失可能使注册会计师负行政责任和民事责任，因欺诈可能会使注册会计师负民事责任和刑事责任。

四、注册会计师如何避免法律诉讼

注册会计师的职业性质决定了这是一个容易遭受法律诉讼的行业。那些蒙受了损失的受害人总是希望通过起诉注册会计师尽可能使其损失得以补偿。因此，法律诉讼一直是困扰会计师职业界的一大难题，会计师行业每年不得不为此付出大量的精力，支付巨额的赔偿金和购买高昂的执业保险。

在我国注册会计师制度恢复重建后，随着资本市场的快速发展，注册会计师的社会地位和作用不断提高，政府部门和社会公众在了解注册会计师作用的同时，对注册会计师责任的了解也在增加。诉讼注册会计师的案件时有发生，我国曾发生一系列震惊整个注册会计师行业乃至全社会的案件。有关会计师事务所均因出具虚假报告造成严重后果而被撤销、没收财产或取消特许业务资格，有的注册会计师被吊销资格，有的被追究刑事责任。除一些大案件外，涉及注册会计师的中小型诉讼案件也有日益上升的趋势。如何避免法律诉讼，已成为我国注册会计师行业非常关注的问题。

（一）注册会计师减少过失和防止欺诈的措施

注册会计师要避免法律诉讼，就必须在执行审计业务时尽量减少过失行为，防止欺诈。而要尽可能不发生过失或防止欺诈，注册会计师就应当达到以下基本要求。

1. 增强执业的独立性

独立性是注册会计师审计的灵魂。只有保持了注册会计师实质上的独立和形式上的独立，才能真正做到客观、公正地对被审计单位财务报表进行鉴证。

2. 保持执业的谨慎性

注册会计师的审计过失往往是由于缺乏应有的职业谨慎态度。在执行审计业务过程中，未严格遵守审计准则，不执行适当的审计程序，对有关被审计单位的问题未能保持应有的职业谨慎，或为节省时间而缩小审计范围和简化审计程序，都会导致财务报表中的重大错报不被发现。

3. 强化执业监督

当会计师事务所未能对助理人员或其他人员进行切实的监督，往往会造成审计的失败。对于业务复杂且重大的委托单位来说，其审计是由多个注册会计师及许多助理人员共同配合来完成的。如果他们的分工存在重叠或疏漏，又缺乏严密的执业监督，发生过失则难以避免。

（二）注册会计师避免法律诉讼的具体措施

注册会计师避免法律诉讼的具体措施，可以概括为以下几点。

1. 严格遵循职业道德和专业标准的要求

当注册会计师存在过失或欺诈行为时，往往应当承担法律责任。而判别注册会计师是否存在过失的关键在于其是否遵照职业道德和专业标准的要求执业。因此，保持良好的职业道德，严格遵循专业标准的要求执业、出具报告，是避免法律诉讼或在提起的诉讼中保护注册会计师的最根本措施。

2. 建立、健全会计师事务所的质量控制

如果会计师事务所质量管理不严，很有可能因为一个人或一个部门的原因导致整个会计师事务所遭受灭顶之灾。因此，会计师事务所必须建立、健全一套严密、科学的内部质量控制制度，并把这套制度推行到每一个人、每一个部门和每一项业务，确保注册会计师严格按照专业标准的要求执业，保证整个会计师事务所的执业质量。

3. 与委托人签订业务约定书

《中华人民共和国注册会计师法》规定注册会计师承办业务，会计师事务所应与委托人签订委托合同（即业务约定书）。业务约定书具有法律效力，它是确定注册会计师和委托人的责任经济合同。会计师事务所无论承办何种业务，都要按照准则的要求与委托人签订业务约定书，这样才能在发生法律诉讼时将双方的口舌之争减至最低限度。

4. 审慎选择被审计单位

过往诸多的注册会计师法律案例告诉我们，注册会计师如欲避免法律诉讼，必须审慎选择被审计单位。选择原则：①尽量选择正直诚实的被审计单位。如果被审计单位缺乏正直诚实的品格，则很可能会蒙骗注册会计师，使注册会计师落入它们的圈套。这就要求会计师事务所接受委托之前，一定要采取必要的措施对被审计单位的历史情况有所了解，评价被审计单位的品格，弄清委托的真正目的。②如果被审计单位正陷入财务和法律困境，则应当尤其保持警觉。中外历史上绝大部分涉及注册会计师的诉讼案，都集中在宣告破产的被审计单位身上。周转不灵或面临破产的公司，其股东或债权人总想为他们的损失寻找替罪羊，因此对那些陷入财务困境的被审计单位要特别注意。

5. 深入了解被审计单位的基本情况

在很多审计失败案件中，注册会计师之所以未能发现重大问题的一个主要原因是他们不了解被审计单位及其所属行业的情况。会计是经济活动的综合反映，不熟悉被审计单位的经济业务和生产经营实务，而仅仅将目光集中在有关的会计资料，就可能发现不了某些错误。

6. 提取风险基金或购买责任保险

在西方国家，投保充分的责任保险是会计师事务所一项极为重要的保护措施，尽管保险不能免除可能受到的法律诉讼，但能防止或减少诉讼失败时会计师事务所发生的财务损失。《中华人民共和国注册会计师法》也规定了会计师事务所应当建立职业风险基金，办理职业保险。

7. 聘请熟悉注册会计师法律责任的律师

会计师事务所应当尽可能聘请熟悉相关法律法规及注册会计师法律责任的律师。在执业过程中，如遇到重大法律问题，注册会计师应与律师详细讨论所有潜在的危险情况并仔细考虑律师的建议。一旦发生法律诉讼，也应请有经验的律师参与诉讼辩护。

思考与练习

关键术语

职业道德、审计道德概念框架、独立性、专业胜任能力、审计失败、违约、过失、欺诈

延伸阅读

1.《中国注册会计师职业道德守则第 1 号——职业道德基本原则》
2.《中国注册会计师职业道德守则第 2 号——职业道德概念框架》

思考题

1. 注册会计师遵循职业道德基本原则有哪些？
2. 在哪些情况下注册会计师可以披露客户的有关信息而不属于泄密？
3. 对职业道德基本原则产生不利影响的因素有哪些？
4. 什么是会计责任和审计责任？
5. 导致注册会计师承担法律责任的原因有哪些？
6. 如何避免注册会计师的法律诉讼？

练习题

（一）单项选择题

1. 以下各项不属于注册会计师职业道德基本原则的是（　　）。
   A. 诚信　　B. 保密
   C. 专业胜任能力和应有的关注　　D. 成本效益原则
2. 以下对独立性的要求说法正确的是（　　）。
   A. 独立原则不仅制约注册会计师，而且也对非执业会员有严格的要求
   B. 在执行鉴证业务时，注册会计师必须保持独立性
   C. 注册会计师在执行鉴证业务时，不必在意形式上的独立，但必须保持实质上的独立
   D. 实质上的独立性使得一个理性且掌握充分信息的第三方完全信任注册会计师
3. 以下关于保密原则的表述中，不恰当的是（　　）。
   A. 注册会计师在执行审计业务时要对涉密信息保密

B. 在终止审计服务起 10 年以后可以不再对涉密信息保密

C. 注册会计师应当警惕向近亲属或关系密切的人员无意泄密的可能性

D. 注册会计师应当明确在会计师事务所内部保密的必要性

4. 以下针对职业道德概念框架的解释，不正确的是（　　）。

A. 它是解决职业道德问题的思路和方法

B. 只要是职业道德守则未明确禁止的情形就是允许的

C. 在具体运用时，需要注册会计师的大量职业判断

D. 在评价不利影响的严重程度时，应当从性质和数量两个方面予以考虑

5. 由于会计师事务所之间竞争激烈，甲会计师事务所在承接业务时，如果收费报价过低，那么最可能对（　　）原则产生不利影响。

A. 自身利益　　B. 自我评价

C. 专业胜任能力和应有的关注　　D. 外在压力

6. 会计师事务所确定审计收费的基础通常是（　　）。

A. 承担审计工作的责任大小

B. 审计报告的意见类型

C. 鉴证工作的结果或是否能够实现特定目的

D. 每一专业人员适当的小时收费标准或日收费标准

7. 甲注册会计师在执行外勤工作时，自己不慎将手机丢失，为了便于联系，被审计单位送给其一台华为手机，针对该事项，以下说法正确的是（　　）。

A. 客户赠送的目的是为保证与注册会计师的及时沟通，不违背职业道德基本原则，甲注册会计师可以接受

B. 该手机并非甲注册会计师索要，可以接受，不违背职业道德基本原则

C. 该手机属于正常业务往来的礼品款待，不违背职业道德基本原则，甲注册会计师可以接受

D. 该项礼品超出业务活动中的正常往来，甲注册会计师应当拒绝接受

8. 以下关于经营风险、经营失败和审计失败的表述中不恰当的是（　　）。

A. 被审计单位经营风险过高可能会导致经营失败

B. 经营失败可能会导致审计失败

C. 审计失败必然会导致经营失败

D. 审计失败是指注册会计师由于没有遵守公认审计准则而形成或提出错误的审计意见

9. 以下关于错误和舞弊的说法不恰当的是（　　）。

A. 注册会计师对未能查出的会计报表中的重大错误与舞弊没有任何责任

B. 错误是无意的，舞弊是故意的

C. 蓄意错用会计政策属于舞弊行为

D. 对会计政策的误用属于错误

10. 以下有关注册会计师过失的说法中不恰当的是（　　）。

A. 过失是指注册会计师在一定条件下缺乏应有的职业谨慎

B. 普通过失是指注册会计师没有完全遵循专业准则的要求

C. 重大过失是指注册会计师没有遵循专业准则的基本要求

D. 注册会计师一旦出现过失就需要承担民事赔偿责任

（二）多项选择题

1. ABC会计师事务所A注册会计师在审计甲公司的财务报表时应当保持应有的关注，下列相关陈述中恰当的有（　　）。

A. 应有的关注原则要求A注册会计师勤勉尽责

B. 应有的关注原则要求A注册会计师保持职业怀疑态度，运用专业知识、技能和经验，获取和评价审计证据

C. 应有的关注原则要求A注册会计师查出被审计单位财务报表的所有重大舞弊

D. 应有的关注原则要求A注册会计师采取措施以确保在其授权下工作的人员得到适当的培训和督导

2. 可能对职业道德基本原则产生不利影响的因素包括（　　）。

A. 自身利益　　B. 自我评价

C. 过度推介　　D. 密切关系

3. 下列情况中，属于因自我评价产生对独立性不利影响的情形有（　　）。

A. 在评价其所在会计师事务所的人员以前提供专业服务的结果时，注册会计师发现重大错误

B. 在鉴证客户与第三方发生诉讼或纠纷时，注册会计师担任该客户的辩护人

C. 会计师事务所设计或运行财务系统后，对该财务系统运行的有效性出具鉴证报告

D. 鉴证业务项目组成员最近曾是客户的董事或高级管理人员

4. 会计师事务所的下列行为中，不违反职业道德基本原则的有（　　）。

A. 通过报纸刊登事务所合并的行为

B. 为获得客户支付业务介绍费

C. 收取与客户相关的介绍费

D. 与审计客户签订审计业务约定书，约定由审计客户报销审计项目组成员的交通、住宿和工作餐

5. 对注册会计师而言，行政责任主要包括（　　）。

A. 警告　　B. 暂停执业

C. 没收违法所得　　D. 吊销注册会计师证书

（三）判断改错题（正确的打“√”，错误的打“×”，并改正）

1. 注册会计师执业准则包括注册会计师职业道德、注册会计师业务准则和会计师事务所质量控制准则。（　　）

2. 在终止与客户的关系后，注册会计师仍应当对以前的职业活动中获知的涉密信息保密。（　　）

3. ABC会计师事务所准备审计乙公司，A注册会计师购买了乙公司股票5 000股，每股10元，ABC会计师事务所委派A注册会计师担任乙公司审计项目组成员。

这种情况可能会对审计职业道德产生不利影响。 (   )

4. ABC会计师事务所准备审计乙公司财务报表，其派出的审计项目组成员D曾在乙公司人力资源部负责员工培训工作，目前已经离开乙公司加入ABC会计师事务所。这种情况会对审计职业道德产生不利影响。 (   )

5. ABC会计师事务所派遣审计小组，同时为C公司提供内部控制设计和财务报表审计业务。这种行为是不正确的，存在密切关系的威胁。 (   )

6. 事务所推介审计客户的股份，在审计客户与第三方发生诉讼或纠纷时，注册会计师担任该客户的辩护人，这个属于过度推介威胁。 (   )

7. 会计师事务所对不能按时完成的业务减少业务收费。 (   )

8. 除非法律法规允许或要求，注册会计师不得提供承担保管客户资金或其他资产的服务。 (   )

9. 会计责任和审计责任可以相互替代。 (   )

10. 因违约和过失可能使注册会计师负行政责任和民事责任，因欺诈可能会使注册会计师负民事责任和刑事责任。 (   )

（四）综合题

××银行拟申请公开发行股票，委托ABC会计师事务所审计其2017、2018、2019年度的财务报表，双方于2019年年底签订审计业务约定书。假定ABC会计师事务所及其审计小组成员与银行存在以下情况。

（1）ABC会计师事务所与××银行签订的审计业务约定书约定：审计费用为200万元，××银行在ABC会计师事务所提交审计报告时支付60%的审计费用，剩余40%视股票能否发行上市决定是否支付。

（2）ABC会计师事务所的合伙人A注册会计师目前担任××银行的独立董事。

（3）审计小组负责人B注册会计师与××银行的行长毕业于同一所财经院校。

（4）审计小组成员C注册会计师自2017年以来一直协助××银行编制财务报表。

（5）审计小组成员D注册会计师的妻子自2015年起一直担任××银行的大堂经理。

要求：请分别就上述五种情况，判断ABC会计师事务所或相关注册会计师的职业道德是否受到损害，并说明原因。

第三章　计划审计工作

学习目的与要求

通过本章的学习，能够了解初步业务活动的目的及内容、审计业务约定书的内容；理解总体审计策略和具体审计计划的内容；理解并掌握财务报表审计的总体目标、管理层对财务报表的认定及其具体运用，能够针对具体账项或交易设计具体审计目标；掌握重要性的定义、重要性水平的确定、累积识别出的错报、对审计过程识别出的错报的考虑、审计风险的组成要素及其相互关系。

计划审计工作对于注册会计师顺利完成审计工作和控制审计风险具有非常重要的意义。合理的审计计划有助于注册会计师关注重点审计领域、及时发现和解决存在问题及恰当地组织和管理审计工作，以使审计工作更加有效。同时，充分的审计计划可以帮助注册会计师对项目组成员进行恰当分工和指导监督，并复核其工作，还有助于协调其他注册会计师和专家的工作。

计划审计工作是持续的过程，注册会计师通常在前一期审计工作结束后即开始开展本期的审计计划工作，并直到本期审计工作结束为止。在计划审计工作时，注册会计师需要进行初步业务活动、制订总体审计策略和具体审计计划。在此过程中，需要做出很多关键决策，包括确定可接受的审计风险水平和重要性、配置项目人员等。

第一节　初步业务活动

初步业务活动是指注册会计师在本期审计业务开始时开展的有利于计划和执行审计工作、实现审计目标的活动的总称。

一、初步业务活动的目的和内容

1. 初步业务活动的目的

注册会计师在计划审计工作前，需要开展初步业务活动，以实现以下三个主要目的。

（1）具备执行业务所需的独立性和能力。

（2）不存在因管理层诚信问题而可能影响注册会计师保持该项业务的意愿的事项。

（3）与被审计单位之间不存在对业务约定条款的误解。

2. 初步业务活动的内容

注册会计师在本期审计业务开始时应当开展下列初步业务活动。

（1）针对保持客户关系和具体审计业务实施相应的质量控制程序。对于针对保持客户关系和具体审计业务实施质量控制程序，《中国注册会计师审计准则第 1121 号——对财务报表审计实施的质量控制》及《质量控制准则第 5101 号——会计师事务所对执行财务报表审计和审阅、其他鉴证和相关服务业务实施的质量控制》中含有相关的要求，注册会计师应当按照其规定开展。

（2）评价遵守相关职业道德要求的情况。评价遵守相关职业道德要求的情况是一项非常重要的初步业务活动。质量控制准则含有包括独立性在内的有关职业道德要求，注册会计师应当按照其规定执行。

虽然保持客户关系及具体审计业务和评价职业道德的工作贯穿审计业务的全过程，但是这两项活动需要安排在其他审计工作之前，以确保注册会计师已具备执行业务所需要的独立性和专业胜任能力，且不存在因管理层诚信问题而影响注册会计师保持该项业务的意愿等情况。在连续审计的业务中，这些初步业务活动通常是在上期审计工作结束后不久或将要结束时就已经开始了。

（3）就审计业务约定条款达成一致意见。在做出接受或保持客户关系及具体审计业务的决策后，注册会计师应当按照《中国注册会计师审计准则第 1111 号——就审计业务约定条款达成一致意见》的规定，在审计业务开始前，与被审计单位就审计业务约定条款达成一致意见，签订或修改审计业务约定书，以避免双方对审计业务的理解产生分歧。

二、审计业务约定书

1. 审计业务约定书的定义

审计业务约定书是指会计师事务所与被审计单位签订的，用以记录和确认审计业务的委托与受托关系、审计目标和范围、双方的责任以及报告的格式等事项的书面协议。会计师事务所承接任何审计业务，都应与被审计单位签订审计业务约定书。

2. 审计业务约定书的基本内容

审计业务约定书的具体内容和格式可能因被审计单位的不同而有差异，但应当包括以下主要内容。

（1）财务报表审计的目标与范围。

（2）注册会计师的责任。

（3）管理层的责任。

（4）指出用于编制财务报表所适用的财务报告编制基础。

扫一扫，更多内容

（5）提及注册会计师拟出具的审计报告的预期形式和内容，以及对在特定情况下出具的审计报告可能不同于预期形式和内容的说明。

三、审计业务约定条款的变更

1. 变更审计业务约定条款的要求

在完成审计业务前，如果被审计单位或委托人要求将审计业务变更为保证程度较低的业务，注册会计师应当确定是否存在合理理由予以变更。

下列原因可能导致被审计单位要求变更业务：①环境变化对审计服务的需求产生

影响；②对原来要求的审计业务的性质存在误解；③无论是管理层施加的还是其他情况引起的审计范围受到限制。上述①和②项通常被认为是变更业务的合理理由，但如果有迹象表明该变更要求与错误的、不完整的或者不能令人满意的信息有关，注册会计师不应认为该变更是合理的。

如果没有合理的理由，注册会计师不应同意变更业务。如果注册会计师不同意变更审计业务约定条款，而管理层又不允许继续执行原审计业务，注册会计师应当：①在适用的法律法规允许的情况下，解除审计业务约定；②确定是否有约定义务或其他义务向治理层、所有者或监管机构等报告该事项。

2. 变更为审阅业务或相关服务业务的要求

在同意将审计业务变更为审阅业务或相关服务业务前，接受委托按照审计准则执行审计工作的注册会计师，除考虑上述第1点要求中提及的事项外，还需要评估变更业务对法律责任或业务约定的影响。

如果注册会计师认为将审计业务变更为审阅业务或相关服务业务具有合理理由，截至变更日已执行的审计工作可能与变更后的业务相关，相应地，注册会计师需要执行的工作和出具的报告会适用于变更后的业务。为避免引起报告使用者的误解，对相关服务业务出具的报告不应提及原审计业务和在原审计业务中已执行的程序。只有将审计业务变更为执行商定程序业务，注册会计师才可在报告中提及已执行的程序。

第二节 总体审计策略和具体审计计划

审计计划分为总体审计策略和具体审计计划两个层次。注册会计师应当针对总体审计策略中所提出的不同事项，制订具体审计计划，并考虑通过有效利用审计资源以实现具体目标。值得注意的是，虽然制订总体审计策略的过程通常在具体审计计划之前，但是两项计划具有内在的紧密联系，对其中一项的决定可能会影响甚至改变对另外一项的决定。

一、总体审计策略

注册会计师应当为审计工作制订总体审计策略。总体审计策略用以确定审计范围、时间安排和方向，并指导具体审计计划的制订。在制订总体审计策略时，应当考虑以下主要事项。

1. 审计范围

注册会计师应当确定审计业务的特征，包括采用的会计准则和相关会计制度、特定行业的报告要求以及被审计单位组成部分的分布等特征，以界定审计范围。

2. 报告目标、时间安排及所需沟通的性质

总体审计策略的制订应当包括明确审计业务的报告目标，以计划审计的时间安排和所需沟通的性质，包括提交审计报告的时间要求，预期与管理层和治理层沟通的重要日期等。

3．审计方向

总体审计策略的制订应当包括考虑影响审计业务的重要因素，以确定项目组的工作方向，包括确定适当的重要性水平，初步识别可能存在较高的重大错报风险的领域，初步识别重要的组成部分和账户余额，评价是否需要针对内部控制的有效性获取审计证据，识别被审计单位、所处行业、财务报告要求及其他相关方面最近发生的重大变化等。

4．审计资源

注册会计师应当在总体审计策略中清楚地说明审计资源的规划和调配，包括确定执行审计业务所必需的审计资源的性质、时间安排和范围。

（1）向具体审计领域调配的资源，包括向高风险领域分派有适当经验的项目组成员，就复杂的问题利用专家工作等。

（2）向具体审计领域分配资源的多少，包括分派到重要地点进行存货监盘的项目组成员的人数，在集团审计中复核组成部分注册会计师工作的范围，向高风险领域分配的审计时间预算等。

（3）何时调配这些资源，包括是在期中审计阶段还是在关键的截止日期调配资源等。

（4）如何管理、指导、监督这些资源，包括预期何时召开项目组预备会和总结会，预期项目合伙人和经理如何进行复核，是否需要实施项目质量控制复核等。

扫一扫，更多内容

二、具体审计计划

注册会计师应当为审计工作制订具体审计计划。具体审计计划比总体审计策略更加详细，其内容包括为获取充分、适当的审计证据以将审计风险降至可接受的低水平，项目组成员拟实施的审计程序的性质、时间安排和范围。可以说，为获取充分、适当的审计证据，而确定审计程序的性质、时间安排和范围是具体审计计划的核心。具体审计计划应当包括风险评估程序、计划实施的进一步审计程序和其他审计程序。

1．风险评估程序

具体审计计划应当包括按照《中国注册会计师审计准则第 1211 号——通过了解被审计单位及其环境识别和评估重大错报风险》的规定，为了足够识别和评估财务报表重大错报风险，注册会计师计划实施的风险评估程序的性质、时间安排和范围。

2．计划实施的进一步审计程序

具体审计计划应当包括按照《中国注册会计师审计准则第 1231 号——针对评估的重大错报风险采取的应对措施》的规定，针对评估的认定层次的重大错报风险，注册会计师计划实施的进一步审计程序的性质、时间安排和范围。

通常，注册会计师计划的进一步审计程序可以分为进一步审计程序的总体方案和拟实施的具体审计程序（包括进一步审计程序的具体性质、时间安排和范围）两个层次。进一步审计程序的总体方案主要是指注册会计师针对各类交易、账户余额和披露决定采用的总体方案（包括实质性方案和综合性方案）。具体审计程序则是对进一步审计程序的总体方案的延伸和细化，通常包括控制测试和实质性程序的性质、时间安排和范围。

3. 其他审计程序

具体审计计划应当包括根据审计准则的规定，注册会计师对审计业务需要实施的其他程序。计划的其他审计程序可以包括上述进一步程序的计划中没有涵盖的、根据其他审计准则要求注册会计师应当执行的既定程序。

在审计计划阶段，除了按照《中国注册会计师审计准则第 1211 号——通过了解被审计单位及其环境识别和评估重大错报风险》进行计划工作，注册会计师还需要兼顾其他准则中规定的、针对特定项目在审计计划阶段应执行的程序及记录要求。例如，《中国注册会计师审计准则第 1141 号——财务报表审计中与舞弊相关的责任》《中国注册会计师审计准则第 1324 号——持续经营》《中国注册会计师审计准则第 1142 号——财务报表审计中对法律法规的考虑》《中国注册会计师审计准则第 1323 号——关联方》等对注册会计师针对这些特定项目在审计计划阶段应当执行的程序及其记录做出了规定。当然，由于被审计单位所处行业、环境各不相同，特别项目可能也有所不同。例如，有些企业可能涉及环境事项、电子商务等，在实务中注册会计师应根据被审计单位的具体情况确定待定项目并执行相应的审计程序。

三、审计过程中对计划的修改

计划审计工作并非审计业务的一个孤立阶段，而是一个持续的、不断修正的过程，贯穿于整个审计业务的始终。由于未预期事项、条件的变化或在实施审计程序中获取的审计证据等原因，在审计过程中，注册会计师在必要时应当对总体审计策略和具体审计计划做出更新和修改。

审计过程可分为不同阶段，通常前面阶段的工作结果会对后面阶段的工作计划产生一定的影响，而在后面阶段的工作过程中又可能发现需要对已制定的相关计划进行相应的更新和修改。通常来讲，这些更新和修改可能涉及比较重要的事项。例如，对重要性水平的修改，对某类交易、账户余额和披露的重大错报风险的评估和进一步审计程序（包括总体方案和拟实施的具体审计程序）的更新和修改等。一旦计划被更新和修改，审计工作也就应当进行相应的修正。

例如，如果在制订审计计划时，注册会计师基于对材料采购交易的相关控制的设计和执行获取的审计证据，认为相关控制的设计合理并得以执行，因此未将其评价为高风险领域并且计划执行控制测试。但是在执行控制测试时获得的审计证据与审计计划阶段获得的审计证据相矛盾，注册会计师认为该类交易的控制没有得到有效执行，此时，注册会计师可能需要修正对该类交易的风险评估，并基于修正的评估风险修改计划的审计方案，如采用实质性方案。

如果注册会计师在审计过程中对总体审计策略或具体审计计划做出重大修改，应当在审计工作底稿中记录做出的重大修改及其理由。

四、指导、监督与复核

注册会计师应当制订计划，确定对项目组成员的指导、监督以及对其工作进行复核的性质、时间安排和范围。项目组成员的指导、监督以及对其工作进行复核的性质、时间安排和范围主要取决于下列因素。

（1）被审计单位的规模和复杂程度。

（2）审计领域。

（3）评估的重大错报风险。

（4）执行审计工作的项目组成员的专业素质和胜任能力。

注册会计师应在评估重大错报风险的基础上，计划对项目组成员工作的指导、监督与复核的性质、时间安排和范围。当评估的重大错报风险增加时，注册会计师通常会扩大指导与监督的范围，增强指导与监督的及时性，执行更详细的复核工作。在计划复核的性质、时间安排和范围时，注册会计师还应考虑单个项目组成员的专业素质和胜任能力。

第三节　审计目标

审计目标分为审计的总体目标和具体审计目标。审计的总体目标是指注册会计师为完成整体审计工作而达到的预期目的。具体审计目标是指注册会计师通过实施审计程序以确定管理层在财务报表中确定的各类交易、账户余额、披露层次认定是否恰当。注册会计师在了解每个项目的认定后，就很容易确定每个项目的具体目标。

一、财务报表审计的总体目标

《中国注册会计师审计准则第 1101 号——注册会计师的总体目标和审计工作的基本要求》规定，在执行财务报表审计工作时，注册会计师的总体目标：①对财务报表整体是否不存在由于舞弊或错误导致的重大错报获取合理保证，使得注册会计师能够对财务报表是否在所有重大方面按照适用的财务报告编制基础编制发表审计意见；②按照审计准则的规定，根据审计结果对财务报表出具审计报告，并与管理层和治理层沟通。目标①是报表审计的实质性目标，包含了评价财务报表编制的合法性和反映的公允性；目标②是形式上的目标，是将目标①的结论以审计报告的方式呈现出来，并与管理层和治理层沟通。

二、管理层对财务报表的认定

认定与具体审计目标密切相关，注册会计师的基本职能就是确定被审计单位管理层对财务报表的认定是否恰当。注册会计师了解认定，就是确定每个项目的具体审计目标。

1. 认定的含义

认定是指管理层在财务报表中做出的明确或隐含的表达，注册会计师将其用于考虑可能发生的不同类型的潜在错报。通过考虑可能发生的不同类型的潜在错报，注册会计师运用认定评估风险，并据此设计审计程序以应对评估的风险。

当管理层声明财务报表已按照适用的财务报告编制基础编制，在所有重大方面做出公允反映时，就意味着管理层对各类交易和事项、账户余额以及披露的确认、计量和列报做出了认定。管理层在财务报表上的认定有些是明确表达的，有些则是隐含表达的。例如，管理层在资产负债表中列报存货及其金额，意味着做出了下列明确的认定：①记录的存货是存在的；②存货以恰当的金额包括在财务报表中，与之相关的计价或分摊调整已恰当记录。同时，管理层也做出下列隐含的认定：①所有应当记录的存货均已记录；②记录的存货都由被审计单位拥有。

对于管理层对财务报表各组成要素做出的认定，注册会计师的审计工作就是要确定管理层的认定是否恰当。

2. 关于所审计期间各类交易、事项及相关披露的认定

关于所审计期间各类交易、事项及相关披露的认定通常分为下列类别。

（1）发生：记录或披露的交易和事项已发生，且这些交易和事项与被审计单位有关。

（2）完整性：所有应当记录的交易和事项均已记录，所有应当包括在财务报表中的相关披露均已包括。

（3）准确性：与交易和事项有关的金额及其他数据已恰当记录，相关披露已得到恰当计量和描述。

（4）截止：交易和事项已记录于正确的会计期间。

（5）分类：交易和事项已记录于恰当的账户。

（6）列报：交易和事项已被恰当地汇总或分解且表述清楚，相关披露在适用的财务报告编制基础下是相关的、可理解的。

3. 关于期末账户余额及相关披露的认定

关于期末账户余额及相关披露的认定通常分为下列类别。

（1）存在：记录的资产、负债和所有者权益是存在的。

（2）权利和义务：记录的资产由被审计单位拥有或控制，记录的负债是被审计单位应当履行的偿还义务。

（3）完整性：所有应当记录的资产、负债和所有者权益均已记录，所有应当包括在财务报表中的披露均已包括。

（4）准确性、计价和分摊：资产、负债和所有者权益以恰当的金额包括在财务报表中，与之相关的计价或分摊调整已恰当记录，相关披露已得到恰当计量和描述。

（5）分类：资产、负债和所有者权益已记录于恰当的账户。

（6）列报：资产、负债和所有者权益已被恰当地汇总或分解且表述清楚，相关披露在适用的财务报告编制基础下是相关的、可理解的。

注册会计师可以按照上述分类运用认定，也可按其他方式表述认定，但应涵盖上述所有方面。例如，注册会计师可以选择将关于各类交易、事项及相关披露的认定与关于账户余额及相关披露的认定综合运用。又如，当发生和完整性认定包含了对交易是否记录于正确会计期间的恰当考虑时，就可能不存在与交易和事项截止相关的单独认定。

三、具体审计目标

注册会计师明确了审计总体目标和管理层对财务报表的认定之后，就很容易确定每个项目的具体审计目标，并以此作为评估重大错报风险以及设计和实施进一步审计程序的基础。

1. 与所审计期间各类交易、事项及相关披露相关的审计目标

（1）发生：由发生认定推导的审计目标是确认已记录的交易是真实的。例如，如果没有发生销售交易，但在销售日记账中记录了一笔销售，则违反了该目标。

发生认定所要解决的问题是管理层是否把那些不曾发生的项目记入财务报表，它主要与财务报表组成要素的高估有关。

（2）完整性：由完整性认定推导的审计目标是确认已发生的交易确实已经记录。例如，如果发生了销售交易，但没有在销售明细账和总账中记录，则违反了该目标。

发生和完整性两者强调的是相反的关注点。发生目标针对多记、虚构交易（高估），而完整性目标则针对漏记交易（低估）。

（3）准确性：由准确性认定推导出的审计目标是确认已记录的交易是按正确金额反映的。例如，如果在销售交易中，发出商品的数量与账单上的数量不符，或是开账单时使用了错误的销售价格，或是账单中的乘积或加总等有误，或是在销售明细账中记录了错误的金额，则违反了该目标。

准确性与发生、完整性之间存在区别。例如，若已记录的销售交易是不应当记录的（如发出的商品是寄销商品），则即使发票金额是准确计算的，仍违反了发生目标。再如，若已入账的销售交易是对正确发出商品的记录，但金额计算错误，则违反了准确性目标，没有违反发生目标。在完整性与准确性之间也存在同样的关系。

（4）截止：由截止认定推导出的审计目标是确认接近于资产负债表日的交易记录于恰当的期间。例如，如果本期交易推迟到下期，或下期交易提前到本期，均违反了截止目标。

（5）分类：由分类认定推导出的审计目标是确认被审计单位记录的交易经过适当分类。例如，如果将出售经营性固定资产所得的收入记录为营业收入，则导致交易分类的错误，违反了分类的目标。

（6）列报：由列报认定推导出的审计目标是确认被审计单位的交易和事项已被恰当地汇总或分解且表述清楚，相关披露在适用的财务报告编制基础下是相关的、可理解的。

2. 与期末账户余额及相关披露相关的审计目标

（1）存在：由存在认定推导的审计目标是确认记录的金额确实存在。例如，如果不存在某顾客的应收账款，在应收账款明细账中却列入了对该顾客的应收账款，则违反了存在目标。

（2）权利和义务：由权利和义务认定推导的审计目标是确认资产归属于被审计单位，负债属于被审计单位的义务。例如，将他人寄售商品列入被审计单位的存货中，违反了权利目标；将不属于被审计单位的债务记入账内，违反了义务目标。

（3）完整性：由完整性认定推导的审计目标是确认已存在的金额均已记录。例如，如果存在某顾客的应收账款，而应收账款明细账中却没有列入，则违反了完整性目标。

（4）准确性、计价和分摊：资产、负债和所有者权益以恰当的金额包括在财务报表中，与之相关的计价或分摊调整已恰当记录。

（5）分类：资产、负债和所有者权益已记录于恰当的账户。

（6）列报：资产、负债和所有者权益已被恰当地汇总或分解且表述清楚，相关披露在适用的财务报告编制基础下是相关的、可理解的。

通过上面介绍可知，认定是确定具体审计目标的基础。注册会计师通常将认定转化为能够通过审计程序予以实现的审计目标。针对财务报表每一项目所表现出的各项认定，注册会计师相应地确定一项或多项审计目标，然后通过执行一系列审计程序获取充分、适当的审计证据以实现审计目标。认定、审计目标和审计程序之间的关系举例如表 3-1 所示。

表 3-1 认定、审计目标和审计程序之间的关系举例

认定	审计目标	审计程序
存在	资产负债表列示的存货存在	实施存货监盘程序
完整性	销售收入包括所有已发货的交易	检查发货单和销售发票的编号以及销售明细账
准确性	应收账款反映的销售业务是否基于正确的价格和数量，计算是否准确	比较价格清单与发票上的价格、发货单与销售订购单上的数量是否一致，重新计算发票上的金额
截止	销售业务记录在恰当的期间	比较上一年度最后几天和下一年度最初几天的发货单日期与记账日期
权利和义务	资产负债表中的固定资产确实为公司所有	查阅所有权证书、购货合同、结算单和保险单
计价和分摊	以净值记录应收款项	检查应收账款账龄分析表、评估计提的坏账准备是否充足

第四节 审计重要性

审计重要性是审计学的一个基本概念。重要性概念的运用贯穿于审计的整个过程，对计划审计工作、选择审计程序、提高审计效率、节约审计成本、降低审计风险以及保证审计质量有着十分重要的意义。

一、重要性的含义

《中国注册会计师审计准则第 1221 号——计划和执行审计工作时的重要性》对“重要性”的含义做了如下阐述。

（1）如果合理预期错报（包括漏报）单独或汇总起来可能影响财务报表使用者依

据财务报表做出的经济决策，则通常认为错报是重大的。

（2）对重要性的判断是根据具体环境做出的，并受错报的金额或性质的影响，或受两者共同作用的影响。

（3）判断某事项对财务报表使用者是否重大，是在考虑财务报表使用者整体共同的财务信息需求的基础上做出的。由于不同财务报表使用者对财务信息的需求可能差异很大，因此不考虑错报对个别财务报表使用者可能产生的影响。

在审计开始前，就必须对重大错报的规模和性质做出判断，包括确定财务报表整体的重要性和特定交易类别、账户余额和披露的重要性水平。当错报金额高于整体重要性水平时，就很可能被合理预期将对使用者根据财务报表做出的经济决策产生影响。

注册会计师使用整体重要性水平（将财务报表作为整体）的目的有：

（1）决定风险评估程序的性质、时间安排和范围。

（2）识别和评估重大错报风险。

（3）确定进一步审计程序的性质、时间安排和范围。

在整个业务过程中，随着审计工作的进展，注册会计师应当根据所获得的新信息更新重要性。在形成审计结论阶段，要使用整体重要性水平和为了特定交易类别、账户余额和披露而确定的较低金额的重要性水平来评价已识别的错报对财务报表的影响和对审计报告中审计意见的影响。

二、重要性水平的确定

在计划审计工作时，注册会计师应当确定一个合理的重要性水平，以发现在金额上的重大错报。注册会计师在确定计划的重要性水平时，需要考虑对被审计单位及其环境的了解、审计的目标、财务报表各项目的性质及其相互关系、财务报表项目的金额及其波动幅度。

（一）计划的重要性

1. 财务报表整体的重要性

由于财务报表审计的目标是注册会计师通过执行审计工作对财务报表发表审计意见，因此，注册会计师应当考虑财务报表层次的重要性。只有这样，才能得出财务报表是否公允反映的结论。注册会计师在制订总体审计策略时，应当确定财务报表整体的重要性。

确定多大错报会影响到财务报表使用者所做决策，是注册会计师运用职业判断的结果。很多注册会计师根据所在会计师事务所的惯例及自己的经验，考虑重要性。

确定重要性需要运用职业判断。通常先选定一个基准，再乘以某一百分比作为财务报表整体的重要性。在选择基准时，需要考虑的因素包括：

（1）财务报表要素（如资产、负债、所有者权益、收入和费用）。

（2）是否存在特定会计主体的财务报表使用者特别关注的项目（如为了评价财务业绩，使用者可能更关注利润、收入或净资产）。

（3）被审计单位的性质、所处的生命周期阶段，以及所处行业和经济环境。

（4）被审计单位的所有权结构和融资方式（例如，如果被审计单位仅通过债务而非权益进行融资，财务报表使用者可能更关注资产及资产的索偿权，而非被审计单位的收益）。

（5）基准的相对波动性。

适当的基准取决于被审计单位的具体情况，包括各类报表收益（如税前利润、营业收入、毛利和费用总额），以及所有者权益或净资产。对于以营利为目的的实体，通常以经常性业务的税前利润作为基准。如果经常性业务的税前利润不稳定，选用其他基准可能更加合适，如毛利或营业收入。就选定的基准而言，相关的财务数据通常包括前期财务成果和财务状况、本期最新的财务成果和财务状况、本期的预算和预测结果。当然，本期最新的财务成果和财务状况、本期的预算和预测结果需要根据被审计单位情况的重大变化（如重大的企业并购）和被审计单位所处行业和经济环境情况的相关变化等做出调整。例如，当按照经常性业务的税前利润的一定百分比确定被审计单位财务报表整体的重要性时，如果被审计单位本年度税前利润因情况变化出现意外增加或减少，注册会计师可能认为按照近几年经常性业务的平均税前利润确定财务报表整体的重要性更加合适。如表 3-2 所示，举例说明了一些实务中较为常用的基准。

表 3-2　确定重要性常用的基准

被审计单位的情况	可能选择的基准
企业的盈利水平保持稳定	经常性业务的税前利润
企业近年来经营状况大幅度波动，盈利和亏损交替发生，或者由正常盈利变为微利或微亏，或者本年度税前利润因情况变化而出现意外增加或减少	过去 3～5 年经常性业务的平均税前利润或亏损（取绝对值），或其他基准，例如营业收入
企业为新设企业，处于开办期，尚未开始经营，目前正在建造厂房及购买机器设备	总资产
企业处于新兴行业，目前侧重于抢占市场份额、扩大企业知名度和影响力	营业收入
开放式基金，致力于优化投资组合、提高基金净值、为基金持有人创造投资价值	净资产
国际企业集团设立的研发中心，主要为集团下属各企业提供研发服务，并以成本加成的方式向相关企业收取费用	成本与营业费用总额
公益性质的基金会	捐赠收入或捐赠支出总额

在通常情况下，对于以营利为目的的企业，利润可能是大多数财务报表使用者最为关注的财务指标，因此，注册会计师可能考虑选取经常性业务的税前利润作为基准。但是在某些情况下，例如企业处于微利或微亏状态时，采用经常性业务的税前利润为基准确定重要性可能影响审计的效率和效果。注册会计师可以考虑采用以下方法确定基准。

（1）如果微利或微亏状态是由宏观经济环境的波动或企业自身经营的周期性所导

致，可以考虑采用过去3～5年经常性业务的平均税前利润作为基准。

（2）采用财务报表使用者关注的其他财务指标作为基准，如营业收入、总资产等。

注册会计师要注意的是，如果被审计单位的经营规模较上年度没有重大变化，通常使用替代性基准确定的重要性不宜超过上年度的重要性。

注册会计师为被审计单位选择的基准在各年度中通常会保持稳定，但是并非必须保持一贯不变。注册会计师可以根据经济形势、行业状况和被审计单位具体情况的变化对采用的基准做出调整。例如，被审计单位处在新设立阶段时，注册会计师可能采用总资产作为基准；被审计单位处在成长期时，注册会计师可能采用营业收入作为基准；被审计单位进入经营成熟期后，注册会计师可能采用经常性业务税前利润作为基准。

为选定的基准确定百分比需要运用职业判断。百分比和选定的基准之间存在一定的联系，如经常性业务的税前利润对应的百分比通常比营业收入对应的百分比要高。例如，对以营利为目的的制造行业实体，注册会计师可能认为经常性业务的税前利润的5%是适当的；而对非营利组织，注册会计师可能认为总收入或费用总额的1%是适当的。百分比无论是高一些还是低一些，只要符合具体情况，都是适当的。

在确定百分比时，除了考虑被审计单位是否为上市公司或公众利益实体外，其他因素也会影响注册会计师对百分比的选择，这些因素包括但不限于：

（1）财务报表使用者的范围。

（2）被审计单位是否由集团内部关联方提供融资，或是否有大额对外融资（如债券或银行贷款）。

（3）财务报表使用者是否对基准数据特别敏感（如有特殊目的的财务报表的使用者）。

注册会计师在确定重要性水平时，不需考虑与具体项目计量相关的固有不确定性。例如，财务报表含有高度不确定性的大额估计，注册会计师并不会因此而确定一个比不含有该估计的财务报表更高或更低的财务报表整体重要性。

2. 特定类别交易、账户余额或披露的重要性水平

根据被审计单位的特定情况，下列因素可能表明存在一个或多个特定类别的交易、账户余额或披露，其发生的错报金额虽然低于财务报表整体的重要性，但合理预期将影响财务报表使用者依据财务报表做出的经济决策。

（1）法律法规或适用的财务报告编制基础是否影响财务报表使用者对特定项目（如关联方交易、管理层和治理层的薪酬）计量或披露的预期。

（2）与被审计单位所处行业相关的关键性披露（如制药企业的研究与开发成本）。

（3）财务报表使用者是否特别关注财务报表中单独披露的业务的特定方面（如新收购的业务）。

在根据被审计单位的特定情况考虑是否存在上述交易、账户余额或披露时，了解治理层和管理层的看法和预期是有用的。

（二）实际执行的重要性

1. 实际执行的重要性确定

实际执行的重要性是指注册会计师确定的低于财务报表整体重要性的一个或多个

金额，旨在将未更正和未发现错报的汇总数超过财务报表整体重要性的可能性降至适当的低水平。如果适用，实际执行的重要性还指注册会计师确定的低于特定类别的交易、账户余额或披露的重要性水平的一个或多个金额。

仅为发现单项重大错报而计划审计工作将忽视这样一个事实，即单项非重大错报的汇总数可能导致财务报表出现重大错报，更不用说还没有考虑可能存在的未发现错报。确定财务报表整体的实际执行的重要性（根据定义可能是一个或多个金额），旨在将财务报表中未更正和未发现错报的汇总数超过财务报表整体重要性的可能性降至适当的低水平。

与确定特定类别的交易、账户余额或披露的重要性水平相关的实际执行的重要性，旨在将这些交易、账户余额或披露中未更正与未发现错报的汇总数超过这些交易、账户余额或披露的重要性水平的可能性降至适当的低水平。

确定实际执行的重要性并非简单机械的计算，需要注册会计师运用职业判断，并考虑相关因素的影响：①对被审计单位的了解（这些了解在实施风险评估程序的过程中得到更新）；②前期审计工作中识别出的错报的性质和范围；③根据前期识别出的错报对本期错报做出的预期。

通常而言，实际执行的重要性为财务报表整体重要性的50%～75%。具体情况汇总如表3-3所示。

表3-3　实际执行的重要性确定

经验值	具体情形
选择较低的百分比来确定实际执行的重要性	（1）首次接受委托的审计项目； （2）连续审计项目，以前年度审计调整较多； （3）项目总体风险较高，例如处于高风险行业、管理层能力欠缺、面临较大市场竞争压力或业绩压力等； （4）存在或预期存在值得关注的内部控制缺陷
选择较高的百分比来确定实际执行的重要性	（1）连续审计项目，以前年度审计调整较少； （2）项目总体风险为低到中等，例如处于非高风险行业、管理层有足够能力、面临较低的市场竞争压力和业绩压力等； （3）以前期间的审计经验表明内部控制运行有效

审计准则要求注册会计师确定低于财务报表整体重要性的一个或多个金额作为实际执行的重要性，注册会计师无须通过将财务报表整体重要性平均分配或按比例分配至各个报表项目的方法来确定实际执行的重要性，而是根据对报表项目的风险评估结果，判断如何确定一个或多个实际执行的重要性。例如，根据以前期间的审计经验和本期审计计划阶段的风险评估结果，注册会计师认为可以以财务报表整体重要性的75%作为大多数报表项目的实际执行的重要性；与营业收入项目相关的内部控制存在控制缺陷，而且以前年度审计中存在审计调整，因此考虑以财务报表整体重要性的50%作为营业收入项目的实际执行的重要性，从而有针对性地对高风险领域执行更多的审计工作。

计划的重要性与实际执行的重要性之间的关系如图 3-1 所示。

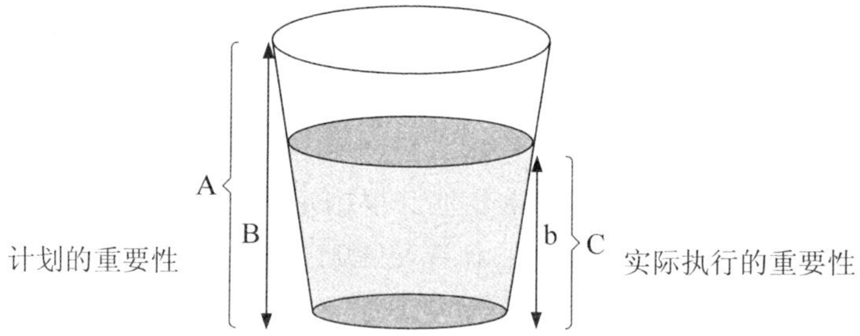

图 3-1　计划的重要性与实际执行的重要性关系

如图 3-1 所示，“杯子”左边的 A 为财务报表整体的重要性；“杯子”右边的 C 为实际执行的重要性，通常是财务报表整体重要性的 50%～75%；“杯子”左下方的 B 为注册会计师需要确定的适用于特定类别的交易、账户余额或披露的一个或多个重要性水平（B 的金额一定低于 A 的金额）；同时需要特别说明的是，如果注册会计师根据职业判断确定了一个或多个特定类别的交易、账户余额或披露的重要性水平（“杯子”左下方的 B），则对应的还有一个或多个实际执行的重要性，即“杯子”右下方的 b。

2. *在审计中运用实际执行的重要性*

实际执行的重要性在审计中的作用主要体现在以下几个方面。

（1）注册会计师在计划审计工作时可以根据实际执行的重要性确定需要对哪些类型的交易、账户余额和披露实施进一步审计程序，即通常选取金额超过实际执行的重要性的财务报表项目，因为这些财务报表项目有可能导致财务报表出现重大错报。但是，这不代表注册会计师可以对所有金额低于实际执行的重要性的财务报表项目不实施进一步审计程序，这主要出于几点考虑：①单个金额低于实际执行的重要性的财务报表项目汇总起来可能金额重大（可能远远超过财务报表整体的重要性），注册会计师需要考虑汇总后的潜在错报风险；②对于存在低估风险的财务报表项目，不能仅仅因为其金额低于实际执行的重要性而不实施进一步审计程序；③对于识别出存在舞弊风险的财务报表项目，不能因为其金额低于实际执行的重要性而不实施进一步审计程序。

（2）运用实际执行的重要性确定进一步审计程序的性质、时间安排和范围。例如，在实施实质性分析程序时，注册会计师确定的已记录金额与预期值之间的可接受差异额通常不超过实际执行的重要性；在运用审计抽样实施细节测试时，注册会计师可以将可容忍错报的金额设定为等于或低于实际执行的重要性。

（三）审计过程中修改重要性

由于存在下列原因，注册会计师可能需要修改财务报表整体的重要性和特定类别的交易、账户余额或披露的重要性水平（如适用）。

（1）审计过程中情况发生重大变化（如决定处置被审计单位的一个重要组成部分）。

（2）获取新信息。

（3）通过实施进一步审计程序，注册会计师对被审计单位及其经营的了解发生变化。例如，注册会计师在审计过程中发现，实际财务成果与最初确定财务报表整体的重要性时使用的预期本期财务成果相比存在很大差异，则需要修改重要性。

三、错报

1. 错报的定义

错报是指某一财务报表项目的金额、分类、列报，与按照适用的财务报告编制基础应当列示的金额、分类、列报之间存在的差异；或根据注册会计师的判断，为使财务报表在所有重大方面实现公允反映，需要对金额、分类、列报做出的必要调整。错报可能是由于错误或舞弊导致的。

错报可能由下列事项导致。

（1）收集或处理用以编制财务报表的数据时出现错误。

（2）遗漏某项金额或披露。

（3）由于疏忽或明显误解有关事实导致做出不正确的会计估计。

（4）注册会计师认为管理层对会计估计做出不合理的判断或对会计政策做出不恰当的选择和运用。

2. 累积识别出的错报

注册会计师可能将低于某一金额的错报界定为明显微小的错报，对这类错报不需要累积，因为注册会计师认为这些错报的汇总数明显不会对财务报表产生重大影响。“明显微小”不等同于“不重大”。明显微小错报金额的数量级，与按照《中国注册会计师审计准则第 1221 号——计划和执行审计工作时的重要性》确定的重要性的数量级相比，是完全不同的（明显微小错报的数量级更小）。这些明显微小的错报，无论单独或者汇总起来，无论从规模、性质或其发生的环境来看都是明显微不足道的。如果不确定一个或多个错报是否明显微小，就不能认为这些错报是明显微小的。

注册会计师需要在制订审计策略和审计计划时，确定一个明显微小错报的临界值，低于该临界值的错报视为明显微小的错报可以不累积。《中国注册会计师审计准则第 1251 号——评价审计过程中识别出的错报》第十六条规定，注册会计师应当在审计工作底稿中记录设定的某一金额，低于该金额的错报视为明显微小。确定该临界值需要注册会计师运用职业判断。在确定明显微小错报的临界值时，注册会计师可能考虑以下因素：①以前年度审计中识别出的错报（包括已更正和未更正错报）的数量和金额；②重大错报风险的评估结果；③被审计单位治理层和管理层对注册会计师与其沟通错报的期望；④被审计单位的财务指标是否勉强达到监管机构的要求或投资者的期望。

注册会计师对上述因素的考虑，实际上是在确定审计过程中对错报的过滤程度。注册会计师的目标是要确保不累积的错报（即低于临界值的错报）连同累积的未更正错报不会汇总成为重大错报。如果注册会计师预期被审计单位存在数量较多、金额较小的错报，可能考虑采用较低的临界值，以避免大量低于临界值的错报积少成多构成重大错报。如果注册会计师预期被审计单位错报数量较少，则可能采用较高的临界值。

注册会计师可能将明显微小错报的临界值确定为财务报表整体重要性的 3%～5%，也可能低一些或高一些，但通常不超过财务报表整体重要性的 10%，除非注册会计师认为有必要单独为重分类错报确定一个更高的临界值。如果注册会计师不确定一个或多个错报是否明显微小，就不能认为这些错报是明显微小的。

为了帮助注册会计师评价审计过程中累积错报的影响以及与管理层和治理层沟通错报事项，将错报区分为事实错报、判断错报和推断错报可能是有用的。

（1）事实错报是毋庸置疑的错报。这类错报产生于被审计单位收集和处理数据的错误，对事实的忽略或误解，或故意舞弊行为。例如，注册会计师在审计测试中发现最近购入存货的实际价值为 15 000 元，但账面记录的金额却为 10 000 元。因此，存货和应付账款分别被低估了 5 000 元，这里被低估的 5 000 元就是已识别的对事实的具体错报。

（2）判断错报是由于注册会计师认为管理层对会计估计做出不合理的判断或不恰当地选择和运用会计政策而导致的差异。这类错报产生于两种情况：一是，管理层和注册会计师对会计估计值的判断差异，例如，由于包含在财务报表中的管理层做出的估计值超出了注册会计师确定的一个合理范围，导致出现判断差异；二是，管理层和注册会计师对选择和运用会计政策的判断差异，由于注册会计师认为管理层选用会计政策造成错报，管理层却认为选用会计政策适当，导致出现判断差异。

（3）推断错报是注册会计师对总体存在的错报做出的最佳估计数，涉及根据在审计样本中识别出的错报来推断总体的错报。推断错报通常是指通过测试样本估计出的总体的错报减去在测试中发现的已经识别的具体错报。例如，应收账款年末余额为 2 000万元，注册会计师测试样本发现样本金额有 100 万元的高估，高估部分为样本账面金额的 20%，据此注册会计师推断总体的错报金额为 400 万元（即 2 000 万元×20%），那么上述 100 万元就是已识别的具体错报，其余 300 万元即推断误差。

3. 对审计过程识别出的错报的考虑

错报可能不会孤立发生，一项错报的发生还可能表明存在其他错报。例如，注册会计师识别出由于内部控制失效而导致的错报，或被审计单位广泛运用不恰当的假设或评估方法而导致的错报，均可能表明还存在其他错报。

抽样风险和非抽样风险可能导致某些错报未被发现。审计过程中累积错报的汇总数接近按照《中国注册会计师审计准则第 1221 号——计划和执行审计工作时的重要性》的规定确定的重要性，则表明存在比可接受的低风险更大的风险，即可能未被发现的错报连同审计过程中累积错报的汇总数，可能超过重要性。

注册会计师可能要求管理层检查某类交易、账户余额或披露，以使管理层了解注册会计师识别出的错报的产生原因，并要求管理层采取措施以确定这些交易、账户余额或披露实际发生错报的金额，以及对财务报表做出适当的调整。例如，在从审计样本中识别出的错报推断总体错报时，注册会计师可能提出这些要求。

第五节　审计风险

审计风险是指财务报表存在重大错报时，注册会计师发表不恰当审计意见的可能性。审计业务是一种保证程度高的鉴证业务，可接受的审计风险应当足够低，以使注册会计师能够合理保证所审计财务报表不含有重大错报。

审计风险取决于重大错报风险和检查风险。

一、重大错报风险

重大错报风险是指财务报表在审计前存在重大错报的可能性。重大错报风险与被审计单位的风险相关，且独立于财务报表审计而存在。在设计审计程序以确定财务报表整体是否存在重大错报时，注册会计师应当从财务报表层次和各类交易、账户余额和披露认定层次方面考虑重大错报风险。

1. 财务报表层次重大错报风险

财务报表层次重大错报风险与财务报表整体存在广泛联系，可能影响多项认定。此类风险通常与控制环境有关，如管理层缺乏诚信、治理层形同虚设而不能对管理层进行有效监督等；也可能与其他因素有关，如经济萧条。此类风险难以界定于某类交易、账户余额和披露的具体认定；相反，此类风险增大了任何数目的不同认定发生重大错报的可能性，对注册会计师考虑由舞弊引起的风险特别相关。注册会计师应当评估财务报表层次的重大错报风险，并根据评估结果确定总体应对措施，包括向项目组分派更有经验或具有特殊技能的审计人员、利用专家的工作或提供更多的督导等。

2. 认定层次的重大错报风险

注册会计师同时考虑各类交易、账户余额和披露认定层次的重大错报风险，考虑的结果直接有助于注册会计师确定认定层次上实施的进一步审计程序的性质、时间安排和范围。注册会计师在各类交易、账户余额和披露认定层次获取审计证据，以便能够在审计工作完成时，以可接受的低审计风险水平对财务报表整体发表审计意见。认定层次的重大错报风险又可以进一步细分为固有风险和控制风险。

（1）固有风险，是指在考虑相关的内部控制之前，某类交易、账户余额或披露的某一认定易于发生错报（该错报单独或连同其他错报可能是重大的）的可能性。

某些类别的交易、账户余额和披露及其认定，固有风险较高。例如，复杂的计算比简单的计算更可能出错；受重大计量不确定性影响的会计估计发生错报的可能性较大。产生经营风险的外部因素也可能影响固有风险。例如，技术进步可能导致某项产品陈旧，进而导致存货易于发生高估错报（计价认定）。被审计单位及其环境中的某些因素还可能与多个甚至所有类别的交易、账户余额和披露有关，进而影响多个认定的固有风险。这些因素包括维持经营的流动资金匮乏、被审计单位处于夕阳行业等。

（2）控制风险，是指某类交易、账户余额或披露的某一认定发生错报，该错报单独或连同其他错报是重大的，但没有被内部控制及时防止或发现并纠正的可能性。控制风险取决于与财务报表编制有关的内部控制的设计和运行的有效性。由于控制的固有局限性，某种程度的控制风险始终存在。

需要特别说明的是，由于固有风险和控制风险不可分割地交织在一起，有时无法单独进行评估，通常不单独提到固有风险和控制风险，而只是将这两者合并称为“重大错报风险”。但这并不意味着，注册会计师不可以对固有风险和控制风险进行单独评估。相反，注册会计师既可以对两者进行单独评估，也可以对两者进行合并评估。具体采用的评估方法取决于会计师事务所偏好的审计技术和方法及实务上的考虑。

二、检查风险

检查风险是指如果存在某一错报，该错报单独或连同其他错报可能是重大的，注册会计师为将审计风险降至可接受的低水平而实施程序后没有发现这种错报的可能性。检查风险取决于审计程序设计的合理性和执行的有效性。由于注册会计师通常并不对所有的交易、账户余额和披露进行检查，以及其他原因，检查风险不可能降低为零。其他原因包括注册会计师可能选择了不恰当的审计程序、审计过程执行不当，或者错误解读了审计结论。这些其他因素可以通过适当计划、在项目组成员之间进行恰当的职责分配、保持职业怀疑态度以及监督、指导和复核助理人员所执行的审计工作得以解决。

三、检查风险与重大错报风险的关系

在既定的审计风险水平下，可接受的检查风险水平与认定层次重大错报风险的评估结果呈反向关系。评估的重大错报风险越高，可接受的检查风险越低；评估的重大错报风险越低，可接受的检查风险越高。检查风险与重大错报风险的反向关系用数学模型表示如下：

审计风险＝重大错报风险×检查风险

这个模型也就是审计风险模型。假设针对某一认定，注册会计师将可接受的审计风险水平设定为5%，注册会计师实施风险评估程序后将重大错报风险评估为25%，则根据这一模型，可接受的检查风险为20%。当然，实务中，注册会计师不一定用绝对数量表达这些风险水平，而是选用“高、中、低”等文字描述。

注册会计师应当合理设计审计程序的性质、时间安排和范围，并有效执行审计程序，以控制检查风险。审计计划在很大程度上围绕确定审计程序的性质、时间安排和范围而展开。

四、重要性与审计风险的关系

重要性与审计风险之间存在反向关系。重要性水平越高，审计风险越低；重要性水平越低，审计风险越高。这里所说的重要性水平高低指的是金额的大小。通常，4 000元的重要性水平比2 000元的重要性水平高。在理解两者之间的关系时，必须注意，重要性水平是注册会计师从财务报表使用者的角度进行判断的结果。如果重要性水平是4 000元，则意味着低于4 000元的错报不会影响到财务报表使用者的决策，此时注册会计师需要通过执行有关审计程序合理保证能发现高于4 000元的错报。如果重要性水平是2 000元，则金额在2 000元以上的错报就会影响财务报表使用者的决策，此时注册会计师需要通过执行有关审计程序合理保证能发现金额在2 000元以上的错报。显然，重要性水平为2 000元时审计不出这样的重大错报的可能性即审计风险，要比重要性水平为4 000元时的审计风险高。审计风险越高，越要求注册会计师收集更多更有效的审计证据，以将审计风险降至可接受的低水平。因此，重要性和审计证据之间也是反向变动关系。

值得注意的是，注册会计师不能通过不合理地人为调高重要性水平来降低审计风险。因为重要性是依据重要性概念中所述的判断标准确定的，而不是由主观期望的审计风险水平决定。

由于重要性和审计风险存在上述反向关系，而且这种关系对注册会计师将要执行的审计程序的性质、时间安排和范围有直接的影响，因此，注册会计师应当综合考虑各种因素，合理确定重要性水平。

思考与练习

关键术语

初步业务活动、总体审计策略、具体审计计划、审计目标、审计总体目标、管理层的认定、审计具体目标、重要性、审计风险、重大错报风险

延伸阅读

1.《中国注册会计师审计准则第1201号——计划审计工作》

2.《中国注册会计师审计准则第1101号——注册会计师的总体目标和审计工作的基本要求》

3.《中国注册会计师审计准则第1221号——计划和执行审计工作时的重要性》

4.《中国注册会计师审计准则第1251号——评价审计过程中识别出的错报》

5.《中国注册会计师审计准则第1211号——通过了解被审计单位及其环境识别和评估重大错报风险》

思考题

1. 初步业务活动的内容和目的是什么？
2. 什么是审计业务约定书？审计业务约定书中的基本内容有哪些？
3. 总体审计策略和具体审计计划应包括哪些内容？
4. 管理层认定包括哪些？设计出相关的具体审计目标。
5. 什么是审计重要性？为什么注册会计师在审计过程中需要考虑重要性概念？
6. 审计重要性水平应如何确定？
7. 在审计过程中应如何运用重要性？
8. 简述审计风险含义及组成要素。
9. 简述审计风险组成要素之间的关系。
10. 简述审计风险和重要性之间的关系。

练习题

（一）单项选择题

1. 注册会计师在计划审计工作前，需要开展初步业务活动，以实现以下三个主要目的，下列说法不正确的是（　　）。

A. 确保注册会计师已具备执行业务所需要的独立性和能力

B. 确定不存在因管理层诚信问题而影响注册会计师保持该项业务意愿的情况

C. 确保与被审计单位不存在对业务约定条款的误解

D. 针对保持客户关系和具体审计业务实施相应的质量控制程序

2. 注册会计师应当为审计工作制订总体审计策略，在制订总体审计策略时，应当考虑的事项不包括（　　）。

A. 审计方向　　　　B. 报告目标、时间安排

C. 审计资源　　　　D. 计划实施的进一步审计程序

3. 下列内容中，不属于具体审计计划的是（　　）。

A. 对高风险领域安排的审计时间预算，对专家工作的利用和对其他注册会计师工作的复核范围

B. 为识别和评估财务报表重大错报风险，计划实施的风险评估程序的性质、时间安排和范围

C. 针对所有重大交易、账户余额、列报认定的重大错报风险计划实施的进一步审计程序的性质、时间安排和范围

D. 注册会计师针对审计业务需要实施的其他审计程序

4. 为了适应产品的更新换代需要，X公司已支付大额资金引进全新的生产线代替原有设备，对新老设备进行实物检查后，注册会计师可能最需要关注（　　）的重大错报风险。

A. 应付账款的完整性　　　　B. 固定资产的准确性、计价和分摊

C. 营业成本的准确性　　　　D. 固定资产的存在

5. 下列各事项中，不属于违反完整性认定的是（　　）。

A. 甲公司12月5日采购原材料时，已收到材料，但发票账单一直未收到，甲公司至12月31日尚未进行账务处理

B. 乙公司赊销一批产品给A公司，但由于财务人员请假，至12月31日尚未登记收入明细账

C. 丙公司2017年12月29日从银行提取现金1万元，但截至12月31日尚未登记银行存款明细账（已登记现金日记账）

D. 丁公司2017年12月发生销售商品退回，12月15日收到退回商品，由于盘点入库人员离职，截至12月31日尚未入账

6. 在理解重要性概念时，下列表述中错误的是（　　）。

A. 重要性取决于在具体环境下对错报金额和性质的判断

B. 如果一项错报单独或连同其他错报可能影响财务报表使用者依据财务报表

做出的经济决策，则该项错报是重大的

C. 判断一项错报对财务报表是否重大，应当将使用者作为一个群体对共同性的财务信息的需求来考虑

D. 在重要性水平之下的小额错报，无须关注

7. 在确定财务报表整体的重要性时，通常应先选定一个基准。下列各项中，对基准的选择不恰当的是（　　）。

A. 对于盈利水平保持稳定的企业，以经常性业务的税前利润作为基准

B. 针对公益性质的基金会，一般以捐赠收入或捐赠支出总额作为确定重要性的基准

C. 针对近年来经营状况大幅波动，盈利和亏损交替发生的企业，可以采用过去3～5年经常性业务的平均税前利润或亏损作为基准

D. 对于侧重于抢占市场份额的新兴企业，以资产总额作为基准

8. A注册会计师首次承接X公司2018年度财务报表审计业务，确定的X公司财务报表整体的重要性水平为100万元，则以（　　）作为实际执行的重要性水平最为适当。

A. 90万元　　B. 50万元　　C. 15万元　　D. 75万元

9. A注册会计师在审计甲公司的应收账款项目时，甲公司的应收账款账面总额是1 000万元，通过测试样本发现样本金额有20万元的高估，高估部分为样本账面金额的20%，由此，A注册会计师应该确定的推断错报为（　　）万元。

A. 180　　B. 200　　C. 20　　D. 60

10. 审计风险取决于重大错报风险和检查风险，下列表述正确的是（　　）。

A. 在既定的审计风险水平下，注册会计师应当实施审计程序，将重大错报风险降至可接受的低水平

B. 注册会计师应当合理设计审计程序的性质、时间安排和范围，并有效执行审计程序，以控制重大错报风险

C. 注册会计师应当合理设计审计程序的性质、时间安排和范围，并有效执行审计程序，以消除检查风险

D. 注册会计师应当获得认定层次充分、适当的审计证据，以便在完成审计工作时，能够以可接受的低审计风险对财务报表整体发表意见

（二）多项选择题

1. 变更审计业务约定条款的下列说法中，不正确的有（　　）。

A. 注册会计师不需要评估变更业务对法律责任或业务约定的影响

B. 变更业务的任何情况下，都不得在审计报告中提及原审计业务中已执行的程序

C. 如果变更要求与错误的、不完整的或者不能令人满意的信息有关，则注册会计师应同意变更

D. 变更业务不允许提及原审计业务的原因是避免报告使用者误解

2. 下列关于审计计划的说法中，正确的有（　　）。

A. 审计计划中不重要的事项可以更改，但是对于比较重要的事项不能更改

B. 计划审计工作是一个持续的、不断修正的过程，贯穿于整个审计业务的始终

C. 由于条件的变化或在实施审计程序中获取的审计证据等原因，在审计过程中，注册会计师应当在必要时对总体审计策略和具体审计计划做出更新和修改

D. 审计计划一旦确定就不能更改

3. 关于注册会计师执行财务报表审计工作的目标，下列说法中正确的有（　　）。

A. 总体目标包括对财务报表整体是否不存在重大错报获取合理保证，使得注册会计师能够对财务报表是否在所有重大方面按照适用的财务报告编制基础编制发表审计意见

B. 审计的总体目标是指注册会计师为完成整体审计工作而达到的预期目的

C. 具体审计目标是指注册会计师通过实施审计程序以确定管理层在财务报表中确认的各类交易、账户余额、披露层次认定是否恰当

D. 总体目标包括按照审计准则的规定，根据审计结果对财务报表出具审计报告，并与管理层和治理层沟通

4. 下列关于明显微小错报的说法中，恰当的是（　　）。

A. "明显微小"不等同于"不重大"

B. 明显微小错报需要累积

C. 如果预期被审计单位存在数量较多金额较小的错报，可能采用较低的临界值

D. 明显微小错报的临界值可以确定为财务报表整体重要性的 4%

5. 下列各项中，注册会计师不可能将检查风险降低为零的原因有（　　）。

A. 注册会计师通常不对所有的交易、账户余额和披露进行检查

B. 注册会计师的审计时间受到限制

C. 注册会计师选择了不恰当的审计程序

D. 注册会计师的审计过程执行不当

（三）判断改错题（正确的打"√"，错误的打"×"，并改正）

1. 在完成审计业务前，如果被审计单位或委托人要求将审计业务变更为保证程度较低的业务，注册会计师应当确定是否存在合理理由予以变更。（　　）

2. 对于连续审计的审计业务约定条款，注册会计师应当在每期都致送新的审计业务约定书或其他书面协议。（　　）

3. 计划审计工作是一个持续的、不断修正的过程，贯穿于整个审计业务的始终。（　　）

4. 制订总体审计策略的过程通常在具体审计计划之前，因此具体审计计划对总体审计策略没有影响。（　　）

5. 管理层在财务报表上的认定都是明确表达的。（　　）

6. 对于存在低估风险的项目，不能因为其金额低于实际执行的重要性而不实施进

一步审计程序。 ( )

7. 注册会计师应当在制订具体审计计划时确定财务报表整体的重要性。 ( )

8. 判断错报通常是指通过测试样本估计出的总体错报减去在测试中发现的已识别的具体错报。 ( )

9. 由于重大错报风险是独立于财务报表的审计而存在的，所以注册会计师无法改变重大错报风险的实际水平。 ( )

10. 为将审计风险模型中的审计风险控制在一定的水平，需要降低检查风险，同时需要降低重大错报风险。 ( )

（四）综合题

1. A注册会计师负责审计甲公司2018年度的财务报表，A注册会计师在审计工作底稿中记录了所了解的甲公司财务报表的相关状况，部分内容摘录如下：

（1）甲公司将公司寄售的商品列入期末存货项目中。

（2）3月购入的办公用设备和一项专利技术，均从4月开始计提折旧和摊销。

（3）购入的用于生产M产品的C材料，市场价格已经严重下跌，但生产的M产品的市价并没有降低，因此甲公司并没有针对C材料计提存货跌价准备。

（4）董事会已经做出书面决议，将甲公司的一处仓库用于经营出租并且短期内不再发生变化，甲公司将其确定为固定资产。

（5）生产用的某项设备和某种材料，因市价回升，甲公司将其原已计提的减值准备转回。

（6）12月购入的一批原材料，因供货方提供了10%的商业折扣，甲公司按照扣除商业折扣后的金额记录了应付账款。

要求：针对上述每一种情况，分别指出是否会直接导致财务报表存在重大错报风险。将答案填入下表的空格中。

事项序号	是否直接导致财务报表存在重大错报风险（是/否）	财务报表层次/认定层次	财务报表项目名称	财务报表项目认定
（1）				
（2）				
（3）				
（4）				
（5）				
（6）				

2. ABC会计师事务所已连续三年审计甲公司（以营利为目的的制造业企业）财务报表，2018年继续由A注册会计师担任项目合伙人。在审计过程中，A注册会计师需要考虑与重要性相关的问题，并需要评价审计过程中识别的错报，具体情况如下：

（1）由于甲公司2016年企业合并，造成税前会计利润大幅增加，A注册会计师认为按照近三年经常性业务的平均税前利润确定财务报表整体的重要性更加合适。

(2) 基于以前年度审计调整较少，A注册会计师认为应该把实际执行的重要性水平定为财务报表整体重要性的50%。

(3) 一旦决定了财务报表整体的重要性，在审计过程中就不再更改。

(4) 如果识别出的一项错报低于财务报表整体的重要性，这项错报不能被评定为重大错报。

(5) 低于明显微小错报临界值的错报累积起来可能会对财务报表产生重大影响。

(6) 为了帮助注册会计师评价审计过程中累积错报的影响以及与管理层和治理层沟通错报的事项，将错报区分为事实错报和判断错报可能是有用的。

要求：请逐一考虑上述情况，指出A注册会计师的观点或做法是否存在或可能存在不当之处。如认为存在或可能存在不当之处，请简要说明理由。

第四章　审计证据与审计工作底稿

学习目的与要求

通过本章的学习，能够理解审计证据的含义，掌握审计证据的特性和获取审计证据的审计程序；理解审计工作底稿的性质，学会编制审计工作底稿，掌握审计工作底稿的归档管理。

第一节　审计证据

注册会计师应当获取充分、适当的审计证据，以得出合理的审计结论，作为形成审计意见的基础。因此，注册会计师需要确定哪些信息构成审计证据、如何获取审计证据、如何确定已收集的证据是否充分恰当、收集的审计证据如何支持审计意见。上述内容构成了注册会计师审计工作的基本要求。

一、审计证据的含义

审计证据是指注册会计师为了得出审计结论、形成审计意见而使用的所有信息。审计证据包括构成财务报表基础的会计记录所含有的信息和其他信息。注册会计师必须在每项审计工作中获取充分、适当的审计证据，以满足发表审计意见的要求。

1. 会计记录中含有的信息

依据会计记录编制财务报表是被审计单位管理层的责任，注册会计师应当测试会计记录以获取审计证据。会计记录主要包括原始凭证、记账凭证、总分类账和明细分类账、未在记账凭证中反映的对财务报表的其他调整，以及支持成本分配、计算、调节和披露的手工计算表和电子数据表。上述会计记录是编制财务报表的基础，构成注册会计师执行财务报表审计业务所需获取的审计证据的重要部分。这些会计记录通常是电子数据，因而要求注册会计师对内部控制予以充分关注，以获取这些记录真实性、准确性和完整性的审计证据。进一步说，电子形式的会计记录可能只能在特定时间获取，如果不存备份文件，特定时间之后有可能无法再获取这些记录。

会计记录取决于相关交易的性质，它既包括被审计单位内部生成的手工或电子形式的凭证，也包括从与被审计单位进行交易的其他企业收到的凭证。除此之外，会计记录还可能包括：

（1）销售发运单和发票、顾客对账单以及顾客的汇款通知单。

（2）附有验货单的订购单、购货发票和对账单。

（3）考勤卡和其他工时记录、工薪单、个别支付记录和人事档案。

（4）支票存根、电子转移支付记录、银行存款单和银行对账单。

（5）合同记录，例如，租赁合同和分期付款销售协议。

（6）记账凭证。

（7）分类账账户调节表。

将这些会计记录作为审计证据时，其来源和被审计单位内部控制的相关强度（对内部生成的证据而言）都会影响注册会计师对这些原始凭证的信赖程度。

2. 其他信息

会计记录中含有的信息本身并不足以提供充分的审计证据作为对财务报表发表审计意见的基础，注册会计师还应当获取其他的信息。可用作审计证据的其他信息包括：注册会计师从被审计单位内部或外部获取的会计记录以外的信息，如被审计单位会议记录、内部控制手册、询证函的回函、分析师的报告、与竞争者的比较数据等；通过询问、观察和检查等审计程序获取的信息，如通过检查存货获取存货存在的证据等；以及自身编制或获取的可以通过合理推断得出结论的信息，如编制的各种计算表、分析表等。

财务报表依据的会计记录中包含的信息和其他信息共同构成了审计证据，两者缺一不可。如果没有前者，审计工作将无法进行；如果没有后者，可能无法识别重大错报风险。只有将两者结合在一起，才能将审计风险降至可接受的低水平，为注册会计师发表审计意见提供基础。

二、审计证据的分类

审计实务中，审计证据的种类繁多，其外在形式、取得方式、取得路径、证明力强弱等均有所不同。对审计证据进行合理、科学的分类，有利于有效地收集、恰当地使用和评价审计证据。审计证据的分类如表 4-1 所示。

扫一扫，更多内容

表 4-1　审计证据的分类

分类标准	具体分类
审计证据的外在具体形态	实物证据、书面证据、口头证据、环境证据
审计证据的相关程度	直接证据、间接证据
审计证据的来源	亲历证据、外部证据、内部证据
审计证据的证明力	基本证据、佐证证据、矛盾证据

三、审计证据的特性

注册会计师应当保持职业怀疑态度，运用职业判断，评价审计证据的充分性和适当性。

（一）充分性

审计证据的充分性是对审计证据数量的衡量，主要与注册会计师确定的样本量有关。例如，对某个审计项目实施某一选定的审计程序，从 200 个样本中获得的证据要比从 100 个样本中获得的证据更为充分。获取的审计证据应当充分，足以将与每个重要认定相关的审计风险限制在可接受的水平。

注册会计师需要获取的审计证据的数量受其对重大错报风险评估的影响（评估的重大错报风险越高，需要的审计证据可能越多），并受审计证据质量的影响（审计证据质量越高，需要的审计证据可能越少）。然而，注册会计师仅靠获取更多的审计证据可能无法弥补其质量上的缺陷。

（二）适当性

审计证据的适当性是对审计证据质量的衡量，即审计证据在支持审计意见所依据的结论方面具有的相关性和可靠性。相关性和可靠性是审计证据适当性的核心内容，只有相关且可靠的审计证据才是高质量的。

1. 审计证据的相关性

相关性是指用作审计证据的信息与审计程序的目的和所考虑的相关认定之间的逻辑关系。例如，如果某审计程序的目的是测试应付账款的多计错报，则测试已记录的应付账款可能是相关的审计程序；如果某审计程序的目的是测试应付账款的漏记错报，则测试已记录的应付账款很可能不是相关的审计程序，相关的审计程序可能是测试期后支出、未支付发票、供应商结算单以及发票未到的收货报告单等。在确定审计证据的相关性时，注册会计师应当考虑以下几点。

（1）特定的审计程序可能只为某些认定提供相关的审计证据，而与其他认定无关。例如，检查期后应收账款收回的记录和文件，可以提供有关存在和计价的审计证据，但未必提供与截止测试相关的审计证据。

（2）针对同一项认定可以从不同来源获取审计证据或获取不同性质的审计证据。例如，注册会计师可以分析应收账款的账龄和应收账款的期后收款情况，以获取与坏账准备计价有关的审计证据。

（3）只与特定认定相关的审计证据并不能替代与其他认定相关的审计证据。例如，有关固定资产实物存在的审计证据并不能够替代与固定资产所有权相关的审计证据。

2. 审计证据的可靠性

审计证据的可靠性是指审计证据的可信程度。例如，注册会计师亲自检查存货所获得的证据，就比被审计单位管理层提供给注册会计师的存货数据更可靠。

审计证据的可靠性受其来源和性质的影响，并取决于获取审计证据的具体环境。注册会计师在判断审计证据的可靠性时，通常会考虑下列原则。

（1）从外部独立来源获取的审计证据比从其他来源获取的审计证据更可靠。从外部独立来源获取的审计证据由完全独立于被审计单位以外的机构或人士编制并提供，未经被审计单位有关职员之手，从而减少了伪造、更改凭证或业务记录的可能性，因而其证明力最强。此类证据如银行询证函回函、应收账款询证函回函、保险公司等机构出具的证明等。相反，从其他来源获取的审计证据，由于证据提供者与被审计单位存在利害关系等原因，其可靠性应受到质疑。此类证据如被审计单位内部的会计记录、会议记录等。

（2）内部控制有效时内部生成的审计证据比内部控制薄弱时内部生成的审计证据更可靠。如果被审计单位有着健全的内部控制且在日常管理中得到一贯的执行，会计记录的可信赖程度将会增加。如果被审计单位的内部控制薄弱，甚至不存在任何内部控制，被审计单位内部凭证记录的可靠性就大为降低。例如，如果与销售业务相关的内部控制有效，注册会计师就能从销售发票和发货单中取得比内部控制不健全时更加可靠的审计证据。

（3）直接获取的审计证据比间接获取或推论得出的审计证据更可靠。例如，注册会计师观察某项控制的运行甚至重新执行该项控制所得到的证据比询问被审计单位某项内部控制的运行得到的证据更可靠。间接获取的证据有被涂改及伪造的可能性，降低了可信赖程度。推论得出的审计证据，其主观性较强，人为因素较多，可信赖程度也受到影响。

（4）以文件、记录形式（包括纸质、电子或其他介质）存在的审计证据比口头形式的审计证据更可靠。例如，会议的同步书面记录比对讨论事项的口头表述更可靠。口头证据本身并不足以证明事实的真相，仅仅提供一些重要线索，为进一步调查确认所用。一般情况下，口头证据往往需要得到其他相应证据的支持。

（5）从原件获取的审计证据比从传真件或复印件获取的审计证据更可靠。注册会计师可审查原件是否有被涂改或伪造的迹象，排除伪证，提高证据的可信赖程度。而传真件或复印件容易是变造或伪造的结果，可靠性较低。

注册会计师在按照上述原则评价审计证据的可靠性时，还应当注意可能出现的重要例外情况。例如，审计证据虽是从独立的外部来源获得，但如果该证据是由不知情者或不具备资格者提供，审计证据也可能是不可靠的。同样，如果注册会计师不具备评价证据的专业能力，那么即使是直接获取的证据，也可能不可靠。

（三）充分性和适当性之间的关系

充分性和适当性是审计证据的两个重要特征，两者缺一不可，只有充分且适当的审计证据才是有证明力的。

注册会计师需要获取的审计证据的数量也受审计证据质量的影响。审计证据质量越高，需要的审计证据数量可能越少。也就是说，审计证据的适当性会影响审计证据的充分性。例如，被审计单位内部控制健全时生成的审计证据更可靠，注册会计师只需获取适量的审计证据，就可以为发表审计意见提供合理的基础。

需要注意的是，尽管审计证据的充分性和适当性相关，但如果审计证据的质量存在缺陷，那么注册会计师仅靠获取更多的审计证据可能无法弥补其质量上的缺陷。例如，注册会计师应当获取与销售收入完整性相关的证据，实际获取的却是有关销售收入真实性的证据，审计证据与完整性目标不相关，即使获取的证据再多，也证明不了收入的完整性。同样的，如果注册会计师获取的证据不可靠，那么证据数量再多，也难以起到证明作用。

（四）评价充分性和适当性时的特殊考虑

1. 对文件记录可靠性的考虑

审计工作通常不涉及鉴定文件记录的真伪，注册会计师也不是鉴定文件记录真伪的专家，但应当考虑用作审计证据的信息可靠性，并考虑与这些信息生成和维护相关的控制的有效性。

如果在审计过程中识别出的情况使其认为文件记录可能是伪造的，或文件记录中的某些条款已发生变动，注册会计师应当做进一步调查，包括直接向第三方询证，或考虑利用专家的工作以评价文件记录的真伪。例如，如发现某银行询证函回函有伪造或篡改的迹象，审计师应当做进一步调查，并考虑是否存在舞弊的可能性。必要时，应当通过适当方式聘请专家予以鉴定。

2. 使用被审计单位生成信息时的考虑

注册会计师为获取可靠的审计证据，实施审计程序时使用的被审计单位生成的信息需要足够完整和准确。例如，通过用标准价格乘以销售量来对收入进行审计时，其有效性受到价格信息准确性与销售量数据完整性和准确性的影响。类似地，如果注册会计师打算测试总体（如付款）是否具备某一特性（如授权），若选取测试项目的总体不完整，则测试结果可能不太可靠。

如果针对这类信息的完整性和准确性获取审计证据是所实施审计程序本身不可分割的组成部分，则可以与对这些信息实施的审计程序同时进行。在其他情况下，通过测试针对生成和维护这些信息的控制，注册会计师也可以获得关于这些信息准确性和完整性的审计证据。然而，在某些情况下，注册会计师可能确定有必要实施追加的审计程序。

在某些情况下，注册会计师可能打算将被审计单位生成的信息用于其他审计目的。例如，注册会计师可能打算将被审计单位的业绩评价用于分析程序，或利用被审计单位用于监控活动的信息，如内部审计报告等。在这种情况下，获取的审计证据的适当性受到该信息对于审计目的而言是否足够精确和详细的影响。例如，管理层的业绩评价对于发现重大错报可能不够精确。

3. 证据相互矛盾时的考虑

如果针对某项认定从不同来源获取的审计证据或获取的不同性质的审计证据能够相互印证，与该项认定相关的审计证据则具有更强的说服力。但如果从不同来源获取的审计证据或获取的不同性质的审计证据不一致，表明某项审计证据可能不可靠，注册会计师应当保持应有的职业怀疑，追加必要的审计程序。

4. 获取审计证据时对成本的考虑

注册会计师可以考虑获取审计证据的成本与所获取信息的有用性之间的关系，但不应以获取审计证据的困难和成本为由减少不可替代的审计程序。

在保证获取充分、适当的审计证据的前提下，控制审计成本也是会计师事务所增强竞争能力和获利能力所必需的。但为了保证得出的审计结论、形成的审计意见是恰当的，注册会计师不应将获取审计证据的成本高低和难易程度作为减少不可替代的审计程序的理由。例如，存货监盘通常是证实存货存在性认定不可替代的审计程序，注册会计师在审计中不得以检查成本高和难以实施为由而不执行该程序。

第二节 审计程序

一、审计程序的含义

审计程序是指注册会计师在审计过程中的某个时间，对将要获取的某类审计证据如何进行收集的详细指令。

按照审计程序的目的划分，审计程序分为风险评估程序、控制测试和实质性程序，其中后两者统称为风险应对程序。

按照审计程序的种类划分，审计程序分为检查、观察、询问、函证、重新计算、重新执行和分析程序。

注册会计师利用审计程序获取审计证据涉及四个方面的决策。

（1）选用何种审计程序。

（2）对选定的审计程序，应当选取多大的样本规模。

（3）应当从总体中选取哪些项目。

（4）何时执行这些程序。

二、审计程序的种类

在审计过程中，注册会计师可根据需要单独或综合运用以下审计程序，以获取充分、适当的审计证据。

（一）检查

检查是指注册会计师对被审计单位内部或外部生成的，以纸质、电子或其他介质形式存在的记录或文件进行审查，或对资产进行实物审查。

1. 检查记录或文件

检查记录或文件可以提供可靠程度不同的审计证据，审计证据的可靠性取决于记录或文件的性质和来源，而在检查内部记录或文件时，其可靠性则取决于生成该记录或文件的内部控制的有效性。例如，在控制测试中，检查记录用以获取关于授权的审计证据。

某些文件是表明一项资产存在的直接审计证据，如构成金融工具的股票或债券，但检查此类文件并不一定能提供有关所有权或计价的审计证据。此外，检查已执行的合同可以提供与被审计单位运用会计政策（如收入确认）相关的审计证据。

2. 检查有形资产

检查有形资产可为其存在提供可靠的审计证据，但不一定能够为权利和义务或计价等认定提供可靠的审计证据。检查有形资产主要适用于存货、现金、有价证券、应收票据和固定资产等。对个别存货项目进行的检查，可与存货监盘一同实施。

（二）观察

观察是指注册会计师查看相关人员正在从事的活动或执行的程序。例如，对客户执行的存货盘点或控制活动进行观察。

观察可以提供执行有关过程或程序的审计证据，但观察提供的审计证据仅限于观察发生的时点，而且被观察人员的行为可能因被观察而受到影响，这也会使观察提供的审计证据受到限制。

（三）询问

询问是指注册会计师以书面或口头方式，向被审计单位内部或外部的知情人员获取财务信息和非财务信息，并对答复进行评价的过程。作为其他审计程序的补充，询问广泛应用于整个审计过程中。

知情人员对询问的答复可能为注册会计师提供尚未获悉的信息或佐证证据。对询问的答复也可能提供与注册会计师已获取的其他信息存在重大差异，例如，关于被审计单位管理层凌驾于控制之上的可能性的信息。在某些情况下，对询问的答复为注册会计师修改审计程序或实施追加的审计程序提供了基础。

尽管对通过询问获取的审计证据予以佐证通常特别重要，但在询问管理层意图时，获取的支持管理层意图的信息可能是有限的。在这种情况下，了解管理层过去所声称意图的实现情况、选择某项特别措施时声称的原因以及实施某项具体措施的能力，可以为佐证通过询问获取的证据提供相关信息。

针对某些事项，注册会计师可能认为有必要向管理层和治理层（如适用）获取书面声明，以证实对口头询问的答复。

（四）函证

函证是指注册会计师直接从第三方（被询证者）获取书面答复以作为审计证据的过程，书面答复可以采用纸质、电子或其他介质等形式。当针对的是与特定账户余额及其项目相关的认定时，函证常常是相关的程序。但是，函证不必仅仅局限于账户余额。例如，注册会计师可能要求对被审计单位与第三方之间的协议和交易条款进行函证。注册会计师可能在询证函中询问协议是否做过修改，如果做过修改，要求被询证者提供相关的详细信息。此外，函证程序还可以用于获取不存在某些情况的审计证据，如不存在可能影响被审计单位收入确认的“背后协议”（隐藏的未被公开的协议）。

1. 函证程序针对的认定

函证可以为某些认定提供审计证据，但是对不同的认定，函证的证明力是不同的。在函证应收账款时函证可能为存在、权利和义务认定提供相关可靠的审计证据，但是不能为计价和分摊认定（应收账款涉及的坏账准备计提）提供证据。

对特定认定，函证的相关性受注册会计师选择函证信息的影响。例如，在审计应付账款完整性认定时，注册会计师需要获取没有重大未记录负债的证据。相应地，向被审计单位主要供应商进行函证，即使记录显示应付金额为零，相对于选择大金额的应付账款进行函证，这在检查未记录负债方面通常更有效。

2. 函证的对象

（1）银行存款、借款及与金融机构往来的其他重要信息。注册会计师应当对银行存款（包括零余额账户和在本期内注销的账户）、借款及与金融机构往来的其他重要信息实施函证程序，除非有充分证据表明某一银行存款、借款及与金融机构往来的其他重要信息对财务报表不重要且与之相关的重大错报风险很低。如果不对这些项目实施函证程序，注册会计师应当在审计工作底稿中说明理由。

（2）应收账款。注册会计师应当对应收账款实施函证程序，除非有充分证据表明应收账款对财务报表不重要，或函证很可能无效。如果认为函证很可能无效，注册会计师应当实施替代审计程序，获取相关的、可靠的审计证据。如果不对应收账款函证，注册会计师应当在审计工作底稿中说明理由。

（3）函证的其他内容。注册会计师可以根据具体情况和实际需要对下列内容（包括但并不限于）实施函证：①交易性金融资产；②应收票据；③其他应收款；④预付账款；⑤由其他单位代为保管、加工或销售的存货；⑥长期股权投资；⑦应付账款；⑧预收账款；⑨保证、抵押或质押；⑩或有事项；⑪重大或异常的交易。

可见，函证通常适用于账户余额及其组成部分（如应收账款明细账），但是不一定限于这些项目。例如，为确认合同条款是否发生变动及变动细节，注册会计师可以函证被审计单位与第三方签订的合同条款。注册会计师还可向第三方函证是否存在影响被审计单位收入确认的“背后协议”或某项重大交易的细节。

3. 函证程序实施的范围

如果采用审计抽样的方式确定函证程序的范围，无论采用统计抽样方法，还是非统计抽样方法，选取的样本应当足以代表总体。根据对被审计单位的了解、评估的重大错报风险以及所测试总体的特征等，注册会计师可以确定从总体中选取特定项目进行测试。选取的特定项目可能包括：

（1）金额较大的项目。

（2）账龄较长的项目。

（3）交易频繁但期末余额较小的项目。

（4）重大关联方交易。

（5）重大或异常的交易。

（6）可能存在争议、舞弊或错误的交易。

4. 函证的时间

注册会计师通常以资产负债表日为截止日，在资产负债表日后适当时间内实施函证。如重大错报风险评估为低水平，注册会计师可选择资产负债表日前适当日期为截止日实施函证，并对所函证项目自该截止日起至资产负债表日止发生的变动实施实质性程序。

根据评估的重大错报风险，注册会计师可能会决定函证非期末某一日的账户余额。例如，当审计工作将在资产负债表日之后很短的时间内完成时，可能会这么做。对于各类在年末之前完成的工作，注册会计师应当考虑是否有必要针对剩余期间获取进一步的审计证据。

5. 函证的方式

函证的方式有两种：积极的函证方式和消极的函证方式。不同的函证方式，其提供审计证据的可靠性不同。注册会计师可采用积极的函证方式或消极的函证方式实施函证，也可将两种方式结合使用。

（1）积极的函证方式。如果采用积极的函证方式，注册会计师应当要求被询证者在所有情况下必须回函，确认询证函所列示信息是否正确，或填列询证函要求的信息。积极的函证方式又分为两种。一种是在询证函中列明拟函证的账户余额或其他信息，要求被询证者确认所函证的款项是否正确。通常认为，对这种询证函的回复能够提供可靠的审计证据。但是，其缺点是被询证者可能对所列示信息根本不加以验证就予以回函确认。注册会计师通常难以发觉是否发生了这种情形。为了避免这种风险，注册会计师可以采用另外一种询证函，即在询证函中不列明账户余额或其他信息，而要求被询证者填写有关信息或提供进一步信息。由于这种询证函要求被询证者做出更多的努力，可能会导致回函率降低，进而导致注册会计师执行更多的替代程序。

在采用积极的函证方式时，只有注册会计师收到回函，才能为财务报表认定提供审计证据。注册会计师没有收到回函，可能是由于被询证者根本不存在，或是由于被询证者没有收到询证函，也可能是由于询证者没有理会询证函，因此，无法证明所函证信息是否正确。

（2）消极的函证方式。如果采用消极的函证方式，注册会计师只要求被询证者在不同意询证函列示信息的情况下才予以回函。对消极式询证函而言，未收到回函并不能明确表明预期的被询证者已经收到询证函或已经核实了询证函中包含信息的准确性。因此，未收到消极式询证函回函提供的审计证据，远不如积极式询证函回函提供的审计证据有说服力。如果询证函中的信息对被询证者不利，则被询证者更有可能回函表示其不同意；相反，如果询证函中的信息对被询证者有利，回函的可能性就会相对较小。例如，被审计单位的供应商如果认为询证函低估了被审计单位的应付账款余额，则其更有可能回函；如果高估了该余额，则回函的可能性很小。因此，注册会计师在考虑这些余额是否可能低估时，向供应商发出消极式询证函可能是有用的程序，但是，利用这种程序收集该余额高估的证据就未必有效。

当同时存在下列情况时，注册会计师可考虑采用消极的函证方式：①重大错报风险评估为低水平；②涉及大量余额较小的账户；③预期不存在大量的错误；④没有理由相信被询证者不认真对待函证。

6. 管理层对不实施函证时的处理

当被审计单位管理层要求对拟函证的某些账户余额或其他信息不实施函证时，注册会计师应当考虑该项要求是否合理，并获取审计证据予以支持。如果认为管理层的要求合理，注册会计师应当实施替代审计程序，以获取与这些账户余额或其他信息相关的充分、适当的审计证据。如果认为管理层的要求不合理，且被其阻挠而无法实施函证，注册会计师应当视为审计范围受到限制，并考虑对审计报告可能产生的影响。

分析管理层要求不实施函证的原因时，注册会计师应当保持职业怀疑态度，并考虑以下几点。

（1）管理层是否诚信。

（2）是否可能存在重大的舞弊或错误。

（3）替代审计程序能否提供与这些账户余额或其他信息相关的充分、适当的审计证据。

（五）重新计算

重新计算是指注册会计师对记录或文件中的数据计算的准确性进行核对。重新计算可通过手工方式或电子方式进行。重新计算通常包括计算销售发票和存货的总金额，加总日记账和明细账，检查累计折旧、累计摊销和应纳税额的计算等。

（六）重新执行

重新执行是指注册会计师独立执行原本作为被审计单位内部控制组成部分的程序或控制。例如，注册会计师利用被审计单位的银行存款日记账和银行对账单，重新编制银行存款余额调节表，并与被审计单位编制的银行存款余额调节表进行比较。重新执行主要运用于内部控制的执行测试。

（七）分析程序

分析程序是指注册会计师通过分析不同财务数据之间以及财务数据与非财务数据之间的内在关系，对财务信息做出评价。分析程序还包括在必要时对识别出的、与其他相关信息不一致或与预期数据严重偏离的波动和关系进行调查。

1. 分析程序的目的

（1）用作风险评估程序，以了解被审计单位及其环境。注册会计师实施风险评估程序的目的在于了解被审计单位及其环境并评估财务报表层次和认定层次的重大错报风险。在风险评估过程中使用分析程序也服务于这一目的。分析程序可以帮助注册会计师发现财务报表中的异常变化，或者预期发生而未发生的变化，识别存在潜在重大错报风险的领域。分析程序还可以帮助注册会计师发现财务状况或盈利能力发生变化的信息和征兆，识别那些表明被审计单位持续经营能力问题的事项。

（2）当使用分析程序比细节测试能更有效地将认定层次的检查风险降至可接受的水平时，分析程序可以用作实质性程序。在针对评估的重大错报风险实施进一步审计程序时，注册会计师可以将分析程序作为实质性程序的一种，单独或结合其他细节测试，收集充分、适当的审计证据。此时运用分析程序可以减少细节测试的工作量，节约审计成本，降低审计风险，使审计工作更有效率和效果。

（3）在审计结束或临近结束时对财务报表进行总体复核。在审计结束或临近结束时，注册会计师应当运用分析程序，在已收集的审计证据的基础上，对财务报表整体的合理性进行最终把关，评价报表仍然存在重大错报风险而未被发现的可能性，考虑是否需要追加审计程序，以便为发表审计意见提供合理基础。

分析程序运用的不同目的，决定了分析程序运用的具体方法和特点。值得说明的是，注册会计师在风险评估阶段和审计结束时的总体复核阶段必须运用分析程序，在实施实质性程序阶段可选用分析程序。

2. 分析程序的具体运用

（1）用作风险评估程序。如前所述，在实施风险评估程序时，运用分析程序的目的是了解被审计单位及其环境并评估重大错报风险，注册会计师应当围绕这一目的运用分析程序。在这个阶段运用分析程序是强制要求。

注册会计师在将分析程序用作风险评估程序时，可以将分析程序与询问、检查和观察程序结合运用，以获取对被审计单位及其环境的了解，识别和评估财务报表层次及具体认定层次的重大错报风险。

在运用分析程序时，注册会计师应重点关注关键的账户余额、趋势和财务比率关系等方面，对其形成一个合理的预期，并与被审计单位记录的金额、依据记录金额计算的比率或趋势相比较。如果分析程序结果显示的比率、比例或趋势与注册会计师对被审计单位及其环境的了解不一致，并且被审计单位管理层无法提出合理的解释，或者无法取得相关的支持性文件证据，注册会计师应当考虑其是否表明被审计单位的财务报表存在重大错报风险。

（2）用作实质性程序。注册会计师应当针对评估的认定层次重大错报风险设计和实施实质性程序。实质性程序包括对各类交易、账户余额和披露的细节测试以及实质性分析程序。

实质性分析程序，是指用作实质性程序的分析程序，它与细节测试都可用于收集审计证据，以识别财务报表认定层次的重大错报风险。当使用分析程序比细节测试能更有效地将认定层次的检查风险降至可接受的水平时，注册会计师可以考虑单独或结合细节测试，运用实质性分析程序。实质性分析程序不仅仅是细节测试的一种补充，在某些审计领域，如果重大错报风险较低且数据之间具有稳定的预期关系，注册会计师可以单独使用实质性分析程序获取充分、适当的审计证据。

实质性分析程序的运用步骤包括：①识别需要运用分析程序的账户余额或交易；②确定期望值；③确定可接受的差异额；④识别需要进一步调查的差异；⑤调查异常数据关系；⑥评估分析程序的结果。

（3）用于总体复核。在审计结束或临近结束时，注册会计师运用分析程序的目的是确定财务报表整体是否与其对被审计单位的了解一致，注册会计师应当围绕这一目的运用分析程序。这时运用分析程序是强制要求，注册会计师在这个阶段应当运用分析程序。

在总体复核阶段执行分析程序，所进行的比较和使用的手段与风险评估程序中使用的分析程序基本相同，但两者的目的不同。在总体复核阶段实施的分析程序主要在于强调并解释财务报表项目自上个会计期间以来发生的重大变化，以证实财务报表中列报的所有信息与注册会计师对被审计单位及其环境的了解一致，与注册会计师取得的审计证据一致。因此，两者的主要差别在于实施分析程序的时间和重点不同，以及所取得数据的数量和质量不同。另外，因为在总体复核阶段实施的分析程序并非为了对特定账户余额和披露提供实质性的保证水平，因此，并不如实质性分析程序那样详细和具体，而往往集中在财务报表层次。

在运用分析程序进行总体复核时，如果识别出以前未识别的重大错报风险，注册会计师应当重新考虑对全部或部分各类交易、账户余额和披露评估的风险是否恰当，并在此基础上重新评价之前计划的审计程序是否充分，是否有必要追加审计程序。

在审计过程中，不能孤立地使用其中的某一种方法，而应当结合使用这些方法，从不同途径收集审计证据，通过审计证据之间的相互补充和验证，提高审计证据的可靠性，增强审计证据的证明力。

上述审计程序基于审计的不同阶段和目的单独或组合起来，可用作风险评估程序、控制测试和实质性程序。

第三节　审计工作底稿

审计工作底稿是指注册会计师对制订的审计计划、实施的审计程序、获取的相关审计证据，以及得出的审计结论做出的记录。审计工作底稿是审计证据的载体，是注册会计师在审计过程中形成的审计工作记录和获取的资料。它形成于审计的全过程，也反映整个审计过程。

一、审计工作底稿的编制目的

审计工作底稿在计划和执行审计工作中发挥着关键作用。它提供了审计工作实际执行情况的记录，并形成审计报告的基础。审计工作底稿也可用于质量控制复核、监督会计师事务所对审计准则的遵循情况以及第三方的检查等。在会计师事务所因执业质量而涉及诉讼或有关监管机构进行执业质量检查时，审计工作底稿能够提供证据，证明会计师事务所是否按照中国注册会计师审计准则（以下简称“审计准则”）的规定执行了审计工作。

因此，注册会计师应当及时编制审计工作底稿，一是，提供充分、适当的记录，作为出具审计报告的基础；二是，提供证据，证明注册会计师已按照审计准则和相关法律法规的规定计划和执行了审计工作。

除此之外，编制审计工作底稿还可以实现下列目的。

（1）有助于项目组计划和执行审计工作。

（2）有助于负责督导的项目组成员按照《中国注册会计师审计准则第 1121 号——对财务报表审计实施的质量控制》的规定，履行指导、监督与复核审计工作的责任。

（3）便于项目组说明其执行审计工作的情况。

（4）保留对未来审计工作持续产生重大影响事项的记录。

（5）便于会计师事务所按照《质量控制准则第 5101 号——会计师事务所对执行财务报表审计和审阅、其他鉴证和相关服务业务实施的质量控制》的规定，实施质量控制复核与检查。

（6）便于监管机构和中国注册会计师协会根据相关法律法规或其他相关要求，对会计师事务所实施执业质量检查。

二、审计工作底稿的性质

1. 审计工作底稿的存在形式

审计工作底稿可以以纸质、电子或其他介质形式存在。

随着信息技术的广泛运用，审计工作底稿的形式从传统的纸质形式扩展到电子或其他介质形式。但无论审计工作底稿以哪种形式存在，会计师事务所都应当针对审计工作底稿设计和实施适当的控制，以实现下列目的。

（1）使审计工作底稿清晰地显示其生成、修改及复核的时间和人员。

（2）在审计业务的所有阶段，尤其是在项目组成员共享信息或通过互联网将信息传递给其他人员时，保护信息的完整性和安全性。

（3）防止未经授权改动审计工作底稿。

（4）允许项目组和其他经授权的人员为适当履行职责而接触审计工作底稿。

在实务中，为便于会计师事务所内部进行质量控制和外部执业质量检查或调查，注册会计师可以将以电子或其他介质形式存在的审计工作底稿通过打印等方式，转换成纸质形式的审计工作底稿，并与其他纸质形式的审计工作底稿一并归档，同时，单独保存这些以电子或其他介质形式存在的审计工作底稿。

2. 审计工作底稿通常包括的内容

审计工作底稿通常包括总体审计策略、具体审计计划、分析表、问题备忘录、重大事项概要、询证函回函和声明、核对表、有关重大事项的往来信件（包括电子邮件），注册会计师还可以将被审计单位文件记录的摘要或复印件（如重大的或特定的合同和协议）作为审计工作底稿的一部分。

此外，审计工作底稿还包括业务约定书、管理建议书、项目组内部或项目组与被审计单位举行的会议记录、与其他人士（如其他注册会计师、律师、专家等）的沟通文件及错报汇总表等。但是，审计工作底稿并不能代替被审计单位的会计记录。

3. 审计工作底稿通常不包括的内容

审计工作底稿通常不包括已被取代的审计工作底稿的草稿或财务报表的草稿、反映不全面或初步思考的记录、存在印刷错误或其他错误而作废的文本，以及重复的文件记录等。由于这些草稿、错误的文本或重复的文件记录不直接构成审计结论和审计意见的支持性证据，因此，注册会计师通常无须保留这些记录。

三、审计工作底稿的编制

1. 审计工作底稿的编制要求

注册会计师编制的审计工作底稿，应当使得未曾接触该项审计工作的有经验的专业人士清楚地了解以下内容。

（1）按照审计准则的规定实施的审计程序的性质、时间安排和范围。

（2）实施审计程序的结果和获取的审计证据。

（3）审计中遇到的重大事项和得出的结论，以及在得出结论时做出的重大职业判断。

2. 审计工作底稿的要素

不同审计程序、不同性质的审计证据以及使用不同的审计方法和工具，其审计工作底稿在内容、格式及范围方面是不同的。但完整、规范的审计工作底稿应具备的基本审计要素包括：

（1）审计工作底稿的标题。

（2）审计过程记录。

（3）审计结论。

（4）审计标识及其说明。

（5）索引号及编号。

扫一扫，更多内容

（6）编制者姓名及编制日期。

（7）复核者姓名及复核日期。

（8）其他应说明的事项。

具体内容如表 4-2 所示。

表 4-2 审计工作底稿的基本要素

序号	要素名称	要素内容
1	审计工作底稿的标题	每张底稿应当包括被审计单位的名称、审计项目的名称以及资产负债表日或底稿覆盖的会计期间（如果与交易相关）
2	审计过程记录	审计底稿中要求详细记录审计程序实施的全过程，一是，被审计单位的未审情况，包括被审计单位的内部控制情况、有关会计账项未审计发生额及期末余额；二是，审计过程的记录，包括审计人员实施的审计测试性质、审计测试项目、抽取的样本及检查的重要凭证、审计调整及重分类事项等
3	审计结论	审计工作的每一部分都应包含与已实施审计程序的结果及其是否实现既定审计目标相关的结论，还应包括审计程序识别出的例外情况和重大事项如何得到解决的结论。注册会计师恰当地记录审计结论非常重要。注册会计师需要根据所实施的审计程序及获取的审计证据得出结论，并以此作为对财务报表发表审计意见的基础。在记录审计结论时须注意，在审计工作底稿中记录的审计程序和审计证据是否足以支持所得出的审计结论
4	审计标识及其说明	标识被用于与已实施审计程序相关的底稿。每张底稿都应包含对已实施程序的性质和范围所做的解释，以支持每一个标识的含义。审计工作底稿中可使用各种审计标识，但应说明其含义，并保持前后一致
5	索引号及编号	通常审计工作底稿需要注明索引号及顺序编号，相关审计工作底稿之间需要保持清晰的勾稽关系。为了汇总及便于交叉索引和复核，每个事务所都会制定特定的审计工作底稿归档流程。每张表或记录都有一个索引号，例如，A1、D6 等，以说明其在审计工作底稿中的放置位置。工作底稿中包含的信息通常需要与其他相关工作底稿中的相关信息进行交叉索引，例如，现金盘点表与列示所有现金余额的导引表进行交叉索引。利用计算机编制工作底稿时，可以采用电子索引和链接。随着审计工作的推进，链接表还可以自动更新。例如，审计调整表可以链接到试算平衡表，当新的调整分录编制完后，计算机会自动更新
6	编制者姓名及编制日期	为了明确责任，在各自完成与特定工作底稿相关的任务后，编制者应在工作底稿上签名并注明编制日期
7	复核者姓名及复核日期	审计人员编制的审计工作底稿一般要经过多级复核。为了明确复核责任，复核者也应该在其所复核的审计工作底稿上签名，并注明复核日期
8	其他应说明的事项	审计人员认为应该在工作底稿中予以记录的其他事项

四、审计工作底稿的归档管理

《质量控制准则第 5101 号——会计师事务所对执行财务报表审计和审阅、其他鉴证和相关服务业务实施的质量控制》和《中国注册会计师审计准则第 1131 号——审计工作底稿》对审计工作底稿的归档做出了具体规定。

（一）审计工作底稿归档工作的性质

在出具审计报告前，注册会计师应完成所有必要的审计程序，取得充分、适当的审计证据并得出适当的审计结论。由此，在审计报告日后将审计工作底稿归整为最终审计档案是一项事务性的工作，不涉及实施新的审计程序或得出新的结论。

如果在归档期间对审计工作底稿做出的变动属于事务性的，注册会计师可以做出变动，主要包括以下内容。

（1）删除或废弃被取代的审计工作底稿。

（2）对审计工作底稿进行分类、整理和交叉索引。

（3）对审计档案归整工作的完成核对表签字认可。

（4）记录在审计报告日前获取的、与审计项目组相关成员进行讨论并取得一致意见的审计证据。

（二）审计工作底稿归档的期限

《质量控制准则第 5101 号——会计师事务所对执行财务报表审计和审阅、其他鉴证和相关服务业务实施的质量控制》要求会计师事务所制定有关及时完成最终业务档案归整工作政策和程序。审计工作底稿的归档期限为审计报告日后 60 天内。如果注册会计师未能完成审计业务，审计工作底稿的归档期限为审计业务中止后的 60 天内。

如果针对客户的同一财务信息执行不同的委托业务，出具两个或多个不同的报告，会计师事务所应当将其视为不同的业务，根据会计师事务所内部制定的政策和程序，在规定的归档期限内分别将审计工作底稿归整为最终审计档案。

（三）审计工作底稿归档后的变动

在完成最终审计档案的归整工作后，注册会计师不应在规定的保存期限届满前删除或废弃任何性质的审计工作底稿。

1. 需要变动审计工作底稿的情形

注册会计师发现有必要修改现有审计工作底稿或增加新的审计工作底稿的情形主要有以下两种。

（1）注册会计师已实施了必要的审计程序，取得了充分、适当的审计证据并得出了恰当的审计结论，但审计工作底稿的记录不够充分。

（2）审计报告日后，发现例外情况要求注册会计师实施新的或追加审计程序，或导致注册会计师得出新的结论。例外情况主要是指审计报告日后发现与已审计财务信息相关，且在审计报告日已经存在的事实，该事实如果被注册会计师在审计报告日前获知，可能影响审计报告。例如，注册会计师在审计报告日后才获知法院在审计报告日前已对被审计单位的诉讼、索赔事项做出最终判决结果。例外情况可能在审计报告日后发现，也可能在财务报表报出后发现，注册会计师应当按照《中国注册会计师审计准则第 1332 号——期后事项》中“财务报表报出后发现的事实”的相关规定，对例外事项实施新的或追加的审计程序。

2. 变动审计工作底稿时的记录要求

在完成最终审计档案的归整工作后，如果发现有必要修改现有审计工作底稿或增加新的审计工作底稿，无论修改或增加的性质如何，注册会计师均应当记录下列事项。

（1）修改或增加审计工作底稿的理由。

（2）修改或增加审计工作底稿的时间和人员，以及复核的时间和人员。

（四）审计工作底稿的保存期限

会计师事务所应当自审计报告日起，对审计工作底稿至少保存 10 年。如果注册会计师未能完成审计业务，会计师事务所应当自审计业务中止日起，对审计工作底稿至少保存 10 年。

在完成最终审计档案的归整工作后，注册会计师不应在规定的保存期届满前删除或废弃任何性质的审计工作底稿。

思考与练习

关键术语

审计证据、审计程序、函证、重新计算、重新执行、分析程序、审计工作底稿

延伸阅读

1.《中国注册会计师审计准则第 1131 号——审计工作底稿》
2.《中国注册会计师审计准则第 1301 号——审计证据》
3.《中国注册会计师审计准则第 1313 号——分析程序》

思考题

1. 什么是审计证据？审计证据可进行怎样的分类？
2. 什么是审计证据的充分性和适当性？两者有何关系？
3. 获取审计证据的审计程序有哪些？
4. 函证的对象有哪些？
5. 分析程序的目的是什么？
6. 什么是审计工作底稿？编制审计工作底稿有什么目的？
7. 审计工作底稿不包含哪些内容？
8. 编制审计工作底稿有哪些要求？
9. 需要变动审计工作底稿的情形有哪些？
10. 变动审计工作底稿时需要记录哪些事项？

练习题

（一）单项选择题

1. 注册会计师在获取审计证据时，获取的下列信息属于其他信息的是（　　）。

A. 合同记录

B. 银行对账单

C. 分析师的报告

D. 未在记账凭证中反映的对财务报表的其他调整

2. 注册会计师对审计证据充分性和适当性的特殊考虑中，不正确的是（　　）。

A. 如果识别出文件记录中的某些条款已发生变动，注册会计师应当做出进一步调查，包括直接向第三方函证，或考虑利用专家的工作

B. 如果实施审计程序时使用被审计单位生成的信息，且针对信息的完整性和准确性获取审计证据是所实施审计程序本身不可分割的组成部分，可以与所实施的审计程序同时进行

C. 如果打算将被审计单位生成的信息用于其他审计目的，则注册会计师无须考虑信息对审计目的而言是否足够精确和详细

D. 注册会计师可以考虑获取审计证据的成本与所获取信息的有用性之间的关系

3. A 注册会计师负责对甲公司 2018 年度财务报表进行审计。在获取的下列审计证据中，可靠性最强的通常是（　　）。

A. 连续编号的采购订单　　B. 成本分配计算表

C. 银行对账单　　D. 甲公司管理层提供的声明书

4. 下列有关审计程序的说法中，正确的是（　　）。

A. 检查内部记录或文件时，其可靠性取决于生成该记录或文件的内部控制的有效性

B. 函证的内容仅限于账户余额

C. 询问程序仅适用于风险评估程序

D. 注册会计师应当获取书面声明以证实对口头询问的答复

5. 以下关于函证程序的表述中错误的是（　　）。

A. 注册会计师对在本期注销的银行存款账户不必进行函证

B. 如果认为函证应收账款很可能无效，注册会计师应当实施替代审计程序

C. 函证程序通常适用于账户余额，也可以函证被审计单位与第三方签订的合同条款

D. 通常以资产负债表日为截止日，在资产负债表日后适当时间实施函证

6. 下列关于函证方式的理解，正确的是（　　）。

A. 在询证函中列明账户余额的是积极式询证函，不列明账户余额的是消极式询证函

B. 采用积极的函证方式，无论是否收到回函，都能为财务报表认定提供审计证据

C. 采用消极的函证方式，未收到回函并不能明确表明预期的被询证者已经收到询证函或已经核实了询证函中所包含信息的准确性

D. 针对某个被审计单位，只能采用一种函证方式

7. 在下列各项中，注册会计师通常认为不适合运用分析程序的是（　　）。

A. 营业外支出　　B. 营业收入

C. 应付职工薪酬　　D. 固定资产的累计折旧

8. 以下关于在总体复核中运用分析程序的说法正确的是（　　）。

A. 在总体复核中运用分析程序的目的是确定查出财务报表中的所有错报

B. 确定在总体复核中是否使用分析程序需要注册会计师的职业判断

C. 总体复核中使用分析程序与风险评估程序中使用分析程序的手段基本相同

D. 在总体复核阶段使用分析程序往往集中在认定层次

9. 下列有关注册会计师在审计报告日后对审计工作底稿做出的变动中，不正确的是（　　）。

A. 在归档期间废弃被取代的审计工作底稿

B. 对审计档案归整工作的完成核对表签字认可

C. 以归档期间收到的询证函回函替换审计报告日前已实施的替代程序审计工作底稿

D. 在完成最终审计档案的归整工作后，不应在规定的保存期限届满前删除或废弃任何性质的审计工作底稿

10. 下列有关审计工作底稿归档期限的表述中，正确的是（　　）。

A. 如果完成审计业务，归档期限为审计报告日后 60 天内

B. 如果完成审计业务，归档期限为外勤审计工作结束日后 60 天内

C. 如果未能完成审计业务，归档期限为外勤审计工作中止日后 30 天内

D. 如果未能完成审计业务，归档期限为审计业务中止日后 30 天内

（二）多项选择题

1. 注册会计师在评价审计证据的充分性和适当性时，需要特殊考虑的内容有（　　）。

A. 使用被审计单位生成信息时的考虑　　B. 证据相互矛盾时的考虑

C. 对文件记录可靠性的考虑　　D. 获取审计证据时对成本的考虑

2. 当同时存在下列（　　）情况时，注册会计师可以考虑采用消极的函证方式。

A. 重大错报风险评估为高水平

B. 涉及大量余额较小的账户

C. 预期不存在大量的错误

D. 没有理由相信被询证者不认真对待函证

3. 下列有关分析程序的用法中正确的有（　　）。

A. 将分析程序用作风险评估程序

B. 将分析程序用作实质性程序

C. 将分析程序用作控制测试程序

D. 将分析程序用于对财务报表进行总体复核

4. 下列关于审计工作底稿存在形式的相关说法中，正确的有（　　）。

A. 审计工作底稿可以以纸质、电子或其他介质形式存在

B. 以电子或其他介质形式存在的审计工作底稿，应与其他纸质形式的审计工作底稿一并归档

C. 以电子或其他介质形式存在的审计工作底稿，只要保存完整，不必考虑是

否能够转换成纸质形式的审计工作底稿

D. 以电子或其他介质形式存在的审计工作底稿，与其他纸质形式的审计工作底稿一并归档时，不需要单独保存以电子或其他介质形式存在的审计工作底稿

5. 审计工作底稿通常不包括的内容有（　　）。

A. 已被取代的审计工作底稿的草稿

B. 反映不全面或初步思考的记录

C. 存在印刷错误或其他错误而作废的文本

D. 被审计单位文件记录的复印件

（三）判断改错题（正确的打"√"，错误的打"×"，并改正）

1. 会计记录中含有的信息能为对财务报表发表审计意见提供充分的审计证据。（　　）

2. 审计证据的充分性和适当性是审计证据两大相互独立的特性，彼此之间没有联系。（　　）

3. 如果审计证据的质量存在缺陷，那么注册会计师仅靠获取更多的审计证据可能无法弥补其质量方面的缺陷。（　　）

4. 注册会计师需要获取的审计证据的数量受重大错报风险的影响。评估的重大错报风险越大，需要的审计证据可能越多。（　　）

5. 针对同一项认定可以获取不同来源的审计证据。（　　）

6. 观察某项正在执行的控制可以证明该项控制一贯有效执行。（　　）

7. 针对被审计单位编制的银行存款余额调节表，注册会计师一般采用重新计算的方式进行查核。（　　）

8. 分析程序是指注册会计师通过研究不同财务数据之间的内在关系，对财务信息做出评价。（　　）

9. 在完成最终审计档案的归整工作后，不得修改现有审计工作底稿或增加新的审计工作底稿。（　　）

10. 如果注册会计师未能完成审计业务，会计师事务所应当自审计业务中止日起，对审计工作底稿至少保存10年。（　　）

（四）综合题

1. ABC会计师事务所负责审计甲公司2018年的财务报表，A注册会计师是项目合伙人，审计项目组在审计工作底稿中记录了函证和分析程序相关的审计情况，部分内容如下：

（1）A注册会计师认为未收到消极式询证函的回函提供的审计证据，比积极式询证函的回函提供的审计证据更有说服力。

（2）A注册会计师在函证应收账款时，在询证函中没有列出账户余额，而是要求被询证者提供余额信息，是为了发现应收账款低估的错报。

（3）对于甲公司的关联方交易，A注册会计师仅函证关联方交易的交易金额。

（4）相对于细节测试，实质性分析程序能够达到的精确度可能受到种种限制，因

此证明力相对较弱。

（5）通过询问、观察和检查程序，A注册会计师认为甲公司重大错报风险较低，所以不准备用分析程序评估风险。

（6）如果在审计的过程中实施了恰当的审计程序，那么总体复核阶段实施分析程序不是必要的程序。

要求：针对上述事项，逐项指出上述观点或做法是否恰当。如不恰当，简要说明理由。

2. 甲公司是ABC会计师事务所的常年审计客户，ABC会计师事务所委托A注册会计师负责甲公司2018年度财务报表审计业务，在执行审计工作的过程中，A注册会计师对与审计工作底稿相关事项的处理或观点如下：

（1）为了便于复核，A注册会计师将以电子形式存在的审计工作底稿转换成纸质形式的审计工作底稿，并与其他纸质形式的审计工作底稿一并归档。同时为了遵循保密原则，A注册会计师删除了电子形式的审计工作底稿。

（2）A注册会计师认为问题备忘录和核对表只是审计过程中一些汇总和分析手段，并不能构成审计结论和审计意见的支持性证据，因而不属于审计工作底稿应当包括的内容。

（3）A注册会计师认为业务约定书是双方签订的，故未将其纳入审计工作底稿。

（4）由于在审计过程中识别出重大错报并提出审计调整建议，A注册会计师重新评估并修改了重要性，并将记录计划阶段评估的重要性的工作底稿删除，代之以记录重新评估的重要性的审计工作底稿。

（5）审计报告日期为2019年4月18日。A注册会计师于2019年4月20日将审计报告提交给甲公司管理层，并于2019年6月19日完成审计工作底稿的归档工作。

（6）A注册会计师在审计工作底稿归档之后收到了一份银行询证函回函原件，于是替换了审计档案中的回函传真件。

要求：针对上述事项，逐项指出A注册会计师的观点或做法是否正确。如不正确，请简要说明理由。

第五章　风险评估

学习目的与要求

通过本章学习掌握风险评估的概念，用于风险评估的程序，掌握识别和评估重大错报风险的程序，了解被审计单位及其环境的内容。

21 世纪，审计环境发生了很大变化，全球化和信息技术对企业的经营产生了巨大影响，企业的组织形式和经营模式不断创新，会计准则中涉及越来越多的判断和估计，导致可能引起财务报告舞弊的压力大为增加。以国际“四大”为代表的大型会计师事务所对传统审计方法论进行了创新，意识审计风险与企业经营风险是不可分割的，威胁企业经营的风险也是影响审计风险的来源。因而，有效的审计需要对企业所处的社会环境等进行深入的了解，审计理论、审计实务以及审计准则都开始要求审计人员更多地理解企业的经营，形成以企业经营风险评价为中心的风险导向审计（risk-oriented auditing），或称商业基础审计（business audit）。“经营风险基础审计”和“透过战略系统棱镜审计”继承了把审计资源的分配向容易发生错报的领域倾斜的理念，改良了评估财务报表重大错报风险的方法，使注册会计师对于风险评估的结果更为全面、正确，能够更有效地实现审计目标，风险导向审计应运而生。

2000 年 7 月国际审计与鉴证准则理事会（International Auditing and Assurance Standards Board，IAASB）在联合工作组及美国审计准则委员会的建议下，联合美国审计准则委员会成立了“风险分析联合项目组”，对风险导向审计进行研究，结论是：新的审计方法可以提高审计的功效。2002 年底，为了适应新的审计方法实施的需要，国际审计与鉴证准则理事会及美国审计准则委员会都修改相应的审计准则，并从 2004 年开始实施。

在 2001 年发生“银广厦”事件后，中国注册会计师协会在 2004 年就现代风险导向审计的产生做了系统的阐述：“风险导向审计是指注册会计师通过对被审计单位进行风险分析、评价被审计单位风险控制、确定剩余审计风险，执行追加审计程序将剩余审计风险降低到可接受水平”。我国于 2004 年开始修订已有的审计准则并征求意见。2006 年 12 月，中国注册会计师协会颁布了一整套执业准则，并于 2007 年开始实施。

第一节　风险评估概述

一、审计风险准则的要求

新审计风险准则对注册会计师实施的财务报表审计测试流程做出如下要求。

（1）要求注册会计师必须了解被审计单位及其环境。注册会计师通过了解被审计单位及其环境，包括了解内部控制，为识别财务报表层次以及各类交易、账户余额和披露认定层次重大错报风险提供更好的基础。

（2）要求注册会计师在评估重大错报风险前都要实施风险评估程序。注册会计师应当将识别的风险与认定层次可能发生错报的领域相联系，实施更为严格的风险评估程序，不得未经风险评估直接将风险设定为高水平。

（3）要求注册会计师将识别和评估的风险与实施的审计程序挂钩。在设计和实施进一步审计程序时，注册会计师应当将审计程序的性质、时间安排和范围与识别、评估的风险相联系，以防止机械地利用程序表从形式上迎合审计准则对程序的要求。

（4）要求注册会计师针对重大的各类交易、账户余额和披露实施实质性程序。注册会计师对重大错报风险的评估是一种判断，被审计单位内部控制存在固有限制，无论评估的重大错报风险结果如何，注册会计师都应当针对重大的各类交易、账户余额和披露实施实质性程序，不得将实质性程序只集中在例外事项上。

（5）要求注册会计师将识别、评估和应对风险的关键程序形成审计工作记录，以保证执业质量，明确执业责任。

风险识别是指找出财务报表层次和认定层次的重大错报风险。风险评估是指对重大错报发生的可能性和后果严重程度进行评估。

二、风险评估程序及其作用

注册会计师为了解被审计单位及其环境而实施的程序称为风险评估程序。注册会计师实施风险评估程序的目的是为了识别和评估财务报表重大错报风险，包括：财务报表层次的重大错报风险以及各类交易、账户余额和披露认定层次重大错报风险。

注册会计师应当实施下列风险评估程序，以了解被审计单位及其环境：①询问管理层和被审计单位内部其他人员；②分析程序；③观察和检查。

除了采用上述程序从被审计单位内部获取信息以外，如果根据职业判断认为从被审计单位外部获取的信息有助于识别重大错报风险，注册会计师应当实施其他审计程序以获取这些信息。例如，询问被审计单位聘请的外部法律顾问、专业评估师、投资顾问和财务顾问等。除此以外，注册会计师应当考虑在客户接受或保持过程中获取的信息是否与识别重大错报风险有关。

《中国注册会计师审计准则第 1211 号——通过了解被审计单位及其环境识别和评估重大错报风险》规定注册会计师应当了解被审计单位及其环境，以充分识别和评估财务报表重大错报风险，设计和实施进一步审计程序。为注册会计师在下列关键环节做出职业判断提供重要基础。

（1）确定重要性水平，并随着审计工作的进程评估对重要性水平的判断是否仍然适当。

（2）考虑会计政策的选择和运用是否恰当，以及财务报表的列报是否适当。

扫一扫，更多内容

（3）识别需要特别考虑的领域，包括关联方交易、管理层运用持续经营假设的合理性，或交易是否具有合理的商业目的等。

（4）确定在实施分析程序时所使用的预期值。

（5）设计和实施进一步审计程序，以将审计风险降至可接受的低水平。

（6）评价所获取审计证据的充分性和适当性。

第二节　了解被审计单位及其环境

了解被审计单位及其环境是一个连续和动态地收集、更新与分析信息的过程，贯穿于整个审计过程的始终。了解被审计单位为下列关键环节的职业判断提供了重要基础。

（1）评估重大错报风险。

（2）按照《中国注册会计师审计准则第 1221 号——计划和执行审计工作时的重要性》的规定确定重要性。

（3）考虑选择和运用会计政策的恰当性和财务报表披露的充分性。

（4）识别需要特别考虑的领域，如关联方交易、管理层运用持续经营假设的恰当性或考虑交易是否具有合理的商业目的。

（5）确定在实施分析程序时使用的预期值。

（6）应对评估的重大错报风险，包括设计和实施进一步审计程序以获取充分、适当的审计证据。

（7）评价已获取审计证据的充分性和适当性，如假设的适当性以及管理层口头声明和书面声明的适当性。

注册会计师应当了解被审计单位及其环境的方面包括：相关行业状况、法律环境和监管环境及其他外部因素；被审计单位的性质；被审计单位对会计政策的选择和运用；被审计单位的目标、战略以及可能导致重大错报风险的相关经营风险；对被审计单位财务业绩的衡量和评价；被审计单位的内部控制。

一、了解被审计单位的行业状况、法律环境与监管环境及其他外部因素

为了在后续工作中能对被审计单位相关问题进行准确的判断，注册会计师应将了解的重点放在对被审计单位的经营活动可能产生重要影响的关键外部因素以及与前期相比发生的重大变化上。

1．行业状况

了解行业状况有助于注册会计师识别与被审计单位所处行业有关的重大错报风险。了解的内容主要包括：①所处行业的市场与竞争，包括市场需求、生产能力和价格竞争；②生产经营的季节性和周期性；③与被审计单位产品相关的生产技术；④能源供应与成本；⑤行业的关键指标和统计数据。

例如，被审计单位所处行业的总体发展趋势是什么？被审计单位处于哪一发展阶段（起步、快速成长、成熟或衰退阶段）？被审计单位所处的市场需求、市场容量和价格竞争如何？该行业是否受经济周期波动的影响，以及采取了什么行动使波动产生的影响最小化？该行业受技术发展影响的程度如何？

2. 法律环境与监管环境

为在后续审计过程中，判断被审计单位是否符合相关法律法规的要求，注册会计师可能需要了解国家对某一行业的企业是否有特殊的监管要求（如对银行、保险等行业的特殊监管要求）；是否存在新出台的法律法规（如新出台的有关产品责任、劳动安全或环境保护的法律法规等），对被审计单位有何影响；国家货币、财政、税收和贸易等方面政策的变化是否会对被审计单位的经营活动产生影响；与被审计单位相关的税务法规是否发生变化等。

具体内容包括：①会计原则和行业特定惯例；②受管制行业的法规框架；③对被审计单位经营活动产生重大影响的法律法规，包括直接的监管活动；④税收政策（关于企业所得税和其他税种的政策）；⑤目前对被审计单位开展经营活动产生影响的政府政策，如货币政策（包括外汇管制）、财政政策、财政刺激措施（如政府援助项目）、关税或贸易限制政策等；⑥影响行业和被审计单位经营活动的环保要求。

3. 其他外部因素

注册会计师应当了解影响被审计单位经营的其他外部因素，主要包括总体经济情况、利率、融资的可获得性、通货膨胀水平或币位变动等。即当前的宏观经济状况以及未来的发展趋势如何？目前国内或本地区的经济状况（如增长率、通货膨胀率、失业率、利率等）怎样影响被审计单位的经营活动？被审计单位的经营活动是否受到汇率波动或全球市场力量的影响？

二、了解被审计单位的性质

1. 所有权结构

对被审计单位所有权结构的了解有助于注册会计师识别关联方关系并了解被审计单位的决策过程。注册会计师应当了解所有权结构以及所有者与其他人员或实体之间的关系，考虑关联方关系是否已经得到识别，以及关联方交易是否得到恰当核算。例如，注册会计师应当了解被审计单位是属于国有企业、外商投资企业、民营企业，还是属于其他类型的企业，还应当了解其直接控股母公司、间接控股母公司、最终控股母公司和其他股东的构成，以及所有者与其他人员或实体（如控股母公司控制的其他企业）之间的关系。注册会计师应当按照《中国注册会计师审计准则第 1323 号——关联方》的规定，了解被审计单位识别关联方的程序，获取被审计单位提供的所有关联方信息，并考虑关联方关系是否已经得到识别，关联方交易是否得到恰当记录和充分披露。

同时，注册会计师可能需要对其控股母公司（股东）的情况做进一步的了解，包括控制母公司的所有权性质、管理风格及其对被审计单位经营活动和财务报表可能产生的影响；控股母公司与被审计单位在资产、业务、人员、机构、财务等方面是否分开，是否存在占用资金等情况；控股母公司是否施加压力，要求被审计单位达到其设定的财务业绩目标。

2. 治理结构

良好的治理结构可以对被审计单位的经营和财务运作实施有效的监督，从而降低财务报表发生重大错报风险。注册会计师应当了解被审计单位的治理结构。例如，被审计单位董事会的构成情况、董事会内部是否有独立董事；治理结构中是否设有审计委员会或监事会及其运作情况。注册会计师应当考虑治理层是否能够在独立于管理层的情况下对被审计单位事务（包括财务报告）做出客观判断。

3. 组织结构

复杂的组织结构可能导致某些特定的重大错报风险。注册会计师应当了解被审计单位的组织结构，考虑复杂组织结构可能导致的重大错报风险，包括财务报表合并、商誉减值以及长期股权投资核算等问题。

例如，某被审计单位是大型集团公司，在多个地区拥有子公司、合营企业、联营企业或其他成员机构，或者存在多个业务分部和地区分部，不仅编制合并财务报表的难度增加，还存在其他可能导致重大错报风险的复杂事项，包括：对于子公司、合营企业、联营企业和其他股权投资类别的判断及其会计处理，商誉在不同业务分部间的减值等。

4. 经营活动

了解被审计单位经营活动有助于注册会计师识别预期在财务报表中反映的主要交易类别、重要账户余额和列报。注册会计师应当了解被审计单位的经营活动。主要包括：

（1）主营业务的性质。例如，主营业务是制造业还是商品批发与零售；是银行、保险还是其他金融服务；是公用事业、交通运输还是提供技术产品和服务等。

（2）与生产产品或提供劳务相关的市场信息。例如，主要客户和合同、付款条件、利润率、市场份额、竞争者、出口、定价政策、产品声誉、质量保证、营销策略和目标等。

（3）业务的开展情况。例如，业务分部的设立情况、产品和服务的交付、衰退或扩展的经营活动的详情等。

（4）联盟、合营与外包情况。

（5）从事电子商务的情况。例如，是否通过互联网销售产品和提供服务以及从事营销活动。

（6）地区分布与行业细分。例如，是否涉及跨地区经营和多种经营，各个地区和各行业分布的相对规模以及相互之间是否存在依赖关系。

（7）生产设施、仓库和办公室的地理位置，存货存放地点和数量。

（8）关键客户。例如，销售对象是少量的大客户还是众多的小客户；是否有被审计单位高度依赖的特定客户（如超过销售总额10%的客户）；是否有造成高回收性风险的若干客户或客户类别（如正处在一个衰退市场中的客户）；是否与某些客户订立了不寻常的销售条款或条件。

（9）货物和服务的重要供应商。例如，是否签订长期供应合同、原材料供应的可靠性和稳定性、付款条件，以及原材料是否受重大价格变动的影响。

（10）劳动用工安排。例如，分地区用工情况、劳动力供应情况、工薪水平、退休金和其他福利、股权激励或其他奖金安排以及与劳动用工事项相关的政府法规。

（11）研究与开发活动及其支出。

（12）关联方交易。例如，有些客户或供应商是否为关联方；对关联方和非关联方是否采用了不同的销售和采购条款。此外，还存在哪些关联方交易，对这些交易采用怎样的定价政策。

5. 投资活动

了解被审计单位投资活动有助于注册会计师关注被审计单位在经营策略和方向上的重大变化。注册会计师应当了解被审计单位的投资活动，主要包括：

（1）近期拟实施或已实施的并购活动与资产处置情况，包括业务重组或某些业务的终止。注册会计师应当了解并购活动如何与被审计单位目前的经营业务相协调，并考虑它们是否会引发进一步的经营风险。

（2）证券投资、委托贷款的发生与处置。

（3）资本性投资活动，包括固定资产和无形资产投资，近期或计划发生的变动，以及重大的资本承诺等。

（4）不纳入合并范围的投资。例如，联营、合营或者其他投资，包括近期计划的投资项目。

6. 筹资活动

了解被审计单位筹资活动有助于注册会计师评估被审计单位在融资方面的压力，并进一步考虑被审计单位在可预见未来的持续经营能力。注册会计师应当了解被审计单位的筹资活动，主要包括债务结构和相关条款，如资产负债表外融资和租赁安排；主要子公司和联营企业（无论是否处于合并范围内）；实际受益方及关联方，如实际受益方是国内的还是国外的，其商业声誉和经验可能对被审计单位产生的影响；衍生金融工具的使用等。

三、了解被审计单位对会计政策的选择和运用

注册会计师经常需要判断被审计单位的会计处理方法是否适当，但是，被审计单位由于经营内容不同，所处行业不同，采用的会计政策和财务报告编制基础也存在差别，因此，注册会计师应当关注下列重要事项。

（1）重大和异常交易的会计处理方法。例如，本期发生企业合并的会计处理方法、银行向客户发放贷款、证券公司对外投资、医药企业的研究与开发活动等，注册会计师应当考虑重大的和不经常发生的交易的会计处理方法是否适当。

（2）在缺乏权威性标准或共识、有争议的或新兴领域采用重要会计政策产生的影响。在缺乏权威性标准或共识的领域，注册会计师应当关注被审计单位选用了哪些会计政策、为什么选用这些会计政策以及选用这些会计政策产生的影响。

（3）会计政策的变更。如果被审计单位变更了重要的会计政策，注册会计师应当考虑变更的原因及其适当性，即考虑：①会计政策变更是否是法律、行政法规或者适用的会计准则和相关会计制度要求的变更；②会计政策变更是否能够提供更可靠、更相关的会计信息。除此之外，注册会计师还应当关注会计政策变更是否得到充分的披露。

（4）新颁布的财务报告准则、法律法规，以及被审计单位何时采用、如何采用这些规定。例如，新的企业会计准则自 2007 年 1 月 1 日起在上市公司施行，并鼓励其他企业执行。注册会计师应考虑被审计的上市公司是否已按照新会计准则的要求做好衔接调整工作，并收集执行新会计准则需要的信息资料。

四、了解被审计单位的目标、战略以及相关经营风险

经营风险比重大错报风险的范围更为广泛，多数经营风险最终都会产生一定的财务后果，从而影响财务报表，了解被审计单位的经营风险可以提高注册会计师识别出重大错报风险的可能性。而被审计单位制定的目标和战略，就可能导致财务报表重大错报的相关经营风险。

1. 目标、战略与经营风险

目标是企业经营活动的指针。企业管理层或治理层一般会根据企业经营面临的外部环境和内部各种因素，制订合理可行的经营目标。

战略是管理层为实现经营目标采用的方法。为了实现某一既定的经营目标，企业可能有多个可行战略。例如：行业发展规划，开发新产品或提供新服务，业务扩张等。

经营风险是指可能对被审计单位实现目标和实施战略的能力产生不利影响的重要状况、事项、情况、作为（或不作为）而导致的风险，或由于制订不恰当的目标和战略而导致的风险。不同的企业可能面临不同的经营风险，这取决于企业经营的性质、所处行业、外部监管环境、企业的规模和复杂程度。管理层有责任识别和应对这些风险。

2. 经营风险对重大错报风险的影响

经营风险与财务报表重大错报风险是既有联系又相互区别的两个概念。注册会计师了解被审计单位的经营风险有助于其识别财务报表重大错报风险。但并非所有的经营风险都与财务报表相关，注册会计师没有责任识别或评估对财务报表没有影响的经营风险。

经营风险可能对各类交易、账户余额和披露的认定层次或财务报表层次产生直接影响。例如，企业合并导致银行客户群减少，使银行信贷风险集中，由此产生的经营风险可能增加与贷款计价认定有关的重大错报风险。同样的风险，在经济紧缩时，可能具有更为长期的后果，注册会计师在评估持续经营假设的适当性时需要考虑这一问题。注册会计师应当根据被审计单位的具体情况考虑经营风险是否可能导致财务报表发生重大错报。

又如，企业当前的目标是在某一特定期间内进入某一新的海外市场，企业选择的战略是在当地成立合资公司。从该战略本身来看，是可以实现这一目标的。但是，成立合资公司可能会带来很多的经营风险，如企业如何与当地合资方在经营活动、企业文化等各方面协调，如何在合资公司中获得控制权或共同控制权，当地市场情况是否会发生变化，当地对合资公司的税收和外汇管理方面的政策是否稳定，合资公司的利润是否可以汇回，是否存在汇率风险等。这些经营风险反映到财务报表中，可能会因对合资公司是属于子公司、合营企业或联营企业的判断问题、投资核算问题，包括是

否存在减值问题、对当地税收规定的理解问题，以及外币折算问题等，而导致财务报表出现重大错报风险。

五、了解被审计单位财务业绩的衡量和评价

被审计单位管理层可能由于对财务业绩的衡量和评价，产生改善财务业绩或歪曲财务报表的动机。因此，通过了解被审计单位的业绩衡量，注册会计师可以了解这些压力是否可能导致管理层采取行动，以致增加财务报表发生重大错报的风险。

注册会计师应当关注：关键业绩指标（财务或非财务的）、关键比率、趋势和经营统计数据；同期财务业绩比较分析；预算、预测、差异分析，分部信息与分部、部门或其他不同层次的业绩报告；员工业绩考核与激励性报酬政策；被审计单位与竞争对手的业绩比较。

六、了解被审计单位的内部控制

1. 内部控制的定义

1992 年的《内部控制——整合框架》指出，“内部控制是由董事会、管理层和其他人员实施的一个过程，旨在为下列各类目标的实现提供合理保证：经营效果和效率、财务报告的可靠性；遵循适用的法律和法规”。内部控制由控制环境、风险评估、控制活动、信息与沟通、对控制的监控五个相关的要素构成。

注册会计师需要了解和评价的内部控制只是与财务报表审计相关的内部控制，并非被审计单位所有的内部控制。注册会计师需要了解的内部控制包括：为实现财务报告可靠性目标设计和实施的控制以及其他与审计相关的控制。

（1）为实现财务报告可靠性目标设计和实施的控制。与审计相关的控制，包括被审计单位为实现财务报告可靠性目标设计和实施的控制。注册会计师应当运用职业判断，考虑一项控制单独或连同其他控制是否与评估重大错报风险以及针对评估的风险设计和实施进一步审计程序有关。例如，用来防止未经授权购买、使用或处置资产的内部控制，可能包括与财务报告目标和经营目标相关的控制，但是注册会计师通常仅考虑与财务报告可靠性相关的控制。

（2）与经营目标、合规目标相关的控制。如果在设计和实施进一步审计程序时拟利用被审计单位内部生成的信息，则针对该信息完整性和准确性的控制可能与审计相关。如果与经营目标和合规目标相关的控制与注册会计师实施审计程序时评价或使用的数据相关，则这些控制也可能与审计相关。例如，对于某些非财务数据（如生产统计数据）的控制，如果注册会计师在实施分析程序时使用这些数据，这些控制就可能与审计相关。又如，某些法规（如税法）对财务报表存在直接和重大的影响（影响应交税费和所得税费用），为了遵守这些法规，被审计单位可能设计和执行相应的控制，这些控制也与注册会计师的审计相关。

被审计单位通常有一些与经营目标相关但与审计无关的控制，注册会计师无须对其加以考虑。例如，被审计单位可能依靠某一复杂的自动化控制提高经营活动的效率和效果（如航空公司用于维护航班时间表的自动化控制系统），但这些控制通常与审计无关。企业内部控制应用于整个被审计单位或所有经营部门或业务流程，但是了解与

每个经营部门和业务流程相关的内部控制，可能与审计无关。

内部控制无论如何有效，都只能为被审计单位实现财务报告目标提供合理保证。这是因为内部控制存在如下固有局限。

（1）在决策失误和因人为失误而导致内部控制失效。例如，控制的设计和修改可能存在失误。同样的，控制的运行可能无效。例如，由于负责复核信息的人员不了解复核的目的或没有采取适当的措施，内部控制生成的信息（如例外报告）没有得到有效使用。

（2）由于两个或更多的人员串通，或管理层凌驾于内部控制之上，而使内部控制被规避。例如，管理层可能与客户签订“背后协议”，修改标准的销售合同条款和条件，从而导致不适当的收入确认。再如，软件中的编辑控制旨在识别和报告超过赊销信用额度的交易，但这一控制可能被凌驾或不能得到执行。

（3）被审计单位内部行使控制职能的人员素质不适应岗位要求，也会影响内部控制功能的正常发挥。

（4）成本效益原则的限制。被审计单位实施内部控制的成本效益问题也会影响其效能，当实施某项控制成本大于控制效果而发生损失时，就没有必要设置控制环节或控制措施。

（5）内部控制一般都是针对经常而重复发生的业务设置的，如果出现不经常发生或未预计到的业务，原有控制就可能不适用。

2. 对内部控制了解的深度

鉴于内部控制的重要性，《中国注册会计师审计准则第 1211 号——通过了解被审计单位及其环境识别和评估重大错报风险》提出注册会计师必须了解内部控制的要求。它指出：注册会计师应当了解与审计相关的内部控制以识别潜在错报的类型，考虑导致重大错报风险的因素，以及设计和实施进一步审计程序的性质、时间安排和范围。注册会计师应当在每次审计中都要获取对内部控制的充分了解，以评估重大错报风险。

对内部控制了解的深度，是指在了解被审计单位及其环境时对内部控制了解的程度。包括评价控制的设计，并确定其是否得到执行，但不包括对控制是否得到一贯执行的测试。

了解内部控制包括六个重要的步骤。第一步，确定重要业务流程和重要交易类别。如果某内部控制目标没有实现，风险因素通常被描述为“可能的错误”。第二步，了解重要交易流程，并记录获得的了解。第三步，确定可能发生错报的环节。第四步，识别和了解相关控制。目的是识别是否存在内部控制降低第一步所列出的风险因素，但没有必要记录和评价与审计无关的内部控制。第五步，执行穿行测试，证实对交易流程和相关控制的了解。如果存在，注册会计师就可完成对控制设计和执行的评价。第六步，进行初步评价和风险评估。汇总获得的所有信息，并根据风险因素描绘识别出的（或执行的）控制。完成上述步骤之后，注册会计师应当确定内部控制是否存在重大缺陷。控制目标及解释如表 5-1 所示。

表 5-1 控制目标及解释

控制目标	解释
1. 完整性：所有的有效交易都已记录	必须有程序确保没有漏记实际发生的交易
2. 存在和发生：每项已记录的交易均真实	必须有程序确保会计记录中没有虚构的或重复入账的项目
3. 适当计量交易	必须有程序确保交易以适当的金额入账
4. 恰当确定交易生成的会计期间（截止性）	必须有程序确保交易在适当的会计期间内入账（例如，月度、季度、年度等）
5. 恰当分类	必须有程序确保将交易记入正确的总分类账，必要时，记入相应的明细账内
6. 正确汇总和过账	必须有程序确保所有作为账簿记录中的借贷方余额都正确地归集（加总），确保加总后的金额正确过入总账和明细分类账

了解内部控制不同于控制测试，除非存在某些可以使控制得到一贯运行的自动化控制，否则对控制的了解并不足以代替控制测试。人工控制在某一时点得到执行，并不能表明在其他时点也有效运行。对人工控制的了解不能代替控制测试。信息技术具有内在一贯性，一旦确定（即便只有一次）其正在有效执行，就可能确定其一贯有效执行。

扫一扫，更多内容

3. 审计中对人工控制和自动化控制的考虑

按控制的方式，内部控制可以分为自动化控制和人工控制，内部控制可能既包括人工成分，又包括自动化成分。被审计单位的性质和经营的复杂程度会对采用人工控制和自动化控制的成分组合产生影响。人工控制多用于在一些小型的、生产经营不太复杂的企业，或者需要主观判断或酌情处理的情形，不适用于存在大量或重复发生的交易。自动化控制适用于通过电子文档生成、记录、处理和报告交易，如订购单、发票、装运单及相关的会计记录，不适用于难以防范、需要灵活变通的控制。

自动化控制的优势在于：①可以提高信息的及时性、可获得性及准确性；②促进对信息的深入分析；③提高对被审计单位的经营业绩及其政策和程序执行情况进行监督的能力；④降低控制被规避的风险。但是，信息技术也可能对内部控制产生特定风险。因此，在了解被审计单位内部控制时，注册会计师应当关注被审计单位与信息技术运用有关的下列情况：技术是否对内部控制产生特定风险（所依赖的系统或程序能否正确处理数据，或处理了不正确的数据，或两种情况并存）；是否存在未经授权访问数据（可能导致数据的毁损或对数据不恰当的修改，包括记录未经授权或不存在的交易，或不正确地记录了交易，多个用户同时访问同一数据库可能会造成特定风险）；是否未经授权改变主文档的数据；是否存在未经授权改变系统或程序等。

自动化控制可能在以下方面导致控制风险：①一般控制存在缺陷，导致财务报表层的重大错报风险；②应用控制存在缺陷，直接导致认定层的重大错报风险。

相对于自动化控制，人工控制的可靠性较低。为此，注册会计师应当考虑人工控制在下列情形中可能是不适当的：①存在大量或重复发生的交易；②事先可预计或预测的错误能够通过自动化控制参数得以防止或发现并纠正；③用特定方法实施控制的控制活动可得到适当设计和自动化处理。

人工控制可能在以下方面导致控制风险：①人工控制可能更容易被规避、忽视或凌驾；②人工控制可能不具有一贯性；③人工控制可能更容易产生简单错误或失误。

第三节　识别与评估重大错报风险与特别风险

风险评估过程包括识别与财务报告相关的经营风险，以及管理层针对这些经营风险采取的应对措施。如果风险评估过程存在缺陷，注册会计师就难以将重大错报风险评估为低水平。风险评估过程代表了管理层的风险意识，影响着管理层对风险的识别和防范。评估重大错报风险是风险评估阶段的最后一个步骤。获取的关于风险因素和抵消控制风险的信息（通过实施风险评估程序），将全部用于对财务报表层次以及各类交易、账户余额和披露认定层次评估重大错报风险。评估将作为确定进一步审计程序的性质、时间安排和范围的基础，以应对识别的风险。

一、评估重大错报风险的审计程序

在评估重大错报风险时，注册会计师应当实施下列审计程序。

（1）在了解被审计单位及其环境（包括与风险相关的控制）的整个过程中，结合对财务报表中各类交易、账户余额和披露的考虑，识别风险。例如，被审计单位因相关环境法规的实施需要更新设备，可能面临原有设备闲置或贬值的风险；宏观经济的低迷可能预示应收账款的回收存在问题；竞争者开发的新产品上市，可能导致被审计单位的主要产品在短期内过时，预示将出现存货跌价和长期资产（如固定资产等）的减值。

（2）结合对拟测试的相关控制的考虑，将识别出的风险与认定层次可能发生错报的领域相联系。例如，销售困难使产品的市场价格下降，可能导致年末存货成本高于其可变现净值而需要计提存货跌价准备，这显示存货的计价认定可能发生错报。

（3）评估识别出的风险，并评价其是否更广泛地与财务报表整体相关，进而潜在地影响多项认定。

（4）考虑发生错报的可能性，包括发生多项错报的可能性以及潜在错报的重大程度是否足以导致重大错报。

注册会计师应当利用实施风险评估程序获取的信息，包括在评价控制设计和确定其是否得到执行时获取的审计证据，作为支持风险评估结果的审计证据。注册会计师应当根据风险评估结果，确定实施进一步审计程序的性质、时间安排和范围。

注册会计师应当在下列两个层次识别和评估重大错报风险，为设计和实施进一步审计程序提供基础：一是财务报表层次；二是各类交易、账户余额和披露的认定层次。

二、财务报表层次的重大错报风险

财务报表层次的重大错报风险是指与财务报表整体广泛相关，并潜在地影响多项认定的风险。这种性质的风险不一定限于某类交易、账户余额或披露层次的特定认定的风险，而是在一定程度上代表可能增加认定层次重大错报风险的情况。例如，被审计单位年度营业收入的目标增长率为10%，高于该公司历史增长率，又高于行业增长率，被审计单位未经审计的营业收入刚好增长10%。那么，被审计单位可能为了实现经营目标而粉饰财务报表，则导致财务报表层次的重大错报风险。

财务报表层次的重大错报风险很可能源于薄弱的控制环境。薄弱的控制环境带来的风险可能对财务报表产生广泛影响，难以限于某类交易、账户余额和披露，注册会计师应当采取总体应对措施。

例如，被审计单位治理层、管理层对内部控制的重要性缺乏认识，没有建立必要的制度和程序；或管理层经营观念偏于激进，又缺乏实现激进目标的人力资源等，这些缺陷源于薄弱的控制环境，可能对财务报表产生广泛影响，需要注册会计师采取总体应对措施。

三、认定层次的重大错报风险

某些重大错报风险可能与特定的某类交易、账户余额和披露的认定相关。例如，被审计单位存在复杂的联营或合资，则这一事项表明长期股权投资账户的认定可能存在着重大错报风险。

在评估重大错报风险时，注册会计师应当将所了解的控制与特定认定相联系。某些控制活动可能专门针对某类交易或账户余额的个别认定。例如，被审计单位建立的、以确保盘点工作人员能够正确地盘点和记录存货的控制活动，直接与存货账户余额的存在性和完整性认定相关。注册会计师只需要对盘点过程和程序进行了解，就可以确定控制是否能够实现目标。

控制可能与某一认定直接相关，也可能与某一认定间接相关。关系越间接，控制在防止或发现并纠正认定中错报的作用越小。例如，销售经理对分地区的销售网点的销售情况进行复核，与销售收入完整性的认定只是间接相关。相应地，该项控制在降低销售收入完整性认定中的错报风险方面的效果，要比与该认定直接相关的控制（例如，将发货单与开具的销售发票相核对）的效果差。

有时单个的控制活动（如将发货单与销售发票相核对）本身并不足以控制重大错报风险，只有多种控制活动和内部控制的其他要素综合作用才足以控制重大错报风险，因此注册会计师应当将控制活动和其他要素综合考虑。

注册会计师应当考虑对识别的各类交易、账户余额和披露认定层次的重大错报风险予以汇总和评估，以确定进一步审计程序的性质、时间安排和范围。评估认定层次重大错报风险汇总见表5-2。

表 5-2　评估认定层次的重大错报风险汇总

重大账户	认定	识别的重大错报风险	风险评估结果
列示重大账户。例如，应收账款	列示相关的认定。例如，存在性、完整性、计价或分摊等	汇总实施审计程序识别出的与该重大账户的某项认定相关的重大错报风险	评估该项认定的重大错报风险水平（应考虑控制设计是否合理、是否得到执行）

四、特别风险

扫一扫，更多内容

1. 特别风险的含义

特别风险是指注册会计师识别和评估的、根据判断认为需要特别考虑的重大错报风险。

2. 确定特别风险时应考虑的事项

在确定哪些风险是特别风险时，注册会计师不应考虑识别出的控制对相关风险的抵消效果，而应根据风险的性质、潜在错报的重要程度（包括该风险是否可能导致多项错报）和发生的可能性，判断风险是否属于特别风险。

在确定风险的性质时，注册会计师应当考虑下列事项：①风险是否属于舞弊风险；②风险是否与近期经济环境、会计处理方法或其他方面的重大变化相关，因而需要特别关注；③交易的复杂程度；④风险是否涉及重大的关联方交易；⑤财务信息计量的主观程度，特别是计量结果是否具有高度不确定性；⑥风险是否涉及异常或超出正常经营过程的重大交易。

3. 非常规交易和判断事项导致的特别风险

日常的、不复杂的、经正规处理的交易不太可能产生特别风险。特别风险通常与重大的非常规交易和判断事项有关。

（1）非常规交易及其导致的特别风险。非常规交易是指由于金额或性质异常而不经常发生的交易。例如，企业购并、债务重组、重大或有事项等。由于非常规交易具有下列特征，与重大非常规交易相关的特别风险可能导致更高的重大错报风险：①管理层更多地干预会计处理；②数据收集和处理进行更多的人工干预；③复杂的计算或会计处理方法；④非常规交易的性质可能使被审计单位难以对由此产生的特别风险实施有效控制。

（2）判断事项及其导致的特别风险。判断事项通常包括做出的会计估计（具有计量的重大不确定性）。如资产减值准备金额的估计、需要运用复杂估值技术确定的公允价值计量等。由于下列原因，与重大判断事项相关的特别风险可能导致更高的重大错报风险：①对涉及会计估计、收入确认等方面的会计原则存在不同的理解；②所要求的判断可能是主观和复杂的，或需要对未来事项做出假设。

4. 舞弊导致的特别风险

舞弊是指被审计单位的管理层、治理层、员工或第三方使用欺骗手段获取不当或非法利益的故意行为。舞弊是一个宽泛的法律概念，但在财务报表审计中，注册会计师关注的是导致财务报表发生重大错报的舞弊，包括编制虚假财务报告导致的错报和侵占资产导致的错报。

注册会计师应当评价通过其他风险评估程序和相关活动获取的信息，是否表明存在舞弊风险因素。存在舞弊风险因素并不必然表明发生了舞弊，但在舞弊发生时通常存在舞弊风险因素，舞弊风险因素可能表明存在由于舞弊导致的重大错报风险。

根据舞弊存在时通常伴随着的三种情况，这些风险因素可以分为以下三类。

（1）实施舞弊的动机或压力。舞弊者具有舞弊的动机是舞弊发生的首要条件。例如，高级管理人员的报酬与财务业绩或公司股票的市场表现挂钩、公司正在申请融资等情况都可能促使管理层产生舞弊的动机。

（2）实施舞弊的机会。舞弊者需要具有舞弊的机会，舞弊才可能成功。舞弊的机会一般源于内部控制在设计和运行上的缺陷，如公司对资产管理松懈，公司管理层能够凌驾于内部控制之上，可以随意操纵会计记录等。

（3）为舞弊行为寻找借口。借口是指存在某种态度、性格或价值观念，使得管理层或雇员能够做出不诚实的行为。或者管理层或雇员所处的环境促使其能够将舞弊行为予以合理化。借口是舞弊发生的重要条件之一。只有舞弊者能够对舞弊行为予以合理化，舞弊者才可能做出舞弊行为，做出舞弊行为后才能心安理得。例如，侵占资产的员工可能认为单位对自身的待遇不公，编制虚假财务报告者可能认为造假不是出于个人私利而是出于公司集体利益。

舞弊导致的重大错报风险属于需要注册会计师特别考虑的重大错报风险，即特别风险。在识别和评估财务报表层次以及各类交易、账户余额、披露的认定层次的重大错报风险时，注册会计师应当识别和评估舞弊导致的重大错报风险。审计准则规定，在识别和评估由于舞弊导致的重大错报风险时，注册会计师应当基于收入确认存在舞弊风险的假定，评价哪些类型的收入、收入交易或认定导致舞弊风险。如果认为收入确认存在舞弊风险的假定不适用于业务的具体情况，从而未将收入确认作为由于舞弊导致的重大错报风险领域，注册会计师应当在审计工作底稿中记录得出结论的理由。

5. *考虑与特别风险相关的控制*

了解与特别风险相关的控制，有助于注册会计师制订有效的审计方案予以应对。对特别风险，注册会计师应当评价相关控制的设计情况，并确定其是否已经得到执行。由于与重大非常规交易或判断事项相关的风险很少受到日常控制的约束，注册会计师应当了解被审计单位是否针对该特别风险设计和实施控制。

例如，做出会计估计所依据的假设是否由管理层或专家进行复核，是否建立做出会计估计的正规程序，重大会计估计结果是否由治理层批准等。再如，管理层在收到重大诉讼事项的通知时采取的措施，包括这类事项是否提交适当的专家（如内部或外部的法律顾问）处理、是否对该事项的潜在影响做出评估、是否确定该事项在财务报表中的披露问题以及如何确定等。

扫一扫，更多内容

如果管理层未能实施控制以恰当应对特别风险，注册会计师应当认为内部控制存在重大缺陷，并考虑其对风险评估的影响。在此情况下，注册会计师应当就此类事项与治理层沟通。

思考与练习

关键术语

风险评估、内部控制、重大错报风险

延伸阅读

1.《中国注册会计师审计准则第1211号——通过了解被审计单位及其环境识别和评估重大错报风险》

2. 美国反虚假财务报告委员会下属的发起人委员会（The Committee of Sponsoring Organizations of the Treadway Commission，COSO）：《内部控制——整合框架》

3. 美国反虚假财务报告委员会下属的发起人委员会（The Committee of Sponsoring Organizations of the Treadway Commission，COSO）：《企业风险管理——整合框架》

思考题

1. 什么是风险评估？风险评估包括哪些程序？
2. 了解被审计单位及其环境涉及哪几个方面的内容？
3. 什么是内部控制？内部控制有哪些要素？
4. 简述识别和评估重大错报风险的内容。
5. 什么是特别风险？如何确定一项风险是否属于特别风险？

练习题

（一）单项选择题

1. 注册会计师了解被审计单位及其环境的目的是（　　）。

A. 为了进行风险评估

B. 收集充分、适当的审计证据

C. 为了识别和评估财务报表重大错报风险

D. 控制检查风险

2. 下列各项程序中，不能用作风险评估程序的是（　　）。

A. 检查　　B. 分析程序　　C. 重新执行　　D. 观察

3. 关于注册会计师实施的风险评估程序，以下陈述中不正确的是（　　）。

A. 风险评估程序的目的是为了识别和评估财务报表重大错报风险

B. 风险评估程序的方法包括询问、分析程序、观察和检查

C. 如果未实施风险评估程序，则无法评估重大错报风险

D. 注册会计师采用分析程序评估控制风险

4. 关于了解被审计单位及其环境的内容，以下事项中不恰当的是（　　）。

A. 了解被审计单位所在行业状况、法律环境和监管环境及其他外部因素，包括适用的财务报告编制基础

B. 了解被审计单位的性质，包括经营活动、所有权和治理结构、正在实施和计划实施的投资的类型、组织结构和筹资方式

C. 了解被审计单位的目标、战略以及所有的经营风险

D. 了解被审计单位对财务业绩的衡量和评价

5. 注册会计师评估财务报表层次重大错报风险的以下说法中，不恰当的是（　　）。

A. 可以通过执行控制测试应对的风险

B. 与财务报表整体存在广泛联系

C. 与管理层凌驾和舞弊相关的风险因素

D. 直接界定于某类交易、账户余额和披露的具体认定的错报

（二）多项选择题

1. “观察和检查”是注册会计师了解被审计单位及其环境而必须执行的程序，它不仅可以印证注册会计师对管理层和其他相关人员的询问结果，并可提供有关被审计单位及其环境的信息。注册会计师应当实施的观察和检查程序包括（　　）。

A. 将预期的结果与被审计单位记录的金额、依据金额计算的比率、趋势比较

B. 检查文件、记录和内部控制手册，阅读由管理层和治理层编制的报告

C. 追踪交易在财务报告信息系统中的处理过程，实施穿行测试

D. 实地察看被审计单位的生产经营场所和设备

2. 注册会计师了解被审计单位的性质，包括对被审计单位经营活动的了解。为此应当了解的内容有（　　）。

A. 劳动用工情况以及与生产产品或提供劳务相关的市场信息

B. 主营业务的性质，生产设施、仓库的地理位置及办公地点

C. 从事电子商务的情况，技术研究与产品开发活动及其支出

D. 联合经营与业务外包，地区与行业分布，固定资产的租赁

3. 在了解被审计单位及其环境时，注册会计师可能实施的风险评估程序有（　　）。

A. 询问被审计单位管理层和内部其他人员

B. 实地查看被审计单位生产经营场所和设备

C. 检查文件、记录和内部控制手册

D. 重新执行内部控制

4. 在评价被审计单位控制环境的设计时，注册会计师应当考虑构成控制环境的下列（　　）要素，以及这些要素如何被纳入被审计单位的业务流程。

A. 对盈利能力的重视　　B. 治理层的参与程度

C. 职权与责任的分配　　D. 人力资源政策与实务

5. 在了解与财务报告相关的信息系统时，注册会计师应当特别关注由于（　　）而产生的重大错报风险，并考虑被审计单位如何纠正不正确的交易处理。

A. 不确定交易生成的期间　　B. 管理层凌驾于账户记录控制

C. 不恰当的披露　　D. 规避控制行为

（三）判断改错题（正确的打“√”，错误的打“×”，并改正）

1. 项目组内部的讨论为项目组成员提供了交流信息和分享见解的机会。最有可能

不属于项目组讨论成员的是审计项目组的每个助理人员。 （ ）

2. 对小型被审计单位的审计，由于其通常没有正式的计划或程序来确定目标、战略并管理经营风险，注册会计师应当直接将其重大错报风险水平评估为高。 （ ）

3. 实现内部控制目标的手段是设计和执行控制政策及程序。根据COSO发布的内部控制框架，内部控制包括控制环境、风险评估过程、信息系统与沟通、控制活动、控制结构等要素。 （ ）

4. 在审计计划过程中，注册会计师就应开始对控制环境进行风险评估，以制订相应的总体审计策略。 （ ）

5. 控制活动设定了被审计单位的内部控制基调，影响员工对内部控制的认识和态度。 （ ）

（四）综合题

注册会计师小王负责审计ABC公司2012年度财务报表。在审计过程中，小王注意到下列事项：①ABC公司所处行业整体竞争激烈，市场处于饱和状态，同行业公司的净利润年增长率低于5%，但ABC公司董事会仍要求管理层将2012年度净利润增长率确定为8%。管理层编制的ABC公司2012年度财务报表显示，已按计划实现利润增长目标。②ABC公司管理层除领取固定工资外，其奖金、股权激励计划均与当年净利润指标的完成情况挂钩。③在以前年度审计中，小王未将收入确认作为舞弊导致重大错报风险的可能领域。④在对日常会计核算过程中做出的会计分录以及编制财务报表过程中做出的其他调整进行测试时，小王向参与财务报告编制过程的人员询问了与处理会计分录和其他调整相关的不恰当或异常的活动。

要求：

（1）针对事项①和②，分析ABC公司是否存在舞弊风险因素，并简要说明理由。

（2）针对事项③，分析小王未将收入确认为由于舞弊导致的重大错报风险领域是否适当，并简要说明理由。

（3）针对事项④，简要说明小王除实施询问程序外，还应当实施哪些程序。

第六章　风险应对

学习目的与要求

通过本章的学习，了解针对财务报表层次重大错报风险的总体应对措施，进一步审计程序的设计和实施，控制测试的性质、时间和范围；掌握实质性程序的性质、时间和范围。

第一节　风险应对概述

注册会计师应当针对评估的财务报表层次重大错报风险，设计和实施总体应对措施，并针对评估的认定层次重大错报风险设计和实施进一步审计程序，以将审计风险降至可接受的低水平。

一、财务报表层次重大错报风险与总体应对措施

在财务报表层次重大错报风险的评估过程中，注册会计师应当确定识别的重大错报风险是与特定的某类交易、账户余额和披露的认定相关，还是与财务报表整体广泛相关，进而影响多项认定。如果是后者，则属于财务报表层次的重大错报风险。

注册会计师应当针对评估的财务报表层次重大错报风险确定下列总体应对措施。

（1）向项目组强调保持职业怀疑的必要性。

（2）指派更有经验或具有特殊技能的审计人员，或利用专家的工作。

（3）提供更多的指导。对于财务报表层次重大错报风险较高的审计项目，审计项目组的高级别成员，如项目合伙人、项目经理等经验较丰富的人员，要对其他成员提供更详细、更经常、更及时的指导和监督并加强项目质量复核。

（4）在选择拟实施的进一步审计程序时融入更多的不可预见的因素。被审计单位人员，尤其是管理层，如果熟悉注册会计师的审计套路，就可能采取种种规避手段，掩盖财务报告中的舞弊行为。因此，在设计拟实施审计程序的性质、时间安排和范围时，为避免既定思维对审计方案的限制，避免对审计效果的人为干涉，从而使得针对重大错报风险的进一步审计程序更加有效，注册会计师要考虑使某些程序不为被审计单位管理层预见或事先了解。

扫一扫，更多内容

在实务中，注册会计师可以通过以下方式提高审计程序的不可预见性：①对某些未测试过的低于设定的重要性水平或风险较小的账户余额和认定实施实质性程序；②调整实施审计程序的时间，使被审计单位不可预期；③采取不同的审计抽样方法，使当期抽取的测试样本与以前有所不同；④选取不同的地点实施审计程序，或预先不告知被审计单

位所选定的测试地点。

（5）对拟实施审计程序的性质、时间安排或范围做出总体修改。财务报表层次的重大错报风险很可能源于薄弱的控制环境。薄弱的控制环境带来的风险可能对财务报表产生广泛影响，难以限于某类交易、账户余额和披露，注册会计师应当采取总体应对措施。相应地，注册会计师对控制环境的了解也影响其对财务报表层次重大错报风险的评估。有效的控制环境可以使注册会计师增强对内部控制和被审计单位内部产生证据的信赖程度。如果控制环境存在缺陷，注册会计师在对拟实施审计程序的性质、时间安排和范围做出总体修改时应当考虑：①在期末而非期中实施更多的审计程序。控制环境的缺陷通常会削弱期中获得审计证据的可信赖程度。②通过实施实质性程序获取更广泛的审计证据。良好的控制环境是其他控制要素发挥作用的基础。控制环境存在缺陷通常会削弱其他控制要素的作用，导致注册会计师可能无法信赖内部控制，而主要依赖实施实质性程序获取审计证据。③增加拟纳入审计范围的经营地点的数量。

二、针对认定层次重大错报风险的进一步审计程序

进一步审计程序相对于风险评估程序而言，是指注册会计师针对评估的各类交易、账户余额和披露认定层次重大错报风险实施的审计程序，包括控制测试和实质性程序。

注册会计师应当针对评估的认定层次重大错报风险设计和实施进一步审计程序，包括审计程序的性质、时间安排和范围。注册会计师设计和实施的进一步审计程序的性质、时间安排和范围，应当与评估的认定层次重大错报风险具备明确的对应关系。注册会计师实施的审计程序应具有目的性和针对性，有的放矢地配置审计资源，有利于提高审计效率和效果。

1. 设计进一步审计程序时考虑的因素

在设计进一步审计程序时，注册会计师应当考虑下列因素。

（1）风险的重要性。风险的重要性是指风险造成的后果的严重程度。风险的后果越严重，就越需要注册会计师关注和重视，越需要精心设计有针对性的进一步审计程序。

（2）重大错报发生的可能性。重大错报发生的可能性越大，同样越需要注册会计师精心设计进一步审计程序。

（3）涉及的各类交易、账户余额和披露的特征。不同的交易、账户余额和披露，产生的认定层次的重大错报风险也会存在差异，适用的审计程序也有差别，需要注册会计师区别对待，并设计有针对性的进一步审计程序予以应对。

（4）被审计单位采用的特定控制的性质。不同性质的控制（尤其是人工控制还是自动化控制）对注册会计师设计进一步审计程序具有重要影响。

（5）注册会计师是否拟获取审计证据，以确定内部控制在防止或发现并纠正重大错报方面的有效性。如果注册会计师在风险评估时预期内部控制运行有效，随后拟实施的进一步审计程序就必须包括控制测试，且实质性程序自然会受到之前控制测试结果的影响。

2. 实质性方案和综合性方案

根据对认定层次重大错报风险的评估结果，注册会计师可以选用的方案有实质性

方案和综合性方案。综合性方案即将测试控制运行的有效性与实质性程序结合使用。通常情况下，注册会计师出于成本效益的考虑可以采用综合性方案设计进一步审计程序。实质性方案为仅实施实质性程序的进一步审计程序。如果注册会计师通过风险评估程序未能识别出与认定相关的任何控制，或注册会计师认为控制测试很可能不符合成本效益原则，则注册会计师会考虑仅实施实质性程序。小型被审计单位可能不存在能够被注册会计师识别的控制活动，注册会计师实施的进一步审计程序可能主要是实质性程序。

3. 进一步审计程序的性质

扫一扫，更多内容

进一步审计程序的性质是指进一步审计程序的目的和类型。其中，进一步审计程序的目的包括通过实施控制测试以确定内部控制运行的有效性，通过实施实质性程序以发现认定层次的重大错报；进一步审计程序的类型包括检查、观察、询问、函证、重新计算、重新执行和分析程序。

注册会计师应当根据认定层次重大错报风险的评估结果选择审计程序。评估的认定层次重大错报风险越高，对通过实质性程序获取的审计证据的相关性和可靠性的要求越高，从而可能影响进一步审计程序的类型及其综合运用。例如，当注册会计师判断某类交易协议的完整性存在更高的重大错报风险时，除了检查文件以外，注册会计师还可能决定向第三方询问或函证协议条款的完整性。

4. 进一步审计程序的时间

进一步审计程序的时间是指注册会计师何时实施进一步审计程序，或审计证据适用的期间或时点。进一步审计程序的时间的选择涉及两个方面的问题，第一个方面是注册会计师选择在何时实施进一步审计程序的问题；第二个方面是选择获取什么期间或时点的审计证据的问题。

注册会计师在确定何时实施审计程序时应当考虑的几项重要因素包括：

（1）控制环境。良好的控制环境可以抵消在期中实施进一步审计程序的局限性，使注册会计师在确定实施进一步审计程序的时间时有更大的灵活度。

（2）何时能得到相关信息。例如，某些控制活动可能仅在期中（或期中以前）发生，而之后可能难以再被观察到。再如，某些电子化的交易和账户文档未能及时取得，可能被覆盖。在这些情况下，注册会计师如果希望获取相关信息，则需要考虑能够获取相关信息的时间。

（3）错报风险的性质。例如，被审计单位可能为了保证盈利目标的实现，而在会计期末以后伪造销售合同以虚增收入，此时注册会计师需要考虑在期末（即资产负债表日）这个特定时点获取被审计单位截至期末所能提供的所有销售合同及相关资料，以防范被审计单位在资产负债表日后伪造销售合同虚增收入的做法。

（4）审计证据适用的期间或时点。注册会计师应当根据需要获取的特定审计证据确定何时实施进一步审计程序。例如，为了获取资产负债表日的存货余额证据，显然不宜在与资产负债表日间隔过长的期中时点或期末以后时点实施存货监盘等相关审计程序。

虽然注册会计师在很多情况下可以根据具体情况选择实施进一步审计程序的时间，但也存在着一些限制选择的情况。某些审计程序只能在期末或期末以后实施，包括将财务报表与会计记录相核对，检查财务报表编制过程中所做的会计调整等。如果被审计单位在期末或接近期末发生了重大交易，或重大交易在期末尚未完成，注册会计师应当考虑交易的发生或截止等认定可能存在的重大错报风险，并在期末或期末以后检查此类交易。

5. 进一步审计程序的范围

进一步审计程序的范围是指实施进一步审计程序的数量，包括抽取的样本量、对某项控制活动的观察次数等。

在确定进一步审计程序的范围时，注册会计师应当考虑下列因素。

（1）确定的重要性水平。确定的重要性水平越低，注册会计师实施进一步审计程序的范围越广。

（2）评估的重大错报风险。评估的重大错报风险越高，对拟获取审计证据的相关性、可靠性的要求越高，因此，注册会计师实施的进一步审计程序的范围也越广。例如，在应对评估的由于舞弊导致的重大错报风险时，增加样本量或实施更详细的实质性分析程序可能是适当的。但是，只有当审计程序本身与特定风险相关时，扩大审计程序的范围才是有效的。

（3）计划获取的保证程度。计划获取的保证程度是指注册会计师计划通过所实施的审计程序对测试结果可靠性所获取的信心。计划获取的保证程度越高，对测试结果可靠性要求越高，注册会计师实施的进一步审计程序的范围越广。例如，注册会计师对财务报表是否不是存在重大错报的信心可能来自控制测试和实质性程序。如果注册会计师计划从控制测试中获取更高的保证程度，则控制测试的范围就更广。

鉴于进一步审计程序的范围往往是通过一定的抽样方法加以确定的，因此，注册会计师需要慎重考虑抽样过程对审计程序范围的影响是否能够有效实现审计目的。注册会计师使用恰当的抽样方法通常可以得出有效结论。但如果存在下列情形，注册会计师依据样本得出的结论可能与对总体实施同样的审计程序得出的结论不同，出现不可接受的风险：①从总体中选择的样本量过少；②选择的抽样方法对实现特定目标不适当；③未对发现的例外事项进行恰当地追查。

第二节　控制测试

一、控制测试的含义与适用性

1. 控制测试的含义

控制测试是指用于评价内部控制在防止或发现并纠正认定层次重大错报方面的运行有效性的审计程序。

这一概念与“了解被审计单位内部控制”的区别在于“了解内部控制”包含两层含义：一是，评价控制的设计；二是，确定控制是否得到执行。测试控制运行的有效性与确定控制是否得到执行所需获取的审计证据是不同的。

在测试控制运行的有效性时，注册会计师应当从下列方面获取关于控制是否有效运行的审计证据。

（1）控制在所审计期间的相关时点是如何运行的。

（2）控制是否得到一贯执行。

（3）控制由谁或以何种方式执行。

从这三个方面来看，控制运行有效性强调的是控制能够在各个不同时点按照既定设计得以一贯执行。注册会计师需要抽取足够数量的交易进行检查或对多个不同时点进行观察。而在了解控制是否得到执行时，注册会计师只需抽取少量的交易进行检查或观察某几个时点。

2. 控制测试的适用性

当存在下列情形之一时，注册会计师应当实施控制测试。

（1）在评估认定层次重大错报风险时，预期控制的运行是有效的。

如果在评估认定层次重大错报风险时预期控制的运行是有效的，注册会计师应当实施控制测试，就控制在相关期间或时点的运行有效性获取充分、适当的审计证据。

注册会计师通过实施风险评估程序，可能发现某项控制的设计是存在的，也是合理的，同时得到执行。在这种情况下，出于成本效益的考虑，注册会计师可能预期，如果相关控制在不同时点都得到一贯执行，与该项控制有关的财务报表认定发生重大错报的可能性就不会很大，也就不需要实施很多的实质性程序。为此，注册会计师可能会认为值得对相关控制在不同时点是否得到一贯执行进行测试，即实施控制测试。这种测试主要是出于成本效益的考虑，其前提是注册会计师通过了解内部控制以后认为某项控制存在着被信赖和利用的可能。因此，只有认为控制设计合理、能够防止或发现和纠正认定层次的重大错报，注册会计师才有必要对控制运行的有效性实施测试。

（2）仅实施实质性程序并不能够提供认定层次充分、适当的审计证据。

在某些情况下，注册会计师可能认为仅实施实质性程序获取的审计证据无法将认定层次重大错报风险降至可接受的低水平，这时应当实施相关的控制测试，以获取控制运行有效性的审计证据。

有时，注册会计师仅通过实质性程序无法应对重大错报风险。例如，被审计单位对日常交易或与财务报表相关的其他数据（包括信息的生成、记录、处理、报告）采用高度自动化处理的情况下，审计证据可能仅以电子形式存在，此时审计证据是否充分和适当通常取决于自动化信息系统相关控制的有效性。如果信息的生成、记录、处理和报告均通过电子格式进行而没有适当有效的控制，则生成不正确信息或信息被不恰当修改的可能性就会大大增加。在认为仅通过实施实质性程序不能获取充分、适当的审计证据的情况下，注册会计师必须实施控制测试，且这种测试已经不再是单纯出于成本效益的考虑，而是必须获取的一类审计证据。

在设计和实施控制测试时，对控制有效性的信赖程度越高，注册会计师应当获取的审计证据应当更有说服力。当注册会计师采取的总体审计方案主要以控制测试为主，尤其是仅通过实施实质性程序无法或不能获取充分、适当的审计证据时，注册会计师可能需要获取有关控制运行有效性的更高水平的保证。

二、控制测试的性质

控制测试的性质是指控制测试所使用的审计程序的类型及其组合。

决定控制测试性质的主要因素之一是计划从控制测试中获取的保证水平。在计划和实施控制测试时，对控制有效性的信赖程度越高，注册会计师应当获取越有说服力的审计证据。当拟实施的进一步审计程序主要以控制测试为主，尤其是仅实施实质性程序无法或不能获取充分、适当的审计证据时，注册会计师应当获取有关控制运行有效性的更高的保证水平。

控制测试实施的审计程序的类型通常包括询问、观察、检查和重新执行。

（1）询问。注册会计师可以向被审计单位适当员工询问，获取与内部控制运行情况相关的信息。

（2）观察。观察是测试不留下书面记录的控制（如职责分离）的运行情况的有效方法。

（3）检查。对运行情况留有书面证据的控制，检查非常适用。书面说明、复核时留下的记号，或其他记录在偏差报告中的标志，都可以被当作控制运行情况的证据。

（4）重新执行。通常只有当询问、观察和检查程序结合在一起仍无法获得充分的证据时，注册会计师才考虑通过重新执行来证实控制是否有效运行。

询问本身并不足以测试控制运行的有效性。因此，注册会计师需要将询问与其他审计程序结合使用。而观察提供的证据仅限于观察发生的时点，因此，将询问与检查或重新执行结合使用，可能比仅实施询问和观察获取更高水平的保证。

在决定控制测试的性质时，注册会计师应当考虑以下几点。

（1）特定控制的性质。

（2）测试与认定直接相关和间接相关的控制。

（3）如何对一项自动化的应用控制实施控制测试。

如果通过实施实质性程序未发现某项认定存在错报，这本身并不能说明与该认定有关的控制是有效运行的；但如果通过实施实质性程序发现某项认定存在错报，注册会计师应当在评价相关控制的运行有效性时予以考虑。因此，注册会计师应当考虑实施实质性程序发现的错报对评价相关控制运行有效性的影响（如降低对相关控制的信赖程度、调整实质性程序的性质、扩大实质性程序的范围等）。如果实施实质性程序发现被审计单位没有识别出的重大错报，通常表明内部控制存在重大缺陷，注册会计师应当就这些缺陷与管理层和治理层进行沟通。

三、控制测试的时间

注册会计师应当根据控制测试的目的确定控制测试的时间，并确定拟信赖的相关控制的时点或期间。如果测试特定时点的控制，注册会计师仅得到该时点控制运行有效性的审计证据；如果测试某一期间的控制，注册会计师可获取控制在该期间有效运行的审计证据。

1．对期中获取的审计证据的考虑

如果注册会计师已获取有关控制在期中运行有效性的审计证据，仍然需要考虑如何能够将控制在期中运行有效性的审计证据合理延伸至期末。注册会计师应当针对期中至期末这段剩余期间获取充分、适当的审计证据。因此，如果已获取有关控制在期中运行有效性的审计证据，并拟利用该证据，注册会计师应当实施下列审计程序：①获取这些控制在剩余期间发生重大变化的审计证据；②确定针对剩余期间还需获取的补充审计证据。

在获取剩余期间的补充审计证据时，注册会计师应当考虑下列因素。

（1）评估的认定层次重大错报风险的重要程度。评估的重大错报风险对财务报表的影响越大，注册会计师需要获取的剩余期间的补充证据越多。

（2）在期中测试的特定控制，以及自期中测试后发生的重大变动。例如，对自动化运行的控制，注册会计师更可能测试信息系统一般控制的运行有效性，以获取控制在剩余期间运行有效性的审计证据。

（3）在期中对有关控制运行有效性获取的审计证据的程度。如果注册会计师在期中对有关控制运行有效性获取的审计证据比较充分，可以考虑适当减少需要获取的剩余期间的补充证据。

（4）剩余期间的长度。剩余期间越长，注册会计师需要获取的剩余期间的补充证据越多。

（5）在信赖控制的基础上拟缩小实质性程序的范围。注册会计师对相关控制的信赖程度越高，通常在信赖控制的基础上拟减少进一步实质性程序的范围就越大。在这种情况下，注册会计师需要获取的剩余期间的补充证据越多。

（6）控制环境。在注册会计师总体上拟信赖控制环境的前提下，控制环境越薄弱（或把握程度越低），注册会计师需要获取的剩余期间的补充证据越多。

2. 对以前获取的审计证据的考虑

如果内部控制中的各要素对于被审计单位是相对稳定的（相对于具体的交易、账户余额和披露），注册会计师在本期审计时可以适当考虑利用以前审计获取的有关控制运行有效性的审计证据。此时，注册会计师应当考虑拟信赖的以前审计中测试的控制在本期是否发生变化。注册会计师应当通过实施询问并结合观察或检查程序，获取这些控制是否已经发生变化的审计证据。

如果拟信赖的控制自上次测试后未发生变化，且不属于旨在减轻特别风险的控制，注册会计师应当运用职业判断确定是否在本期审计中测试其运行有效性，以及本次测试与上次测试的时间间隔，但每3年至少进行1次控制测试。

在确定利用以前审计获取的有关控制运行有效性的审计证据是否适当，以及再次测试控制的时间间隔时，注册会计师应当考虑的因素或情况包括：

（1）内部控制其他要素的有效性，包括控制环境、对控制的监督以及被审计单位的风险评估过程。

（2）控制特征（人工控制还是自动化控制）产生的风险。当相关控制中人工控制的成分较大时，考虑到人工控制一般稳定性较差，注册会计师可能决定在本期审计中继续测试该控制的运行有效性。

（3）信息技术一般控制的有效性。当信息技术一般控制薄弱时，注册会计师可能更少地依赖以前审计获取的审计证据。

（4）控制设计及其运行的有效性，包括在以前审计中测试控制运行有效性时发现的控制运行偏差的性质和程度。

（5）由于环境发生变化而特定控制缺乏相应变化导致的风险。当环境的变化表明需要对控制做出相应的变动，但控制却没有做出相应变动时，注册会计师应当充分意识到控制不再有效，从而导致本期财务报表发生重大错报的可能，此时不应再依赖以前审计获取的有关控制运行有效性的审计证据。

（6）重大错报风险和对控制的信赖程度。如果重大错报风险较大或对控制的信赖程度较高，注册会计师应当缩短再次测试控制的时间间隔或完全不信赖以前审计获取的审计证据。

如果控制在本期发生变化，注册会计师应当考虑以前审计获取的有关控制运行有效性的审计证据是否与本期审计相关。如果拟信赖的控制自上次测试后已发生变化，注册会计师应当在本期审计中测试这些控制的运行有效性。

鉴于特别风险的特殊性，对于旨在减轻特别风险的控制，不论该控制在本期是否发生变化，注册会计师都不应依赖以前审计获取的证据。

四、控制测试的范围

控制测试的范围主要是指某项控制活动的测试次数。注册会计师应当设计控制测试，以获取控制在整个拟信赖的期间有效运行的充分、适当的审计证据。

在确定控制测试的范围时，除考虑对控制的信赖程度外，注册会计师还可能考虑以下因素。

（1）在拟信赖期间，被审计单位执行控制的频率。控制执行的频率越高，控制测试的范围越大。

（2）在所审计期间，注册会计师拟信赖控制运行有效性的时间长度。拟信赖期间越长，控制测试的范围越大。

（3）控制的预期偏差。预期偏差可以用控制未得到执行的预期次数占控制应当得到执行次数的比率加以衡量，也可称为预期偏差率。控制的预期偏差率越高，需要实施控制测试的范围越大。如果控制的预期偏差率过高，注册会计师应当考虑控制可能不足以将认定层次的重大错报风险降至可接受的低水平，从而针对某一认定实施的控制测试可能是无效的。

（4）通过测试与认定相关的其他控制获取的审计证据的范围。针对同一认定，可能存在不同的控制。当针对其他控制获取审计证据的充分性和适当性较高时，测试该控制的范围可适当缩小。

（5）拟获取的有关认定层次控制运行有效性的审计证据的相关性和可靠性。

如表 6-1 所示，举例说明认定层次的重大错报风险与控制测试之间的关系。

表 6-1　销售与收款循环的控制测试示例

工作底稿索引号 F2-1

被审计单位名称：××股份有限公司　　编制人员：张三　　日期：20×9 年 2 月 4 日

财务报表期间：20×8 年　　复核人员：李四　　日期：20×9 年 2 月 14 日

相关控制	防止或发现舞弊的控制	重要账户或列报	相关认定							评价控制的设计与执行		评价控制运行的有效性		
			完整性	发生/存在	准确性	截止	计价/分摊	权利/义务	分类/可理解性	执行审计程序的结果	工作底稿索引号	审计程序的性质和范围	控制测试的结果	工作底稿索引号
销售通知单、出库单、发票事先编号	是	主营业务收入	是			是				设计合理并得到执行	F2-2	检查销售通知单等是否按照编号顺序使用	有效	F2-3
		应收账款	是											
定期向客户寄送对账单	是	主营业务收入		是	是					设计合理并得到执行	F2-2	选取 35 张对账单，并检查客户的回函记录	有效	F2-3
		应收账款		是			是							
……														

第三节　实质性程序

一、实质性程序的含义

实质性程序是指用于发现认定层次重大错报的审计程序，包括对各类交易、账户余额和披露的细节测试以及实质性分析程序。细节测试适用于对各类交易、账户余额和披露认定的测试，尤其是对存在或发生、计价认定的测试；对在一段时间内存在可预期关系的大量交易，注册会计师可以考虑实施实质性分析程序。

注册会计师实施的实质性程序应当包括下列与财务报表编制完成阶段相关的审计程序。

（1）将财务报表与其所依据的会计记录进行核对或调节。

（2）检查财务报表编制过程中做出的重大会计分录和其他调整。注册会计师对会计分录和其他会计调整检查的性质和范围，取决于被审计单位财务报告过程的性质和复杂程度以及由此产生的重大错报风险。

二、实质性程序的性质和范围

实质性程序的性质是指实质性程序的类型及其组合。实质性程序的两种基本类型包括细节测试和实质性分析程序。

1. 细节测试

细节测试是对各类交易、账户余额和披露的具体细节进行测试，目的在于直接识别财务报表认定是否存在错报。细节测试被用于获取与某些认定相关的审计证据，如存在、准确性、计价等。注册会计师应当针对评估的风险设计细节测试，获取充分、适当的审计证据，以达到认定层次所计划的保证水平。

2. 实质性分析程序

实质性分析程序主要是通过研究数据间关系评价信息，将该技术方法用作实质性程序，即用以识别各类交易、账户余额和披露及相关认定是否存在错报。实质性分析程序通常更适用于在一段时间内存在可预期关系的大量交易。

注册会计师在设计实质性分析程序时应当考虑的因素包括：①对特定认定使用实质性分析程序的适当性；②对已记录的金额或比率做出预期时，所依据的内部或外部数据的可靠性；③做出预期的准确程度是否足以在计划的保证水平上识别重大错报；④已记录金额与预期值之间可接受的差异额。考虑到数据及分析的可靠性，当实施实质性分析程序时，如果使用被审计单位编制的信息，注册会计师应当考虑测试与信息编制相关的控制，以及这些信息是否在本期或前期经过审计。

注册会计师对会计分录和其他会计调整执行检查的性质和范围，取决于被审计单位财务报告过程的性质和复杂程度以及相关的重大错报风险。

如果认为评估的认定层次重大错报风险是特别风险，注册会计师应当专门针对该风险实施实质性程序。如果针对特别风险实施的程序仅为实质性程序，这些程序应该包括细节测试。

三、实质性程序的时间

有时，注册会计师可能认为在期中实施实质性程序，并将期末余额的相关信息与期中的可比信息进行比较和调节对于实现审计目标是有效的。当注册会计师决定是否在期中实施实质性程序时，应该考虑的因素包括：控制环境和其他相关控制；实施审计程序所需要的信息在期中之后的可获得性；实质性程序的目的；评估的重大错报风险；特定类别的交易或账户余额以及相关认定的性质。

如果在期中实施了实质性程序，注册会计师应当针对剩余期间实施进一步的实质性程序，或将实质性程序和控制测试结合使用，以将期中测试得出的结论合理延伸至期末。在将期中实施的实质性程序得出的结论合理延伸至期末时，注册会计师有两种选择：其一是针对剩余期间实施进一步的实质性程序；其二是将实质性程序和控制测试结合使用。

如果拟将期中测试得出的结论延伸至期末，注册会计师应当考虑针对剩余期间仅实施实质性程序是否足够。如果认为实施实质性程序本身不充分，注册会计师还应测试剩余期间相关控制运行的有效性或针对期末实施实质性程序。

在以前审计中实施实质性程序获取的审计证据，通常对本期只有很弱的证据效力或没有证据效力，不足以应对本期的重大错报风险。只有当以前获取的审计证据及其相关事项未发生重大变动时（例如，以前审计通过实质性程序测试过的某项诉讼在本期没有任何实质性进展），以前获取的审计证据才可能用做本期的有效审计证据。但即便如此，如果拟利用以前审计中实施实质性程序获取的审计证据，注册会计师应当在本期实施审计程序，以确定这些审计证据是否具有持续相关性。

第四节　应对舞弊导致的重大错报风险

在识别和评估舞弊导致的重大错报风险后，注册会计师需要采取适当的应对措施，以将审计风险降至可接受的低水平。舞弊导致的重大错报风险属于特别风险，注册会计师应当按照审计准则的规定予以应对。注册会计师通常从三个方面应对此类风险：①总体应对措施；②针对舞弊导致的认定层次重大错报风险实施的审计程序；③针对管理层凌驾于控制之上的风险实施的程序。

一、总体应对措施

在针对评估的由于舞弊导致的财务报表层次重大错报风险确定总体应对措施时，注册会计师应当：

（1）在分派和督导项目组成员时，考虑承担重要业务职责的项目组成员所具备的知识、技能和能力，并考虑由于舞弊导致的重大错报风险的评估结果。

（2）评价被审计单位对会计政策（特别是涉及主观计量或复杂交易的会计政策）的选择和运用，是否可能表明管理层通过操纵利润对财务信息做出虚假报告。

（3）在选择审计程序的性质、时间安排和范围时，增加审计程序的不可预见性。

二、针对舞弊导致的认定层次重大错报风险实施的审计程序

按照《中国注册会计师审计准则第1231号——针对评估的重大错报风险采取的应对措施》规定，注册会计师应当设计和实施进一步审计程序，审计程序的性质、时间安排和范围应当能够应对评估的由于舞弊导致的认定层次重大错报风险。

注册会计师应当考虑通过下列方式，应对舞弊导致的认定层次重大错报风险。

（1）改变拟实施审计程序的性质，以获取更为可靠、相关的审计证据，或获取其他佐证性信息，包括更加重视实地观察或检查，在实施函证程序时改变常规函证内容，询问被审计单位的非财务人员等。

（2）改变实质性程序的时间，包括在期末或接近期末实施实质性程序，或针对本期较早时间发生的交易事项或贯穿于本会计期间的交易事项实施测试。

（3）改变审计程序的范围，包括扩大样本规模、采用更详细的数据实施分析程序等。

注册会计师针对舞弊导致的认定层次重大错报风险所采取的具体应对措施，取决于已发现的舞弊风险因素类型以及各类具体的交易、账户余额相关认定。现分别列举说明针对两大类舞弊风险的若干审计程序，如表6-2、表6-3所示。表中所列程序不可能穷尽所有可实施的审计程序，在不同业务中各个审计程序的相关性和效果也存在差异，因此，表中所列仅供参考。

表6-2 应对由于编制虚假财务报告导致错报的具体措施

特定认定	应对程序	举例或解释
收入确认	针对收入项目，使用分解的数据实施实质性分析程序	例如，按照月份、产品线或业务分部将本期收入与具有可比性的以前期间收入进行比较。利用计算机辅助审计技术可能有助于发现异常的或未预期的收入关系或交易
	向被审计单位的客户函证相关的特定合同条款以及是否存在"背后协议"	因为相关的会计处理是否适当，往往会受到这些合同条款或协议的影响，并且这些合同条款或协议所涉及的销售折扣或其相关期间往往记录得不清楚。例如，商品接受标准、交货与付款条件、不承担期后或持续性的卖方义务、退货权、保证转售金额以及撤销或退款等条款在此种情形下通常是相关的
	向被审计单位的销售和营销人员或内部法律顾问询问临近期末的销售或发货情况，以及他们所了解的与这些交易相关的异常条款或条件	—

续表

特定认定	应对程序	举例或解释
收入确认	期末在被审计单位的一处或多处发货现场实地观察发货情况或准备发出的货物情况（或待处理的退货），并实施其他适当的销售及存货截止测试	实施此类程序的目的在于验证收入的真实性和确认截止时点的准确性
	对于通过电子方式自动生成、处理、记录的销售交易实施控制测试	此类控制测试非常要求，可以确定这些控制是否能够为所记录的收入交易已真实发生并得到适当的记录提供保证
存货数量	检查被审计单位的存货记录	以识别在被审计单位盘点过程中或结束后需要特别关注的存货存放地点或存货项目
	在不预先通知的情况下对特定存放地点的存货实施监盘，或在同一天对所有存放地点实施存货监盘	—
	要求被审计单位在报告期末或临近期末的时点实施存货盘点	目的是降低被审计单位在盘点日与报告期末之间操纵存货数量的风险
	在观察存货盘点的过程中实施额外的程序	例如，更严格地检查包装箱中的货物、货物堆放方式（如堆为中空）或标记方式、液态物质（如香水、特殊的化学物质）的质量特征（如纯度、品级或浓度）。利用专家的工作可能在此方面有所帮助
	按照存货的等级或类别、存放地点或其他分类标准，将本期存货数量与前期进行比较，或将盘点数量与永续盘存记录进行比较	—
	利用计算机辅助审计技术进一步测试存货实物盘点目录的编制	例如，按标签号进行检索以测试存货的标签控制，或按照项目的顺序编号进行整理以检查是否存在漏记或重复编号
管理层估计	聘用专家做出独立估计，并与管理层的估计进行比较	—
	将询问范围延伸至管理层和会计部门以外的人员，以印证管理层完成与做出会计估计相关计划的能力和意图	—

表 6-3 应对由于侵占资产导致错报的具体措施

特定认定	应对程序	举例或解释
货币资金、有价证券	在期末或临近期末对现金或有价证券进行监盘	—
	直接向被审计单位的客户询证所审计期间的交易活动	包括赊销记录、销售退回情况、付款日期等
	分析已注销账户的恢复使用情况	—
存货	按照存货存放地点或产品类型分析存货短缺情况	—
	将关键存货指标与行业正常水平进行比较	如存货周转率、存货周转天数等
	对于发生减计的永续盘存记录，复核其支持性文件	—
采购活动	利用计算机技术将供货商名单与被审计单位员工名单进行对比，以识别地址或电话号码相同的数据	该程序可用以识别员工在采购环节牟取私利的行为
劳务（包括应付工资、相关费用等）	利用计算机技术检查工资单记录中是否存在重复的地址、员工身份证明、纳税识别编号或银行账号	该程序可用以识别虚领工资或薪酬的行为
	检查人事档案中是否存在只有很少记录或缺乏记录的档案，如缺少绩效考评的档案	该程序可用以识别虚假的员工身份记录及潜在的舞弊（如虚领工资、虚开劳务报酬）
销售活动	分析销售折扣和销售退回等	该程序可以识别异常的模式或趋势
	向第三方函证合同的具体条款	—
	获取合同是否按照规定的条款得以执行的审计证据	—
费用开支	复核大额和异常的费用开支是否适当	—
	复核高级管理人员提交的费用报告的金额及适当性	—
向员工提供资金担保	复核被审计单位向高级管理人员和关联提供贷款的授权及其账面价值	—

三、针对管理层凌驾于控制之上的风险实施的程序

由于管理层在被审计单位的地位，管理层凌驾于控制之上的风险几乎在每个审计

项目中都会存在。对财务信息做出虚假报告通常与管理层凌驾于控制之上有关。COSO报告显示，在1987—1997年提供虚假财务报告的美国公司中，有83%以上的舞弊案件涉及首席执行官或财务主管。

1. 管理层通过凌驾于控制之上实施舞弊的手段

管理层通过凌驾于控制之上实施舞弊的手段主要包括：

（1）编制虚假的会计分录，特别是在临近会计期末时。

（2）滥用或随意变更会计政策。

（3）不恰当地调整会计估计所依据的假设及改变原先做出的判断。

（4）故意漏记、提前确认或推迟确认报告期内发生的交易或事项。

（5）隐瞒可能影响财务报表金额的事实。

（6）构造复杂或虚假的交易以歪曲财务状况或经营成果。

（7）篡改与重大或异常交易相关的会计记录和交易条款。

2. 应对特别风险的审计程序

管理层凌驾于控制之上的风险属于特别风险。无论对管理层凌驾于控制之上的风险评估结果如何，注册会计师都应当设计和实施审计程序，达到下述目的。

首先，测试日常会计核算中的会计分录及编制财务报表过程中做出的其他调整是否适当。

在设计和实施审计程序，以测试日常会计核算过程中做出的会计分录以及编制财务报表过程中做出的其他调整是否适当时，注册会计师应当做如下考虑。

（1）向参与财务报告过程的人员询问与处理会计分录和其他调整相关的不恰当或异常的活动。

（2）选择在报告期末做出的会计分录和其他调整。

（3）是否有必要测试整个会计期间的会计分录和其他调整。

其次，复核并评价会计估计。

复核会计估计是否存在偏向，并评价产生这种偏向的环境是否表明存在由于舞弊导致的重大错报风险。在复核会计估计是否存在偏向时，注册会计师应当考虑如下几点。

（1）评价管理层在做出会计估计时所做出的判断和决策是否反映出管理层的某种偏向（即使判断和决策单独看起来是合理的），从而可能表明存在由于舞弊导致的重大错报风险，如果存在偏向，注册会计师应当从整体上重新评价会计估计。

（2）追溯复核与以前年度财务报表反映的重大会计估计相关的管理层判断和假设。

最后，对重大交易的特别考虑。

对于超出被审计单位正常经营过程的重大交易，或基于对被审计单位及其环境的了解以及在审计过程中获取的其他信息而显得异常的重大交易，评价其商业理由（或缺乏商业理由）是否表明被审计单位从事交易的目的是为了对财务信息做出虚假报告或掩盖侵占资产的行为。

以下迹象可能表明被审计单位从事超出其正常经营过程的重大交易或虽然未超出其正常经营过程，但显得异常的重大交易。从事这些交易的目的可能是为了对财务信息做出虚假报告或掩盖侵占资产的行为。

（1）交易的形式显得过于复杂（例如，交易涉及集团内部多个实体，或涉及多个非关联的第三方）。

（2）管理层未与治理层就此类交易的性质和会计处理进行讨论，且缺乏充分的记录。

（3）管理层更强调采用某种特定的会计处理需要，而不是交易的经济实质。

（4）对于涉及不纳入合并范围的关联方（包括特殊目的实体）的交易，治理层未进行适当的审核与批准。

（5）交易涉及以往未识别出的关联方，或涉及在没有被审计单位帮助的情况下不具备物质基础或财务能力完成交易的第三方。

思考与练习

关键术语

控制测试、实质性程序、实质性分析程序、细节测试

延伸阅读

《中国注册会计师审计准则第 1231 号——针对评估的重大错报风险采取的应对措施》

思考题

1. 在什么情况下，注册会计师需要实施控制测试？
2. 哪些因素会影响实质性程序的时间安排？
3. 注册会计师应如何应对舞弊导致的重大错报风险？

练习题

（一）单项选择题

1. 以下说法中正确的是（　　）。

A. 在既定的审计风险水平下，可接受的检查风险与认定层次重大错报风险的评估结果成反向关系，注册会计师通过控制重大错报风险将审计风险降至可接受的低水平

B. 注册会计师对重大错报风险的评估是一种判断。若评估的重大错报风险比较低，注册会计师可以不用针对被审计单位所有重大的各类交易、账户余额、列报实施实质性程序

C. 注册会计师对内部控制的了解均可以替代对控制的测试

D. 如果旨在减轻特别风险的控制，不论该项控制在本期是否发生变化，注册会计师应当在每次审计中都测试这些控制

2. 注册会计师在对被审计单位涉及职责划分的内部控制的执行有效性进行测试时，由于该控制程序并未留下轨迹，则注册会计师最有可能执行的测试程序为（　　）。

A. 查阅被审计单位的内部控制手册　　B. 观察该控制程序的执行

C. 检查执行该程序的文件记录　　D. 对该项控制采用穿行测试

3. 如被审计单位相关内部控制发生显著变动，注册会计师在进行控制测试时，应（　　）。
   A. 重点测试变动以后的内部控制
   B. 重点测试内部控制的变动对相关财务报表项目的影响
   C. 对变动前后的内部控制分别进行测试
   D. 对内部控制的变动原因进行详细了解
4. 甲公司的下列情况中，注册会计师应实施控制测试的是（　　）。
   A. 甲公司属于小规模企业
   B. 注册会计师通过了解被审计单位的内部控制发现其设计上有明显缺陷
   C. 注册会计师仅实施实质性程序不足以提供认定层次充分、适当的审计证据
   D. 注册会计师预期甲公司内部控制未能有效运行
5. 在下列情况中，注册会计师可以选择在期中实施实质性程序的是（　　）。
   A. 控制环境和其他相关控制薄弱
   B. 收入截止测试
   C. 评估的重大错报风险为舞弊风险
   D. 被审计单位系统变动导致某类交易记录信息在期中后难以获取

（二）多项选择题

1. 在针对特别风险计划和实施进一步审计程序时，注册会计师可能采取的做法有（　　）。
   A. 实施控制测试和实质性程序　　B. 实施细节测试和实质性分析程序
   C. 仅实施控制测试　　D. 仅实施实质性分析程序
2. 在确定进一步审计程序的性质时，注册会计师应当考虑的主要因素有（　　）。
   A. 不同的审计程序应对特定认定错报风险的效力
   B. 认定层次重大错报风险的评估结果
   C. 认定层次重大错报风险的产生原因
   D. 各类交易、账户余额、列报的特征
3. 在确定进一步审计程序的时间时，注册会计师应当考虑的主要因素有（　　）。
   A. 评估的认定层次重大错报风险　　B. 审计意见的类型
   C. 错报风险的性质　　D. 审计证据适用的期间
4. 在确定进一步审计程序的范围时，注册会计师应当考虑的主要因素有（　　）。
   A. 审计程序与特定风险的相关性　　B. 评估的认定层次重大错报风险
   C. 计划获取的保证程度　　D. 可容忍的错报或偏差率

5. 在根据特定控制的性质选择所需实施的审计程序时，注册会计师应当考虑的主要因素有（　　）。
   A. 控制是否存在反映运行有效性的文件　　B. 控制是否与认定直接相关
   C. 控制是否属于自动化应用控制　　D. 控制是否与认定间接相关

（三）综合题

1. 注册会计师在复核审计项目组成员编制的存货监盘（存货盘点日为20×8年12

月 31 日）和函证工作底稿时，注意到以下事项：考虑 A 公司存货种类繁多，为提高工作效率，审计项目组根据存货账面记录事先选取拟在存货监盘过程中抽盘的若干存货项目，并在存货盘点日前一天将拟抽盘的存货项目清单提供给了 A 公司财务人员。假定不考虑其他条件，指出注册会计师在复核项目组成员的工作底稿时，针对项目组成员的审计处理，应当提出哪些质疑和改进建议。

2. 审计项目组针对 A 公司 2018 年度审计业务制定了相关的审计计划，部分内容摘录如下：

将营业收入设定为重要账户，虽然所有销售交易均通过 ERP 系统，但考虑到 2017 年度审计时对 ERP 系统测试结果表明信息技术一般控制存在重大缺陷，计划 2018 年对营业收入仅实施实质性程序。假定不考虑其他条件，判断审计项目组制定的审计计划是否存在不当之处。如果存在不当之处，简要说明理由，并提出改进建议。

第七章　销售与收款循环审计

学习目的与要求

通过本章的学习，理解销售与收款循环审计的基本理论和程序；熟练掌握营业收入、应收账款与坏账准备和其他相关账户的审计方法和技能，了解营业收入、应收账款与坏账准备以及其他相关账户在审计过程中的相同点和不同点；了解和掌握评估销售与收款循环的重大错报风险；掌握其控制测试程序和实质性测试程序；能运用所学的基本理论、方法和技能解决销售与收款循环实际审计中的各种问题。

从本章起至第十一章，我们将以执行企业会计准则的企业的财务报表审计为例，介绍主要业务循环审计的具体内容，以及对这些业务循环中重要的财务报表项目如何进行审计测试。

财务报表审计的组织方式大致有两种：一是对财务报表的每个账户余额单独进行审计，此法称为账户法（account approach）；二是将财务报表分成几个循环进行审计，即把紧密联系的交易种类和账户余额归入同一循环中，按业务循环组织实施审计，此法称为循环法（cycle approach）。一般而言，账户法与多数被审计单位账户设置体系及财务报表格式相吻合，具有操作方便的优点，但它将紧密联系的相关账户（如存货和营业成本）人为地予以分割，容易造成整个审计工作的脱节与重复，不利于审计效率的提高；而循环法则更符合被审计单位的业务流程和内部控制设计的实际情况，不仅可加深审计人员对被审计单位经济业务的理解，而且由于将特定业务循环所涉及的财务报表项目分配给一个或数个审计人员，增强了审计人员分工的合理性，有助于提高审计工作的效率与效果。

控制测试是在了解被审计单位内部控制、实施风险评估程序基础上进行的，与被审计单位的业务流程关系密切，因此，对控制测试通常应采用循环法实施。一般而言，在财务报表审计中可将被审计单位的所有交易和账户余额划分为多个业务循环。由于各被审计单位的业务性质和规模不同，其业务循环的划分也有所不同。即使是同一被审计单位，不同注册会计师也可能有不同的循环划分方法。

在本教材中，我们将交易与账户余额划分为销售与收款循环、采购与付款循环、生产与存货循环、筹资与投资循环，并举例阐述各业务循环的审计。由于货币资金与上述多个业务循环均密切相关，并且货币资金的业务和内部控制又有着不同于其他业务循环和其他财务报表项目的鲜明特征，因此，将货币资金审计单独安排在第十一章。

值得注意的是，各业务循环以经营活动及商业模式较为简单的一般制造业企业为背景，其中列举的风险和控制是为了举例说明注册会计师在评估风险和应对风险的过程中，如何将风险评估结果、控制测试和实质性程序联系起来，以实现审计目标，并非对可能存在的风险和控制的完整描述。

对交易和账户余额的实质性程序，既可采用账户法实施，也可采用循环法实施。但由于控制测试通常按循环法实施，为有利于实质性程序与控制测试的衔接，提倡采用循环法。按照各财务报表项目与业务循环的相关程度，基本可以建立起各业务循环与其所涉及的主要财务报表项目（特殊行业的财务报表项目不涉及）之间的对应关系，如表 7-1 所示。

表 7-1　业务循环与主要财务报表项目对照表

业务循环	资产负债表项目	利润表项目
销售与收款循环	应收票据及应收账款、合同资产、长期应收款、预收款项、应交税费、合同负债	营业收入、税金及附加
采购与付款循环	预付款项、持有待售资产、固定资产、在建工程、生产性生物资产、油气资产、无形资产、开发支出、长期待摊费用、应付票据及应付账款、持有待售负债、长期应付款	销售费用、管理费用、研发费用、其他收益
生产与存货循环	存货	营业成本
投资与筹资循环	交易性金融资产、衍生金融资产、其他应收款、其他流动资产、债权投资、其他债权投资、长期股权投资、其他权益工具投资、其他非流动金融资产、投资性房地产、商誉、递延所得税资产、短期借款、交易性金融负债、衍生金融负债、其他应付款、长期借款、应付债券、预计负债、递延收益、递延所得税负债、实收资本（或股本）、其他权益工具、资本公积、其他综合收益、盈余公积、未分配利润	财务费用、资产减值损失、信用减值损失、投资收益、净敞口套期收益、公允价值变动损益、资产处置收益、营业外收入、营业外支出、所得税费用

在财务报表审计中将被审计单位的所有交易和账户余额划分为多个业务循环，并不意味着各业务循环之间互不关联。事实上，各业务循环之间存在一定联系，如投资与筹资循环同采购与付款循环紧密联系，生产与存货循环则同其他所有业务循环均紧密联系。各业务循环之间的流转关系如图 7-1 所示。

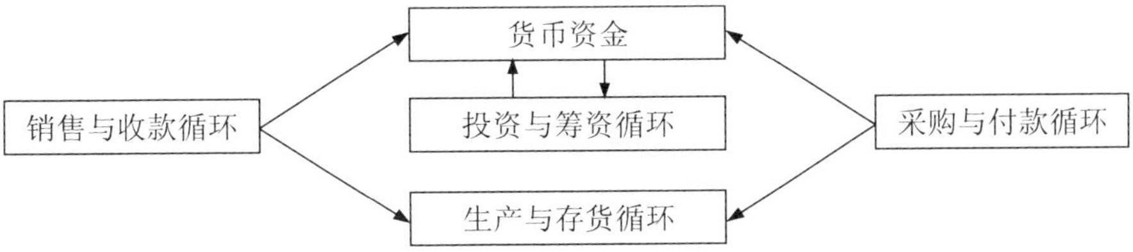

图 7-1　各业务循环之间的关系

第一节 销售与收款循环的特点

一、不同类型行业的收入来源

企业的收入主要来自出售商品、提供服务等，由于所处行业不同，企业具体的收入来源也有所不同。表 7-2 列示一些常见行业的主要收入来源，供参考。

表 7-2 不同类型行业的主要收入来源

行业类型	收入来源
贸易业	作为零售商向普通大众（最终消费者）零售商品；作为批发商向零售商供应商品
一般制造业	通过采购原材料并将其用于生产流程制造产成品卖给客户取得收入
专业服务业	律师、会计师、商业咨询师等主要通过提供专业服务取得服务费收入；医疗服务机构通过提供医疗服务取得收入，包括给住院病人提供病房和医护设备，为病人提供精细护理、手术和药品等取得收入
金融服务业	向客户提供金融服务取得手续费；向客户发放贷款取得利息收入；通过协助客户对其资金进行投资取得相关理财费用
建筑业	通过提供建筑服务完成建筑合同取得收入

从表 7-2 可见，一个企业所处的行业和经营性质决定了该企业的收入来源，以及为获取收入而相应产生的各项费用支出。注册会计师需要对被审计单位的相关行业活动和经营性质有比较全面的了解，才能因地制宜地执行被审计单位收入、支出的审计工作。

二、涉及的主要单据与会计记录

在内部控制比较健全的企业，处理销售与收款业务通常需要使用很多单据与会计记录。典型的销售与收款循环所涉及的主要单据与会计记录如下。（不同被审计单位的单据名称可能不同）

（1）客户订购单，即客户提出的书面购货要求。企业可以通过销售人员或其他途径，如采用电话、信函、邮件和向现有的及潜在的客户发送订购单等方式接受订货，取得客户订购单。

（2）销售单，是列示客户所订商品的名称、规格、数量以及其他与客户订购单有关信息的凭证，作为销售方内部处理客户订购单的凭据。

（3）发运凭证，即在发运货物时填制的，用以反映发出商品的规格、数量和其他有关内容的凭据。发运凭证的一联留给客户，其余联（一联或数联）由企业保留，通常其中有一联由客户在收到商品时签署并返还给销售方，用作销售方确认收入及向客户收取货款的依据。

（4）销售发票，通常包含已销售商品的名称、规格、数量、价格、销售金额等内容。以增值税发票为例，销售发票的两联（抵扣联和发票联）寄送给客户，一联由企业保留。销售发票也是在会计账簿中登记销售交易的基本凭据之一。

（5）商品价目表，是列示已经授权批准的、可供销售的各种商品的价格清单。

（6）贷项通知单，是一种用来表示由于销售退回或经批准的折让而导致应收货款减少的单据，其格式通常与销售发票的格式类似。

（7）应收账款账龄分析表，按月编制，反映月末应收账款总额的账龄区间，并详细反映每个客户月末应收账款金额和账龄，它也是常见的计提应收账款坏账准备的重要依据之一。

（8）应收账款明细账，是用来记录每个客户各项赊销、还款、销售退回及折让交易的明细账。

（9）主营业务收入明细账，是一种用来记录销售交易的明细账。它通常记载和反映不同类别商品或服务的营业收入的明细发生情况和总额。

（10）折扣与折让明细账，是一种用来核算企业销售商品时，按销售合同规定为及早收回货款而给予客户的销售折扣和因商品品种、质量等原因而给予客户的销售折让情况的明细账。企业也可以不设置折扣与折让明细账，而将该类业务直接记入主营业务收入明细账。

（11）汇款通知书，是一种与销售发票一起寄给客户，由客户在付款时再寄回销售单位的凭证。这种凭证注明了客户名称、销售发票号码、销售单位开户银行账户及金额等内容。

（12）现金日记账和银行存款日记账，是用来记录应收账款的收回或现销收入以及其他各种现金、银行存款收入和支出的日记账。

（13）坏账核销审批表，是一种用来批准将无法收回的应收款项作为坏账予以核销的单据。

（14）客户对账单，是一种定期寄送给客户的用于购销双方核对账目的文件。客户对账单上通常注明应收账款的期初余额、本期销售交易的金额、本期已收到的货款、贷项通知单的金额以及期末余额等内容。对账单可能是月度、季度或年度的，取决于企业的经营管理需要。

（15）转账凭证，是指记录转账业务的记账凭证。它是根据有关转账业务（即不涉及现金、银行存款收付的各项业务）的原始凭证编制的。企业记录赊销交易的会计凭证即为一种转账凭证。

（16）现金和银行凭证，是指分别用来记录现金和银行存款收入业务和支付业务的记账凭证。

第二节　销售与收款循环的重大错报风险的评估

被审计单位可能有各种各样的收入来源，处于不同的控制环境，存在复杂的合同安排，这些情况对收入交易的会计核算可能存在诸多影响，比如不同交易安排下收入确认的时间和依据可能不尽相同。注册会计师结合对销售与收款循环中业务流程和相关控制的了解，考虑在销售与收款循环中发生错报的可能性以及潜在错报的重大程度是否足以导致重大错报，从而评估销售与收款循环的相关交易和余额存在重大错报风险，以为设计和实施进一步审计程序提供基础。

一、销售与收款循环存在的重大错报风险

与销售与收款循环相关的财务报表项目主要为营业收入和应收账款，此外还有应收票据、预收货款、长期应收款、应交税费、营业税金及附加等（本教材不对销售交易涉及的税务问题进行阐述）。以一般制造业的赊销销售为例，相关交易和余额存在的重大错报风险通常包括以下几点。

（1）收入确认存在的舞弊风险。收入是利润的来源，直接关系企业的财务状况和经营成果。有些企业为了达到粉饰财务报表的目的而采用虚增（发生认定）或隐瞒收入（完整性认定）等方式实施舞弊。在财务报表舞弊案件中，涉及收入确认的舞弊占有很大比例，收入确认已成为注册会计师审计的高风险领域。中国注册会计师审计准则要求注册会计师基于收入确认存在舞弊风险的假定，评价哪些类型的收入、收入交易或认定导致舞弊风险。

（2）收入的复杂性可能导致的错误。被审计单位可能针对一些特定的产品或者服务提供一些特殊的交易安排（如可变对价安排、特殊的退货约定、特殊的服务期限安排等），但管理层可能对这些不同安排下所涉及的交易风险的判断缺乏经验，收入确认上就容易发生错误。

（3）发生的收入交易未能得到准确记录。

（4）期末收入交易和收款交易可能未计入正确的期间，包括销售退回交易的截止错误。

（5）收款未及时入账或记入不正确的账户，因而导致应收账款（或应收票据/银行存款）的错报。

（6）应收账款坏账准备的计提不准确。

某些重大错报风险可能与财务报表整体广泛相关，进而影响多项认定，如舞弊风险；某些重大错报风险可能与特定的某类交易、账户余额和披露的认定相关，如会计期末的收入交易和收款交易的截止错误（截止），或应收账款坏账准备的计提（计价）。在评估重大错报风险时，注册会计师应当落实该风险所涉及的相关认定，从而更有针对性地设计进一步的审计程序。

下文重点讲述对收入确认存在的舞弊风险的评估。

注册会计师在识别和评估与收入确认相关的重大错报风险时，应当基于收入确认存在舞弊风险的假定，评价哪些类型的收入、收入交易或认定导致舞弊风险。

假定收入确认存在舞弊风险，并不意味着注册会计师应当将与收入确认相关的所有认定都假定为存在舞弊风险。注册会计师需要结合对被审计单位及其环境的具体了解，考虑收入确认舞弊可能如何发生。被审计单位不同，管理层实施舞弊的动机或压力不同，其舞弊风险所涉及的具体认定也不同，注册会计师需要做出具体分析。例如，如果管理层难以实现预期的利润目标，则可能有高估收入的动机或压力（如提前确认收入或记录虚假的收入），因此，收入的发生认定存在舞弊风险的可能性比较大，而完整性认定则通常不存在舞弊风险；相反，如果管理层有隐瞒收入而降低税负的动机，则注册会计师需要更加关注与收入完整性认定相关的舞弊风险。再如，如果被审计单

位预期难以达到下一年度的销售目标，而已经超额实现了本年度的销售目标，就可能倾向于将本期的收入推迟至下一年度确认。

如果注册会计师认为收入确认存在舞弊风险的假定不适用于业务的具体情况，从而未将收入确认作为由于舞弊导致的重大错报风险领域，注册会计师应当在审计工作底稿中记录得出该结论的理由。

1. 通过实施风险评估程序识别与收入确认相关的舞弊风险

风险评估程序是注册会计师为了解被审计单位及其环境，以识别和评估重大错报风险而实施的审计程序。风险评估程序应当包括询问管理层以及被审计单位内部其他人员、分析程序、观察与检查程序。

实施风险评估程序对注册会计师识别与收入确认相关的舞弊风险至关重要。例如，注册会计师通过了解被审计单位生产经营的基本情况、销售模式和业务流程、与收入相关的生产技术条件、收入的来源和构成、收入交易的特性、收入确认的具体原则、所在行业的特殊事项、重大异常交易的商业理由、被审计单位的业绩衡量等，有助于其考虑收入虚假错报可能采取的方式，从而设计恰当的审计程序以发现此类错报。

注册会计师应当评价通过实施风险评估程序和执行其他相关活动获取的信息是否表明存在舞弊风险因素。例如，如果注册会计师通过实施风险评估程序了解到，被审计单位所处行业竞争激烈并伴随着利润率的下降，而管理层过于强调提高被审计单位利润水平的目标，则注册会计师需要警惕管理层通过实施舞弊高估收入，从而高估利润的风险。

2. 常用的收入确认舞弊手段

了解被审计单位通常采用的收入确认舞弊手段，有助于注册会计师更加有针对性地实施审计程序。被审计单位通常采用的收入确认舞弊手段举例如下。

一是，为了达到粉饰财务报表的目的而虚增收入或提前确认收入。

（1）利用与未披露关联方之间的资金循环虚构交易。

（2）通过未披露的关联方进行显失公允的交易。例如，以明显高于其他客户的价格向未披露的关联方销售商品。

（3）通过出售关联方的股权，使之从形式上不再构成关联方，但仍与之进行显失公允的交易，或与未来或潜在的关联方进行显失公允的交易。

（4）通过虚开商品销售发票虚增收入，而将货款挂在应收账款中，并可能在以后期间计提坏账准备，或在其后冲销。

（5）为了虚构销售收入，将商品从某一地点移送至另一地点，以出库单和运输单据为依据记录销售收入。

（6）在与商品相关的风险和报酬尚未全部转移给客户之前确认销售收入。例如，销售合同中约定被审计单位的客户在一定时间内有权无条件退货，而被审计单位隐瞒退货条款，在发货时全额确认销售收入。

（7）通过隐瞒售后回购或售后租回协议，而将以售后回购或售后租回方式发出的商品作为销售商品确认收入。

（8）采用完工百分比法确认劳务收入且采用已经发生的成本占估计总成本的比例确定完工进度时，故意低估预计总成本或多计实际发生的成本，以通过高估完工百分比的方法实现当期多确认收入。

（9）在采用代理商的销售模式时，在代理商仅向购销双方提供帮助接洽、磋商等中介代理服务的情况下，按照相关购销交易的总额而非净额（扣除佣金和代理费等）确认收入。

（10）当存在多种可供选择的收入确认会计政策或会计估计方法时，随意变更所选择的会计政策或会计估计方法。

（11）选择与销售模式不匹配的收入确认会计政策。

二是，为了达到报告期内降低税负或转移利润等目的而少计收入或延后确认收入。

（1）被审计单位将商品发出、收到货款并满足收入确认条件后，不确认收入，而将收到的货款作为负债挂账，或转入本单位以外的其他账户。

（2）被审计单位采用以旧换新的方式销售商品时，以新旧商品的差价确认收入。

（3）对于在某一时间段内履行的履约义务，在履约进度能够合理确定的情况下，不在资产负债表日按履约进度确认收入，而推迟到完成履约义务时确认收入。

3. 表明被审计单位在收入确认方面可能存在舞弊风险的迹象

舞弊风险迹象是注册会计师在实施审计过程中发现的、需要引起对舞弊风险警觉的事实或情况。存在舞弊风险迹象并不必然表明发生了舞弊，但了解舞弊风险迹象，有助于注册会计师对审计过程中发现的异常情况产生警觉，从而更有针对性地采取应对措施。

通常表明被审计单位在收入确认方面可能存在舞弊风险的迹象举例如下。

（1）注册会计师发现，被审计单位的客户是否付款取决于下列情况：①能否从第三方取得融资；②能否转售给第三方（如经销商）；③被审计单位能否满足特定的重要条件。

（2）未经客户同意，在销售合同约定的发货期之前发送商品。

（3）未经客户同意，将商品运送到销售合同约定地点以外的其他地点。

（4）被审计单位的销售记录表明，已将商品发往外部仓库或货运代理人，却未指明任何客户。

（5）在实际发货之前开具销售发票，或实际未发货而开具销售发票。

（6）对于期末之后的发货，在本期确认相关收入。

（7）实际销售情况与订单不符，或者根据已取消的订单发货或重复发货。

（8）已经销售给货运代理人的商品，在其后有大量退回。

（9）销售合同或发运单上的日期被更改，或者销售合同上加盖的公章并不属于合同所指定的客户。

（10）在接近期末时发生了大量或大额的交易。

（11）交易之后长期不进行结算。

（12）在被审计单位业务或其他相关事项未发生重大变化的情况下，询证函回函相符比例明显异于以前年度。

（13）发生异常大量的现金交易，或被审计单位有非正常的资金流转及往来，特别是有非正常现金收付的情况。

（14）应收款项收回时，付款单位与购买方不一致，存在较多代付款的情况。

（15）交易标的对交易对手而言不具有合理用途。

（16）主要客户自身规模与其交易规模不匹配。

4. 对收入确认实施分析程序

分析程序是一种识别收入确认舞弊风险的较为有效的方法，注册会计师需要重视并充分利用分析程序，发挥其在识别收入确认舞弊中的作用。

在收入确认领域，注册会计师可以实施的分析程序的例子包括：

（1）将本期销售收入金额与以前可比期间的对应数据或预算数进行比较。

（2）分析月度或季度销售量变动趋势。

（3）将销售收入变动幅度与销售商品及提供劳务收到的现金、应收账款、存货、税金等项目的变动幅度进行比较。

（4）将销售毛利率、应收账款周转率、存货周转率等关键财务指标与可比期间数据、预算数或同行业其他企业数据进行比较。

（5）分析销售收入等财务信息与投入产出率、劳动生产率、产能、水电能耗、运输数量等非财务信息之间的关系。

（6）分析销售收入与销售费用之间的关系，包括销售人员的人均业绩指标、销售人员薪酬、差旅费用、运费，以及销售机构的设置、规模、数量、分布等。

注册会计师通过实施分析程序，可能识别出未注意的异常关系，或难以发现的变动趋势，从而有目的、有针对性地关注可能发生重大错报风险的领域，有助于评估重大错报风险，为设计和实施应对措施提供基础。例如，如果注册会计师发现被审计单位不断地为完成销售目标而增加销售量，或者大量的销售因不能收现而导致应收账款大量增加，需要对销售收入的真实性予以额外关注；如果注册会计师发现销售单位临近期末销售量大幅增加，需要警惕将下期收入提前确认的可能性；如果注册会计师发现单笔大额收入能够减轻被审计单位盈利方面的压力，或使被审计单位完成销售目标，需要警惕被审计单位虚构收入的可能性。

如果发现异常或偏离预期的趋势或关系，注册会计师需要认真调查其原因，评价是否表明可能存在由于舞弊导致的重大错报风险。涉及期末收入和利润的异常关系尤其值得关注，例如在报告期的最后几周内记录了不寻常的大额收入或异常交易。注册会计师可能采取的调查方法举例如下。

（1）如果注册会计师发现被审计单位的毛利率变动较大或与所在行业的平均毛利率差异较大，注册会计师可以采用定性分析与定量分析相结合的方法，从行业及市场变化趋势、产品销售价格和产品成本要素等方面对毛利率变动的合理性进行调查。

（2）如果注册会计师发现应收账款余额较大，或其增长幅度高于销售收入的增长幅度，注册会计师需要分析具体原因，如赊销政策和信用期限是否发生变化等，并在必要时采取恰当的措施，如扩大函证比例、增加截止测试和期后收款测试的比例等。

（3）如果注册会计师发现被审计单位的收入增长幅度明显高于管理层的预期，可以询问管理层的适当人员，并考虑管理层的答复是否与其他审计证据一致，例如，如果管理层表示收入增长是由于销售量增加所致，注册会计师可以调查与市场需求相关的情况。

二、根据重大错报风险评估结果设计进一步审计程序

注册会计师基于销售与收款循环的重大错报风险评估结果，制订实施进一步审计程序的总体方案（包括综合性方案和实质性方案），如表 7-3 所示，继而实施控制测试和实质性程序，以应对识别出的认定层次重大错报风险。注册会计师通过控制测试和实质性程序获取的审计证据综合起来足以应对识别出的认定层次重大错报风险。

表 7-3　销售与收款循环的重大错报风险和进一步审计程序总体方案

重大错报风险描述	相关财务报表项目及认定	风险程度	是否信赖控制	进一步审计程序的总体方案	拟从控制测试中获取的保证程度	拟从实质性程序中获取的保证程度
销售收入可能未真实发生	收入：发生；应收账款：存在	特别	是	综合性方案	高	中
销售收入记录可能不完整	收入/应收账款：完整性	一般	否	实质性方案	无	低
期末收入交易可能未计入正确的期间	收入：截止；应收账款：存在/完整性	特别	否	实质性方案	无	高
发生的收入交易未能得到准确记录	收入：准确性；应收账款：计价和分摊	一般	是	综合性方案	部分	低
应收账款坏账准备的计提不准确	应收账款：计价和分摊	一般	否	实质性方案	无	中

“拟从控制测试中获取的保证程度”一列所列示的“高、部分和无”以及“拟从实质性程序中获取的保证程度”一列所列示的“高、中、低”的级别确定属于注册会计师的职业判断。针对不同的风险级别，其对应拟获取的保证程度并非一定如表 7-3 所示。表 7-3 中的内容仅为演示注册会计师基于特定情况所做出的对应审计方案的评价结

果，从而基于该结果确定控制测试和实质性程序的性质、时间安排和范围。

注册会计师根据重大错报风险的评估结果初步确定实施进一步审计程序的具体审计计划，因为风险评估和审计计划都是贯穿审计全过程的动态的活动，而且控制测试的结果可能导致注册会计师改变对内部控制的信赖程度，因此，具体审计计划并非一成不变，可能需要在审计过程中进行调整。

然而，无论是采用综合性方案还是实质性方案，获取的审计证据都应当能够从认定层面应对所识别的重大错报风险，直至针对该风险所涉及的全部相关认定，都已获取足够的保证程度。

第三节 测试销售与收款循环的控制测试

一、控制测试的基本原理

在对被审计单位销售与收款循环的相关内部控制实施测试时，注册会计师需要注意以下几点。

（1）控制测试所使用审计程序的类型主要包括询问、观察、检查和重新执行，其提供的保证程度依次递增。注册会计师需要根据所测试内部控制的特征及需要获得的保证程度选用适当的测试程序。

（2）如果在期中实施了控制测试，注册会计师应当在年末审计时实施适当的前推程序，就控制在剩余期间的运行情况获取证据，以确定控制是否在整个被审计期间持续运行有效。

（3）控制测试的范围取决于注册会计师需要通过控制测试获取的保证程度。

（4）如果拟信赖的内部控制是由计算机执行的自动化控制，注册会计师除了测试自动化应用控制的运行有效性，还需要就相关的信息技术一般控制的运行有效性获取审计证据。如果所测试的人工控制利用了系统生成的信息或报告，注册会计师除了测试人工控制，还需就系统生成的信息或报告的可靠性获取审计证据。

上述有关实施销售与收款循环的控制测试时的基本要求，就其原理而言，对其他业务循环的控制测试同样适用，因此，在后面讨论其他业务循环的控制测试时将不再重复。

二、以风险为起点的控制测试

风险评估和风险应对是整个审计过程的核心，因此，注册会计师通常以识别的重大错报风险为起点，选取拟测试的控制并实施控制测试。表 7-4 列示了通常情况下，注册会计师对销售与收款循环实施的控制测试。

在该控制测试中，如果人工控制在执行时，依赖信息系统生成的报告，那么注册会计师还应当针对系统生成报告的准确性执行测试。例如与坏账准备计提相关的管理层控制中使用了系统生成的应收账款账龄分析表，其准确性影响管理层控制的有效性，因此，注册会计师需要同时测试应收账款账龄分析表的准确性。

表 7-4　销售与收款循环的风险、存在的控制及控制测试程序

可能发生错报的环节		相关的财务报表项目及认定	存在的内部控制（自动）	存在的内部控制（人工）	内部控制测试程序
订单处理和赊销的信用控制	可能向没有获得赊销授权或超出其信用额度的客户赊销	收入：发生； 应收账款：存在	订购单上的客户代码与应收账款主文档记录的代码一致。目前未偿付余额加上本次销售额在信用限额范围内。上述两项均满足才能生成销售单	对于不在主文档中的客户或是超过信用额度的客户订购单，需要经过适当授权批准，才可生成销售单	询问员工销售单的生成过程，检查是否所有生成的销售单均有对应的客户订购单为依据。检查系统中自动生成销售单的生成逻辑，是否确保满足客户范围及其信用控制的要求。对于系统外授权审批的销售单，检查是否经过适当批准
发运商品	可能在没有批准发货的情况下发出了商品	收入：发生； 应收账款：存在	当客户销售单在系统中获得发货批准时，系统自动生成连续编号的发运凭证	保安人员只有当附有经批准的销售单和发运凭证时才能放行	检查系统内发运凭证的生成逻辑以及发运凭证是否连续编号。询问并观察发运时保安人员的放行检查
	发运商品与客户销售单可能不一致	收入：准确性； 应收账款：计价与分摊	计算机把发运凭证中所有准备发出的商品与销售单上的商品种类和数量进行比对。打印种类或数量不符的例外报告，并暂缓发货	管理层复核例外报告和暂缓发货的清单，并解决问题	检查例外报告和暂缓发货的清单
	已发出商品可能与发运凭证上的商品种类和数量不符	收入：准确性； 应收账款：计价与分摊		商品打包发运前，装运部门对商品和发运凭证内容进行独立核对，并在发运凭证上签字以示商品已与发运凭证核对且种类和数量相符。客户要在发运凭证上签字，以作为收到商品且商品与订购单一致的证据	检查发运凭证上相关员工及客户的签名，作为发货一致的证据
	已销售商品可能未实际发运给客户	收入：发生； 应收账款：存在		客户要在发运凭证上签字，以作为收到商品且商品与订购单一致的证据	检查发运凭证上客户的签名，作为收货的证据

续表

可能发生错报的环节		相关的财务报表项目及认定	存在的内部控制(自动)	存在的内部控制(人工)	内部控制测试程序
开具发票	商品发运可能未开具销售发票或已开出发票没有发运凭证的支持	应收账款:存在、完整、权利与义务; 收入:发生、完整	发货以后,系统根据发运凭证及相关信息自动生成连续编号的销售发票。系统自动复核连续编号的发票和发运凭证的对应关系,并定期生成例外报告	复核例外报告并调查原因	检查系统生成发票的逻辑,检查例外报告及跟进情况
	由于定价或产品摘要不正确,以及销售单或发运凭证或销售发票代码输入错误,可能导致销售价格不正确	收入:准确性; 应收账款:计价与分摊	通过逻辑登录限制控制定价主文档的更改。只有得到授权的员工才能进行更改。系统通过使用和检查主文档版本序号,确定正确的定价主文档版本已经被上传。系统检查录入的产品代码的合理性	核对经授权的有效的价格更改清单是否一致。如果发票由手工填写或没有定价主文档,则有必要对发票的价格进行独立核对	检查文件以确定价格更改是否经授权。重新执行以确定打印出的更改后价格与授权是否一致。通过检查 IT 的一般控制和收入交易的应用控制,确定正确的定价主文档版本是否已被用来生成发票。如果发票由人工填写,检查发票中价格复核人员的签名。通过核对经授权的价格清单与发票上的价格,重新执行该核对过程
	发票上的金额可能出现计算错误	收入:准确性; 应收账款:计价与分摊	每张发票的单价、计算、商品代码、商品摘要和客户账户代码均由计算机程序控制。如果由计算机控制的发票开具程序的更改是受监控的,在操作控制帮助下,可以确保使用的是正确的发票生成程序版本。系统代码有密码保护,只有经授权的员工才可以更改。定期打印所有系统上做出的更改	上述程序的所有更改由上级复核和审批。 如果由手工开具发票,独立复核发票上计算的增值税和总额的正确性	自动:询问发票生成程序更改的一般控制情况,确定是否经授权以及现有的版本是否正在被使用。检查有关程序更改的复核审批程序。 手工:检查与发票计算金额正确性相关的人员签名。重新计算发票金额,证实其是否正确

续表

可能发生错报的环节		相关的财务报表项目及认定	存在的内部控制(自动)	存在的内部控制(人工)	内部控制测试程序
记录赊销	销售发票入账的会计期间可能不正确	收入:截止、发生; 应收账款:存在、完整、权利和义务	系统根据销售发票的信息自动汇总生成当期销售入账记录	定期执行人工销售截止检查程序。向客户发送月末对账单,调查并解决客户质询的差异	检查系统中销售记录的生成逻辑。重新执行销售截止检查程序。检查客户质询信件并确定问题是否已得到解决
	销售发票入账金额可能不准确	收入:准确性; 应收账款:计价和分摊	系统根据销售发票的信息自动汇总生成当期销售入账记录	复核明细账与总账间的调节。向客户发送月末对账单,调查并解决客户质询的差异	检查系统销售入账记录的生成逻辑,对于手工调节项目进行检查,并调查原因是否合理。检查客户质询信件并确定问题是否已得到解决
	销售发票可能被记入不正确的应收账款明细账户	应收账款:计价与分摊	系统将客户代码、商品发送地址、发运凭证、发票与应收账款主文档中的相关信息进行比对	应收账款客户主文档中明细账的汇总金额应与应收账款总分类账核对。对于两者之间的调节项需要调查原因并解决。向客户发送月末对账单,调查并解决客户质询的差异	检查应收账款客户主文档中明细余额汇总金额的调节结果与应收账款总分类账是否核对相符,以及负责该项工作的员工签名。检查客户质询信件并确定问题是否已得到解决
记录应收账款的收款	应收账款记录的收款与银行存款可能不一致	应收账款/货币资金:完整、存在、权利与义务、计价与分摊	在每日编制电子版存款清单时,系统自动贷记应收账款	将每日收款汇总表、电子版收款清单和银行存款清单相比较。定期取得银行对账单,独立编制银行存款余额调节表。向客户发送月末对账单,对客户质询的差异应予以调查并解决	检查核对每日收款汇总表、电子版收款清单和银行存款清单的核对记录和核对人签名。检查银行存款余额调节表和负责编制的员工的签名。检查客户质询信件并确定问题是否已被解决

续表

可能发生错报的环节		相关的财务报表项目及认定	存在的内部控制（自动）	存在的内部控制（人工）	内部控制测试程序
记录应收账款的收款	收款可能被记入不正确的应收账款账户	应收账款：计价与分摊、存在	电子版的收款清单与应收账款明细账之间建立连接界面，根据对应的客户名称、代码、发票号等将收到的款项对应到相应的客户账户。对于无法对应的款项生成例外事项报告。 系统定期生成按客户细分的应收账款账龄分析表	将生成的例外事项报告的项目进行手工核对，或调查产生的原因并解决。向客户发送月末对账单，对客户质询的差异应予以调查并解决。管理层每月复核按客户细分的应收账款账龄分析表，并调查长期余额或其他异常余额	检查系统中的对应关系审核设置是否合理。检查对例外事项报告中的信息进行核对的记录以及无法核对事项的解决情况。检查客户质询信件并确定问题是否已被解决。检查管理层对应收账款账龄分析表的复核及跟进措施
坏账准备计提及坏账核销	坏账准备的计提可能不充分	应收账款：计价与分摊	系统自动生成应收账款账龄分析表	管理层对财务人员基于账龄分析表，采用预期信用损失模型计算编制的坏账准备计提表进行复核。复核无误后需在坏账准备计提表上签字。 管理层复核坏账核销的依据，并进行审批	检查财务系统计算账龄分析表的规则是否正确。 询问管理层如何复核坏账准备计提表的计算，检查是否有复核人员的签字。 检查坏账核销是否经过管理层的恰当审批
记录现金销售	登记入账的现金收入与企业已经实际收到的现金不符	收入：完整、发生、截止、准确性； 货币资金：完整、存在	现金销售通过统一的收款台用收银机集中收款，并自动打印销售小票	销售小票应交予客户确认金额一致。 通过监视器监督收款台。每个收款台都打印每日现金销售汇总表。盘点每个收款台收到的现金，并与相关销售汇总表调节相符。独立检查所有收到的现金已存入银行。将每日现金销售汇总表与银行存款单相比较。定期取得银行对账单，独立编制银行存款余额调节表	实地观察收银台、销售点的收款过程，并检查在这些地方是否有足够的物理监控。检查收款台打印销售小票和现金销售汇总表的程序设置和修改权限设置。检查盘点记录和结算记录上负责计算现金和与销售汇总表相调节工作的员工签名。检查银行存款单和销售汇总表上的签名，证明已实施复核。检查银行存款余额调节表的编制和复核人员的审核记录

需要说明的是，表 7-4 列示的为销售与收款循环中一些较为常见的内部控制和相应的控制测试程序，目的在于帮助注册会计师根据具体情况设计能够应对已识别风险、实际审计目标的控制测试。该表既未包含销售与收款循环所有的内部控制和控制测试，也并不意味着审计实务应当按此执行。一方面，被审计单位所处行业不同、规模不一、内部控制制度的设计和执行方式不同，以前期间接受审计的情况也各不相同；另一方面，受审计时间、审计成本的限制，注册会计师除了确保审计质量、审计效果外，还需要提高审计效率，尽可能地消除重复的测试程序，保证检查某一凭证时能够一次完成对该凭证的全部审计测试程序，并按最有效的顺序实施审计测试。因此，在审计实务工作中，注册会计师需要从实际出发，设计适合被审计单位具体情况的实用高效的控制测试计划。

第四节　销售与收款循环的实质性程序

一、营业收入的实质性程序

1. 营业收入的审计目标

营业收入项目核算企业在销售商品、提供劳务等主营业务活动中所产生的收入，以及企业确认的除主营业务活动以外的其他经营活动实现的收入，包括出租固定资产、出租无形资产、出租包装物和商品、销售材料等实现的收入。其审计目标一般包括：确定利润表中记录的营业收入是否已发生，且与被审计单位有关（发生认定）；确定所有应当记录的营业收入是否均已记录（完整性认定）；确定与营业收入有关的金额及其他数据是否已恰当记录，包括对销售退回、销售折扣与折让的处理是否适当（准确性认定）；确定营业收入是否已记录于正确的会计期间（截止认定）；确定营业收入是否已按照企业会计准则的规定在财务报表中做出恰当的列报。营业收入包括主营业务收入和其他业务收入，下面分别介绍这两部分的实质性程序。

2. 主营业务收入的一般实质性程序

第一，获取营业收入明细表，并执行以下工作。

（1）复核加计是否正确，并与总账数和明细账合计数核对是否相符。

（2）检查以非记账本位币结算的主营业务收入使用的折算汇率及折算是否正确。

第二，实施实质性分析程序。

（1）针对已识别需要运用分析程序的有关项目，并基于对被审计单位及其环境的了解，通过进行以下比较，同时考虑有关数据间关系的影响，以建立有关数据的期望值：①将本期的主营业务收入与上期的主营业务收入、销售预算或预测数等进行比较，分析主营业务收入及其构成的变动是否异常，并分析异常变动的原因；②计算本期重要产品的毛利率，与上期预算或预测数据比较，检查是否存在异常，各期之间是否存在重大波动，查明原因；③比较本期各月各类主营业务收入的波动情况，分析其变动趋势是否正常，是否符合被审计单位季节性、周期性的经营规律，查明异常现象和重大波动的原因；④将本期重要产品的毛利率与同行业企业进行对比分析，检查是否存在异常。

（2）确定可接受的差异额。

（3）将实际金额与期望值相比较，计算差异。

（4）如果差异额超过确定的可接受差异额，调查并获取充分的解释和恰当的、佐证性质的审计证据（如通过检查相关的凭证等）。需要注意的是，如果差异超过可接受差异额，注册会计师需要对差异额的全额进行调查证实，而非仅针对超出可接受差异额的部分。

（5）评估实质性分析程序的结果。

第三，检查主营业务收入确认方法是否符合企业会计准则的规定。

根据《企业会计准则第 14 号——收入》的规定，企业应当在履行合同中的履约义务，及在客户取得相关商品控制权时确定收入。取得相关商品控制权，是指能够主导该商品的使用并从中获得几乎全部的经济利益。

当企业与客户之间的合同同时满足下列条件时，企业应当在客户取得商品控制权时确认收入。

（1）合同各方已批准该合同并承诺将履行各自义务。

（2）该合同明确了合同各方与所转让商品或提供劳务相关的权利和义务。

（3）该合同有明确的与所转让的商品相关的支付条款。

（4）该合同具有商业实质，即履行该合同将改变企业未来现金流量的风险、时间分布或金额。

（5）企业因向客户转让商品而有权取得的对价很可能收回。

企业会计准则分别对“在某一时段内履行的履约义务”和“在某一时点履行的履约义务”的收入确认做出规定。

对于在某一时段内履行的履约义务，企业应当在该段时间内按照履约进度确认收入，当履约进度能够合理确定时，采用产出法或投入法确定恰当的履约进度。当履约进度不能合理确定时，企业已经发生的成本预计能够得到补偿的，应当按照已经发生的成本金额确认收入，直到履约进度能够合理确定为止。

对于在某一时点履行的履约义务，企业应当在客户取得相关商品的控制权时确认收入，在判断客户是否已取得商品控制权时，企业应当考虑下列迹象。

（1）企业就该商品享有现时收款权利，即客户就该商品负有现时付款义务。

（2）企业已将该商品的法定所有权转移给客户，即客户已拥有该商品的法定所有权。

（3）企业已将该商品实物转移给客户，即客户已实物占有该商品。

（4）企业已将该商品所有权上的主要风险和报酬转移给客户，即客户已取得该商品所有权上的主要风险和报酬。

（5）客户已接受该商品。

（6）其他表明客户已取得商品控制权的迹象。

因此，注册会计师需要基于对被审计单位商业模式和日常经营活动的了解，判断被审计单位的合同履约义务是在某一时段内履行还是某一时点履行的，据以评估被审计单位确认产品销售收入的会计政策是否符合企业会计准则，并测试被审计单位是否按照其既定的会计政策确认产品销售收入。

注册会计师通常对所选取的交易，追查至原始的销售合同及与履行合同相关的单据和文件记录，以评价收入确认方法是否符合企业会计准则的规定。假定被审计单位在某一时点履行履约义务，在商品发运至客户并签收时确认收入（客户在该时点取得对商品的控制权）。

第四，核对收入交易的原始凭证与会计分录。

以主营业务收入明细账中的会计分录为起点，检查相关原始凭证，如订购单、销售单、发运凭证、发票等，以评价已入账的营业收入是否真实发生。检查订购单和销售单，用以确认存在真实的客户购买要求，销售交易已经过适当的授权批准。销售发票存根上所列的单价，通常还要与经过批准的商品价目表进行比较核对，对其金额小计和合计数也要进行复算。发票中列出商品的规格、数量和客户代码等则与发运凭证进行比较核对，尤其是由客户签收商品的一联，确定已按合同约定履行了履约义务，可以确认收入。同时，还要检查原始凭证中的交易日期（客户取得商品控制权的日期），以确认收入计入正确的会计期间。

第五，从发运凭证（客户签收联）中选取样本，追查至主营业务收入明细账，以确定是否存在遗漏事项（完整性认定）。

也就是说，如果注册会计师测试收入的“完整”这一目标，起点应是发货凭证。为使这一程序成为一项有意义的测试，注册会计师需要确认全部发运凭证均已归档，这一点一般可以通过检查发运凭证的顺序编号来查明。

第六，结合对应收账款实施的函证程序，选择主要客户函证本期销售额。

第七，实施销售截止测试。

对销售实施截止测试，其目的主要在于确定被审计单位主营业务收入的会计记录归属期是否正确（应记入本期或下期的主营业务收入是否被推延至下期或提前至本期）。注册会计师对销售交易实施的截止测试可能包括以下程序。

（1）选取资产负债表日前后若干天的发运凭证，与应收账款和收入明细账进行核对；同时，从应收账款和收入明细账选取在资产负债表日前后若干天的凭证，与发运凭证核对，以确定销售是否存在跨期现象。

（2）复核资产负债表日前后销售和发货水平，确定业务活动水平是否异常，并考虑是否有必要追加实施截止测试程序。

（3）取得资产负债表日后所有的销售退回记录，检查是否存在提前确认收入的情况。

（4）结合对资产负债表日应收账款的函证程序，检查有无未取得对方认可的销售。

实施截止测试的前提是注册会计师充分了解被审计单位的收入确认会计实务，并识别能够证明某笔销售符合收入确认条件的关键单据。例如，货物出库时，与货物所有权相关的主要风险和报酬可能尚未转移，即客户尚未取得对商品的控制权，不符合收入确认的条件，因此，仓储部门留存的发运凭证可能不是实现收入的充分证据，注册会计师需要检查有客户签署的那一联发运凭证。销售发票与收入相关，但是发票开具日期不一定与收入实现的日期一致，实务中由于增值税发票涉及企业的纳税和抵扣问题，开票日期滞后于收入可确认日期的情况并不少见，因此，通常不能将开票日期作为收入确认的日期。

假定某一般制造型企业在货物送达客户并由客户签收时确认收入，注册会计师可以考虑选择两条审计路径实施主营业务收入的截止测试。

一条审计路径是以账簿记录为起点。从资产负债表日前后若干天的账簿记录追查至记账凭证和客户签收的发运凭证，目的是证实已入账收入是否在同一期间已发货并由客户签收，有无多记收入，这种方法的优点是比较直观，容易追查至相关凭证记录，以确定其是否应在本期确认收入，特别是在连续审计两个以上会计期间时，检查跨期收入十分便捷，可以提高审计效率。缺点是缺乏全面性和连贯性，只能查多记，无法查漏记，尤其是当本期漏记收入延至下期而审计时被审计单位尚未及时登账时，不易发现应记入而未记入报告期收入的情况。因此，使用这种方法主要是为了防止多计收入。

另一条审计路径是以发运凭证为起点。从资产负债表日前后若干天的已经客户签收的发运凭证查至账簿记录，确定主营业务收入是否已记入恰当的会计期间。

上述两条审计路径在实务中均被广泛采用，它们并不是孤立的，注册会计师可以考虑在同一主营业务收入科目审计中并用这两条途径。实际上，由于被审计单位的具体情况各异，管理层意图各不相同，有的为了完成利润目标、承包指标，更多地享受税收等优惠政策，便于筹资的目的，可能会多计收入；有的则为了以丰补歉、留有余地、推迟缴税时间等目的而少计收入。因此，注册会计师需要凭借专业经验和所掌握的信息进行风险评估，做出正确的判断，选择适当的审计路径实施有效的收入截止测试。

第八，存在销货退回的，检查相关手续是否符合规定，结合原始销售凭证检查其会计处理是否正确，结合存货项目审计关注其真实性。

第九，检查销售折扣与折让。

企业在销售交易中，往往会因各种原因向客户提供销售折扣与折让。销售折扣与折让直接影响收入的计量。注册会计师针对销售折扣与折让的实质性程序可能包括：

（1）获取折扣与折让明细表，复核加计正确，并与明细账合计数核对相符。

（2）了解被审计单位有关折扣与折让的政策和程序，抽查折扣与折让的授权批准情况与实际执行情况进行核对。

（3）检查折扣与折让的会计处理是否正确。

第十，检查主营业务收入在财务报表中的列报和披露是否符合企业会计准则的规定。

3. 营业收入的特别审计程序

除了上述较为常规的审计程序外，注册会计师还要根据被审计单位的特定情况和收入的重大错报风险程度，考虑是否有必要实施特别的审计程序。

（1）附有销售退回条件的商品销售，评估对退货部分的估计是否合理，确定其是否按估计不会退货部分确认收入。

（2）售后回购，了解回购安排属于远期安排、企业拥有回购选择权还是客户拥有回售选择权，确定企业是否根据不同的安排进行了恰当的会计处理。

（3）以旧换新销售，确定销售的商品是否按照商品销售的方法确认收入，回收的商品是否作为购进商品处理。

（4）出口销售，根据交易的定价和成交方式（离岸价格、到岸价格或成本加运费价格等），并结合合同（包括购销合同和运输合同）中有关货物运输途中风险承担的条款，确定收入确认的时点和金额。

如果注册会计师认为被审计单位存在通过虚假销售做高利润的舞弊风险，可能采取一些非常规的审计程序应对该风险。

（1）调查被审计单位客户的工商登记资料和其他信息，了解客户是否真实存在，其业务范围是否支持其采购行为。

（2）检查与已收款交易相关的收款记录及原始凭证，检查付款方是否为销售交易对应的客户。

（3）考虑利用反舞弊专家的工作，对被审计单位和客户的关系及交易进行调查。

对于与关联方发生的销售交易，注册会计师要结合对关联方关系和交易的风险评估结果，实施特定的审计程序。

4. 其他业务收入的实质性程序

其他业务收入的实质性程序一般包括以下内容。

（1）获取其他业务收入明细表，复核加计是否正确，并与总账数和明细账合计数核对是否相符，结合主营业务收入科目与营业收入报表数核对是否相符。

（2）计算本期其他业务收入与其他业务成本的比率，并与上期该比率比较，检查是否有重大波动，并查明原因。

（3）检查其他业务收入是否真实准确，收入确认原则及会计处理是否符合规定，抽查原始凭证予以核实。

（4）对异常项目，追查认账依据及有关法律文件是否充分。

（5）抽查资产负债表日前后一定数量的记账凭证，实施截止测试，确定入账时间是否正确。

（6）确定其他业务收入在财务报表中的列报是否恰当。

二、应收账款的实质性程序

应收账款余额一般包括应收账款账面余额和相应的坏账准备两部分。

应收账款指企业因销售商品、提供劳务而形成的现时收款权利，即由于企业销售商品、提供劳务等原因，应向购货客户或接受劳务的客户收取的款项。

坏账是指企业无法收回或收回可能性极小的应收款项（包括应收票据、应收账款、预付款项、其他应收款和长期应收款等）。由于发生坏账而产生的损失称为坏账损失。企业通常应采用备抵法按期估计坏账损失。企业通常应当于资产负债表日评估应收款项的信用风险合理预计各项应收款项可能发生的坏账，相应计提坏账准备。

企业的应收账款是在销售交易或提供劳务过程中产生的。因此，应收账款的审计需要结合销售交易的审计来进行。一方面，收入的发生认定直接影响应收账款的存在认定；另一方面，由于应收账款代表尚未收回货款的收入，通过审计应收账款获取的审计证据也能够为收入提供审计证据。

1. 应收账款的审计目标

应收账款的审计目标一般包括：确定资产负债表中记录的应收账款是否存在（存在认定）；确定所有应当记录的应收账款是否均已记录（完整性认定）；确定记录的应收账款是否由被审计单位拥有或控制（权利和义务认定）；确定应收账款是否可收回，

坏账准备的计提方法和比例是否恰当，计提是否充分（计价和分摊认定）；确定应收账款及其坏账准备是否按照企业会计准则的规定在财务报表中做出恰当列报。

2. 应收账款的实质性程序

针对应收账款的实质性程序通常有以下几种。

第一，取得应收账款明细表。

（1）复核加计是否正确，并与总账数和明细账合计数核对是否相符；结合坏账准备科目与报表数核对是否相符。应收账款报表数反映企业因销售商品、提供劳务等应向购买单位收取的各种款项，减去已计提的相应的坏账准备后的净额。

（2）检查非记账本位币应收账款的折算汇率及折算是否正确。对于用非记账本位币（通常为外币）结算的应收账款，注册会计师检查被审计单位外币应收账款的增减变动是否采用交易发生日的即期汇率将外币金额折算为记账本位币金额，或者采用按照系统合理的方法确定的、与交易发生日即期汇率近似的汇率折算。选择采用汇率的方法前后各期是否一致；期末外币应收账款余额是否采用期末即期汇率折合为记账本位币金额；折算差额的会计处理是否正确。

（3）分析有贷方余额的项目，查明原因，必要时，建议做重分类调整。

（4）结合其他应收款、预收款项等往来项目的明细金额，调查有无同一客户多处挂账，异常余额或与销售无关的其他款项（如代销账户、关联方账户或员工账户）。必要时提出调整建议。

第二，分析与应收账款相关的财务指标。

（1）复核应收账款借方累计发生额与主营业务收入关系是否合理，并将当借方发生额占销售收入净额的百分比与管理层考核指标和被审计单位相关赊销政策比较，如存在异常，查明原因。

（2）计算应收账款周转率、应收账款周转天数等指标，并与被审计单位相关赊销政策，被审计单位以前年度指标、同行业同期相关指标对比，分析是否存在重大差异并查明原因。

第三，检查应收账款账龄分析是否正确。

（1）获取应收账款账龄分析表。

被审计单位通常会编制应收账款账龄分析报告，以监控贷款回收情况、及时识别可能无法收回的应收账款并作为计提坏账准备的依据之一。注册会计师可以通过查看应收账款账龄分析表了解和评估应收账款的可回收性。应收账款账龄分析表参考格式如表 7-5 所示。

表 7-5 应收账款账龄分析表

货币单位：　　　　　　　　　　　　　　　　　　　　　　年　　月　　日

客户名称	期末余额	账龄			
		1 年以内	1～2 年	2～3 年	3 年以上
合计					

（2）测试应收账款账龄分析表计算的准确性，并将应收账款账龄分析表中的合计数与应收账款总分类账余额相比较，并调查重大调节项目。

（3）从账龄分析表中抽取一定数量的项目，追查至相关销售原始凭证，测试账龄划分的准确性。

本项程序与坏账准备的实质性程序紧密相关。

第四，对应收账款实施函证程序。

函证应收账款的目的在于证实应收账款账户余额是否真实准确。通过第三方提供的函证回复，可以比较有效地证明被询证者的存在和被审计单位记录的可靠性。

注册会计师根据被审计单位的经营环境、内部控制的有效性、应收账款账户的性质、被询证者处理询证函的习惯做法及回函的可能性等，确定应收账款函证的范围、对象、方法和时间。

（1）函证决策。除非有充分证据表明应收账款对被审计单位财务报表而言是不重要的，或者函证很可能是无效的，否则，注册会计师应当对应收账款进行函证。如果注册会计师不对应收账款进行函证，应在审计工作底稿中说明理由。如果认为函证很可能是无效的，注册会讲师应当实施替代审计程序，获取相关、可靠的审计证据。

（2）函证的范围和对象。函证范围是由诸多因素决定的，主要有：①应收账款在全部资产中的重要程度。若应收账款在全部资产中所占的比重较大，则函证的范围应相应大一些。②被审计单位内部控制的有效性。若相关内部控制有效，则可以相应减少函证范围；反之，则扩大函证范围。③以前期间的函证结果。若以前期间函证中发现过重大差异，或欠款纠纷较多，则函证范围应相应扩大一些。

注册会计师选择函证项目时，除了考虑金额较大的项目，也需要考虑风险较高的项目，例如：账龄较长的项目、与债务人发生纠纷的项目、重大关联方项目、主要客户（包括关系密切的客户）项目、新增客户项目、交易频繁但期末余额较小甚至余额为零的项目、可能产生重大错报或舞弊的非正常项目。这种基于一定标准选取样本的方法具有针对性，比较适用于应收账款余额金额和性质差异较大的情况。如果应收账款余额由大量金额较小且性质类似的项目构成，则注册会计师通常采用抽样技术选取函证样本。

（3）函证的方式。注册会计师可采用积极的或消极的函证方式实施函证，也可将两种方式结合使用。由于应收账款通常存在高估风险，且与之相关的收入确认存在舞弊风险假定，因此，实务中通常对应收账款采用积极的函证方式。以下均假设为积极式函证。

扫一扫，更多内容

（4）函证时间的选择。注册会计师通常以资产负债表日为截止日，在资产负债表日后适当时间内实施函证。如果重大错报风险评估为低水平，注册会计师可选择资产负债表日前适当日期为截止日实施函证，并对所函证项目自该截止日起至资产负债表日止发生的变动实施其他实质性程序。

（5）函证的控制。注册会计师通常利用被审计单位提供的应收账款明细账户名称及客户地址等资料据以编制询证函，但注册会计师应当对函证全过程保持控制。并对确定需要确认或填列的信息、选择适当的被询证者、设计询证函以及发出和跟进（包括收回）询证函保持控制。

注册会计师可通过询证结果汇总表的方式对询证函的收回情况加以汇总。函证结果汇总如表 7-6 所示。

表 7-6　应收账款询证结果汇总

被审计单位名称：　　　　　　　　　　制表：　　　　　　　　　日期：

结算日：　　年　　月　　日　　　　　复核：　　　　　　　　　日期：

询证函编号	客户名称	地址及联系方式	账面金额	函证方式	函证日期		回函日期	替代程序	确认余额	差异金额及说明	备注
					第一次	第二次					
合计											

（6）对不符事项的处理。对回函中出现的不符事项，注册会计师需要调查核实原因，确定其是否构成错报。注册会计师不能仅通过询问被审计单位相关人员对不符事项的性质和原因得出结论，而是要在询问原因的基础上，检查相关的原始凭证和文件资料予以证实。必要时与被询证方取得联系，获取相关信息和解释。对应收账款而言，因登记入账的时间不同而产生的不符事项主要表现为：①客户已经付款，被审计单位尚未收到货款；②被审计单位的货款已经发出并已作为销售记录，但货物仍在途中，客户尚未收到货物；③客户由于某种原因将货物退回，而被审计单位尚未收到；④客户对收到货物的数量、质量及价格等方面有异议而全部或部分拒付货款等。

（7）对未回函项目实施替代程序。如果未收到被询证方的回函，注册会计师应当实施替代审计程序。①检查资产负债表日后收回的货款，值得注意的是，注册会计师不能仅查看应收账款的贷方发生额，而且要查看相关的收款单据，以证实付款方确为该客户且确与资产负债表日的应收账款相关。②检查相关的销售合同、销售单、发运凭证等文件。注册会计师需要根据被审计单位的收入确认条件和时点，确定能够证明收入发生的凭证。③注册会计师需要根据被审计单位的收入确认条件和时点，确定能够证明收入发生的凭证；检查被审计单位与客户之间的往来邮件，如有关发货、对账、催款等事宜邮件。

在某些情况下，注册会计师可能认为取得积极式函证回函是获取充分、适当的审计证据的必要程序，尤其是识别出有关收入确认的舞弊风险，导致注册会计师不能信赖从被审计单位取得的审计证据，则替代程序不能提供注册会计师需要的审计证据。在这种情况下，如果未获取回函，注册会计师应当确定其对审计工作和审计意见的影响。

需要指出的是，注册会计师应当将询证函回函作为审计证据，纳入审计工作底稿管理，询证函回函的所有权归属所在会计师事务所。

第五，对应收账款余额实施函证以外的细节测试。

在未实施应收账款函证的情况下（例如，由于实施函证不可行），注册会计师需要实施其他审计程序获取有关应收账款的审计证据。这种程序通常与上述未收到回函情况下实施的替代程序相似。

第六，检查坏账的冲销和转回。

注册会计师应检查有无债务人破产或者死亡的，以及破产或以遗产清偿后仍无法收回的，或者债务人长期未履行清偿义务的应收账款。其次，应检查被审计单位坏账的处理是否经授权批准，有关会计处理是否正确。

第七，确定应收账款的列报是否恰当。

除了企业会计准则要求的披露之外，如果被审计单位为上市公司，注册会计师还要评价其披露是否符合证券监管部门的特别规定。

3. 坏账准备的实质性程序

应收账款属于以摊余成本计量的金融资产，企业应当以预期信用损失为基础，对其进行减值会计处理并确认损失准备。以下为坏账准备审计常用的实质性程序。

第一，取得坏账准备明细表，复核加计是否正确，与坏账准备总账数、明细账合计数核对是否相符。

第二，将应收账款坏账准备本期计提数与资产减值损失相应明细项目的发生额核对是否相符。

第三，检查应收账款坏账准备计提和核销的批准程序，取得书面报告等证明文件，结合应收账款函证回函结果，评价计提坏账准备所依据的资料、假设及方法。企业应合理预计信用损失并计提坏账准备，不得多提或少提，否则应视为滥用会计估计，按照前期差错更正的方法进行会计处理。

第四，实际发生坏账损失的，检查转销依据是否符合有关规定，会计处理是否正确。对于被审计单位在被审计期间内发生的坏账损失，注册会计师应检查其原因是否清楚，是否符合有关规定，有无授权批准，有无已做坏账处理后又重新收回的应收账款，相应的会计处理是否正确。对有确凿证据表明确实无法收回的应收账款，如债务单位已撤销、破产、资不抵债、现金流量严重不足等，企业应根据管理权限，经股东（大）会或董事会，或经理（厂长）办公会或类似机构批准作为坏账损失，冲销提取的坏账准备。

第五，已经确认并转销的坏账重新收回的，检查其会计处理是否正确。

第六，确定应收账款坏账准备的披露是否恰当。企业应当在财务报表附注中清晰地说明坏账的确认标准、坏账准备的计提方法和计提比例。

思考与练习

关键术语

销售与收款循环，营业收入发生认定的风险识别、评估与应对，主营业务收入的实质性程序，应收账款函证

延伸阅读

1.《中国注册会计师审计准则第 1312 号——函证》

2.《中国注册会计师审计准则第 1324 号——持续经营》

3.《中国注册会计师审计准则第 1341 号——书面声明》

思考题

1. 简述销货交易常用的实质性测试程序。
2. 注册会计师在确定应收账款函证范围时主要考虑哪些因素?
3. 注册会计师一般应以什么项目作为应收账款函证对象?
4. 注册会计师在采用应收账款函证方式时，在什么条件下可以采用消极式函证?

练习题

ABC 会计师事务所接受委托，审计 Y 公司 2019 年度的财务报表。注册会计师王萍了解和测试了与应收账款相关的内部控制，并将控制风险评估为高水平。王萍取得 2019 年 12 月 31 日的应收账款明细表，并于 2020 年 1 月 15 日采用积极式函证方式对所有重要客户寄发了询证函。

王萍将与函证结果相关的重要异常情况汇总于下表。

异常情况	函证编号	客户名称	金额/元	回函日期	回函内容
1	12	甲	300 000	2020 年 1 月 12 日	购买 Y 公司 300 000 元货物属实，但款已于 2019 年 12 月 25 日用支票支付
2	46	乙	500 000	2020 年 1 月 21 日	因产品质量不符合要求，根据购货合同，于 2019 年 12 月 28 日将货物退回
3	74	丙	640 000	2020 年 1 月 20 日	2019 年 12 月 10 日收到 Y 公司委托本公司代销的货物 640 000 元，尚未销售
4	88	丁	900 000	2020 年 1 月 19 日	采用分期付款方式购货 900 000 元，根据购货合同，已于 2019 年 12 月 25 日首付 300 000 元
5	120	戊	600 000	因地址错误，被邮局退回	

要求：针对上述各种异常情况，王萍应分别相应实施哪些重要审计程序?

第八章　采购与付款循环审计

学习目的与要求

通过本章的学习，理解采购与付款循环审计的基本理论和程序；熟练掌握应付账款、固定资产和累计折旧、固定资产减值准备及其他相关账户的审计方法和技能；了解和掌握评估采购与付款循环的重大错报风险；掌握采购与付款循环的控制测试程序和实质性测试程序；能运用所学的采购与付款循环审计的基本理论、基本方法和基本技能解决实际审计工作中的有关问题。

第一节　采购与付款循环的特点

一、不同类型行业的采购和费用支出

企业的采购与付款循环包括购买商品和劳务，以及企业在经营活动中为获取收入而发生的直接或间接的支出。采购业务是企业生产经营活动的起点，企业的支出从性质、数量和发生频率上看是多种多样的。本章要关注与购买货物和劳务、应付账款的支付有关的控制活动以及重大交易。固定资产的采购和管理通常由单独的资产管理部门负责，其风险考虑和相关控制与普通的原材料等商品采购有较大不同，因此在审计实务中一般单独考虑。

不同的企业性质决定企业除了有一些共性的费用支出外，还会发生一些不同类型的支出。表 8-1 列示了不同企业通常会发生的一些支出情况，这些支出未包括经营用房产支出和人工费用支出。

表 8-1　不同类型行业的采购和费用支出

行业类型	典型的采购和费用支出
贸易业	产品的选择和购买、产品的存储和运输、广告促销费用、售后服务费用
一般制造业	生产过程所需的原材料、易耗品、配件的购买与存储支出，市场经营费用，把产成品运达客户或零售商处发生的运输费用、管理费用
专业服务业	律师、会计、财务顾问的费用支出，包括印刷、通信、差旅费，书籍资料和研究设施的费用
金融服务业	给付储户的存款利息，支付其他银行的资金拆借利息、手续费，现金存放、现金运送和网络银行设施的安全维护费用，客户关系维护费用

续表

行业类型	典型的采购和费用支出
建筑业	建材支出，建筑设备和器材的租金或购置费用，支付给分包商的费用，保险支出和安保成本、建筑保证金和许可审批方面的支出，交通费、通信费等。当在外地施工时还会发生建筑工人的食宿费用

二、涉及的主要单据与会计记录

采购与付款交易通常要经过请购—订货—验收—付款这样的程序，同销售与收款交易一样，在内部控制比较健全的企业，处理采购与付款交易通常需要使用很多单据与会计记录。以一般制造业为例，其典型的采购与付款循环所涉及的主要单据与会计记录有以下几种（不同被审计单位的单据名称可能不同）。

（1）采购计划。企业以销售和生产计划为基础，考虑供需关系及市场计划变化等因素，制订采购计划，并经适当的管理层审批后执行。

（2）供应商清单。企业通过文件审核及实地考察等方式对合作的供应商进行认证，将通过认证的供应商信息进行手工或系统维护，并及时进行更新。

（3）请购单，是由生产、仓库等相关部门的有关人员填写，送交采购部门，是申请购买商品、劳务或其他资产的书面凭据。

（4）订购单，是由采购部门填写，经适当的管理层审核后发送供应商，是向供应商购买订购单上所指定的商品和劳务的书面凭据。

（5）验收及入库单。验收单是收到商品时所编制的凭据，列示通过质量检验的、从供应商处收到的商品的种类和数量等内容。入库单是由仓库管理人员填写的验收合格品入库的凭证。

（6）卖方发票，又称供应商发票，是供应商开具的，交给买方以载明发运的货物或提供的劳务、应付款金额和付款条件等事项的凭证。

（7）付款凭单，是采购方企业的应付凭单部门编制的，载明已收到的商品、资产或接受的劳务、应付款金额和付款日期的凭证。付款凭单是采购方企业内部记录和支付负债的授权证明文件。

（8）转账凭证，是指记录转账交易的记账凭证，它是根据有关转账交易（即不涉及库存现金、银行存款收付的各项交易）的原始凭证编制的。

（9）付款凭证，包括现金付款凭证和银行存款付款凭证，是指用来记录库存现金和银行存款支出交易的记账凭证。

（10）应付账款明细账。

（11）库存现金日记账和银行存款日记账。

（12）供应商对账单。

实务中，对采购及应付账款的定期对账通常由供应商发起。供应商对账单是由供应商编制的、用于核对与采购企业往来款项的凭据，通常标明期初余额、本期购买、本期支付给供应商的款项和期末余额等信息。供应商对账单是供应商对有关交易的陈述，如果不考虑买卖双方在收发货物上可能存在的时间差等因素，其期末余额通常应与采购方相应的应付账款期末余额一致。

第二节　采购与付款循环的重大错报风险的评估

一、采购与付款循环的相关交易和余额存在的重大错报风险

注册会计师基于在了解被审计单位及其环境的整个过程中所识别的相关风险，结合对采购与付款循环中拟测试控制的了解，考虑在采购与付款循环中发生错报的可能性以及潜在错报的重大程度是否足以导致重大错报，从而评估采购与付款循环的相关交易和余额存在重大错报风险，以为设计和实施进一步审计程序。

影响采购与付款交易和余额的重大错报风险可能包括：

（1）低估负债或相关准备。在承受反映较高盈利水平和营运资本的压力下，被审计单位管理层可能试图低估应付账款等负债或资产相关准备，包括低估对存货应计提的跌价准备。重大错报风险常常集中体现在：①遗漏交易，例如未记录已收取货物但尚未收到发票的采购相关的负债，或未记录上述付款的已经购买的服务支出等；②采用不正确的费用支出截止期，例如将本期的支出延迟到下期确认；③将应当及时确认损益的费用性支出资本化，然后通过资产的逐步摊销予以消化等。这些将对完整性、截止、发生、存在、准确性和分类认定产生影响。

（2）管理层错报负债费用支出的偏好和动因。被审计单位管理层可能为了完成预算，满足业绩考核要求，保证从银行获得资金，吸引潜在投资者，误导股东，影响公司股价等动机，通过操纵负债和费用的确认控制损益，例如：①平滑利润。通过多计准备或少计负债和准备，把损益控制在被审计单位管理层希望的程度；②利用特别目的实体把负债从资产负债表中剥离，或利用关联方之间的费用定价优势制造虚假的收益增长趋势；③被审计单位管理层把私人费用计入企业费用，把企业资金当作私人资金运作。

（3）费用支出的复杂性。例如，被审计单位以复杂的交易安排购买一定期间的多种服务，管理层对于涉及的服务受益与付款安排所涉及的复杂性缺乏足够的了解。这可能导致费用支出分配或计提的错误。

（4）不正确地记录外币交易。当被审计单位进口用于出售的商品时，可能由于采用不恰当的外币汇率而导致该项采购的记录出现差错。此外，还存在未能将诸如运费、保险费和关税等与存货相关的费用进行正确分摊的风险。

（5）舞弊和盗窃有风险。如果被审计单位经营大型零售业务，由于所采购商品和固定资产的数量及支付的款项庞大，交易复杂，容易造成商品发运错误，员工和客户发生舞弊和盗窃的风险较高。如果那些负责付款的会计人员有权接触应付账款主文档，并能够通过在应付账款主文档中擅自添加新的账户来虚构采购交易，风险也会增加。

（6）存在未记录的权利和义务。这可能导致资产负债表分类错误以及财务报表附注不正确或披露不充分。

如前所述，为评估重大错报风险，注册会计师应详细了解有关交易或付款的内部控制，这些控制主要是为预防、检查和纠正前面所认定的重大错报的固有风险而设置

的。注册会计师可以通过审阅以前年度审计工作底稿、观察内部控制执行情况、询问管理层和员工、检查相关的文件和资料等方法加以了解。对相关文件和资料的检查可以提供审计证据，例如通过检查供应商对账表和银行对账单，能够发现差错并加以纠正。

在评估重大错报风险时，注册会计师之所以需要充分了解被审计单位对采购与付款交易的控制活动，目的在于使得计划实施的审计程序更加有效。也就是说，注册会计师必须对被审计单位的重大错报风险有一定认识，在此基础上设计并实施进一步审计程序，才能有效应对重大错报风险。

二、根据重大错报风险的评估结果设计进一步审计程序

针对评估的财务报表层次重大错报风险，注册会计师应计划进一步审计程序的总体方案，包括确定针对相关认定计划采用综合性方案还是实质性方案，以及考虑审计程序的性质、时间安排和范围。当存在下列情形之一时，注册会计师应当设计和实施控制测试。

（1）在评估认定层次重大错报风险时，预期控制的运行是有效的（即在确定实质性程序的性质、时间安排和范围时，注册会计师拟信赖控制运行的有效性）。

（2）仅实施实质性程序并不能够提供认定层次充分、适当的审计证据。

综合控制测试及实质性程序，注册会计师需要评价获取的审计证据是否足以应对识别出的认定层次重大错报风险。

表 8-2 为假定评估应付账款为重要账户，且相关认定包括存在/发生、完整性、准确性及截止的前提下，注册会计师计划的进一步审计程序总体方案示例。

表 8-2　采购及付款循环的重大错报风险及进一步审计程序总体审计方案

重大错报风险描述	相关财务报表项目及认定	风险程度	是否信赖控制	进一步审计程序的总体方案	拟从控制测试中获取的保证程度	拟从实质性程序中获取的保证程度
确认的负债及费用并未实际发生	应付账款/其他应付款：存在； 销售费用/管理费用：发生	一般	是	综合性方案	高	低
不计提采购相关的负债或不计提尚未付款的已经购买的服务支出	应付账款/其他应付款：存在，完整； 销售费用/管理费用：完整	特别	是	综合性方案	高	中

续表

重大错报风险描述	相关财务报表项目及认定	风险程度	是否信赖控制	进一步审计程序的总体方案	拟从控制测试中获取的保证程度	拟从实质性程序中获取的保证程度
采用不正确的费用支出截止期，例如将本期的支出延迟到下期确认	应付账款/其他应付款：存在，完整；销售费用/管理费用：截止	一般	否	实质性方案	无	高
发生的采购未能以正确的金额记录	应付账款/其他应付款：准确性；销售费用/管理费用：计价与分摊	一般	是	综合性方案	高	低

需要说明的是，表 8-2 的方案示例是根据注册会计师对重大错报风险的初步评估安排的，如果在审计过程中注册会计师了解的情况或获取的证据导致其更新相关风险的评估，则注册会计师需要执行的进一步审计程序也需要相应更新。例如，如果注册会计师通过控制测试发现被审计单位针对计价认定的相关控制存在缺陷，导致其需要提高对相关控制风险的评估水平，则注册会计师可能需要提高相关重大错报风险的评估水平，并进一步修改实质性程序的性质、时间安排和范围。

第三节　测试采购与付款循环的控制测试

本节以采购与付款循环的主要业务活动和相关内部控制描述以及第二节中表 8-2 的重大错报风险评估和计划的进一步审计程序总体方案为基础，举例说明采购与付款循环中常见内部控制的具体测试方法。需要说明的是，如上节所述，是否执行如本节示例的内部控制测试是注册会计师根据其风险评估确定的。在某些情况下，例如被审计单位的采购是根据 IT 系统事先设定的规则（包括购买的商品及数量）自动发起的，付款也是根据收到商品后系统设置的付款期限自动确定的，该过程在 IT 系统之外没有其他相关凭据的情形下，注册会计师可能判断无法仅通过执行实质性程序获取充分、适当的审计证据；在其他情况下，是否执行本节所述的控制测试则是注册会计师根据审计效率做出的总体判断。如果采取依赖于有效的内部控制减少实质性程序测试的方法，比仅依赖实质性程序更能够提高审计的总体效率，则选择执行控制测试就是适当的。另外，有效的内部控制仅能降低而不能消除重大错报风险，因此仅依赖控制测试而不执行实质性程序也不能为相关的重要账户及其认定提供充分、适当的审计证据。注册会计师还需要根据第四节的指引设计和执行实质性程序。

表 8-3 以一般制造业为例，列示了其采购和付款流程中常见的内部控制，以帮助对该流程有一个全面的了解。注册会计师在实际工作中，并不需要对该流程的所有控制点进行测试，而是应该针对识别的可能发生错报环节，选择足以应对评估的重大错报风险的关键控制进行控制测试。例如，针对存货及应付账款的存在性认定，企业制订的采购计划及审批主要是企业为提高经营效率效果设置的流程及控制，不能直接应对该认定，注册会计师不需要对其执行专门的控制测试；请购单的审批与存货及应付账款的存在性认定相关，但如果企业存在将订购单、验收单和卖方发票的一致性进行核对的“三单核对”控制，该控制足以应对存货及应付账款的存在性风险，则可以直接选择“三单核对”控制作为关键控制进行测试更能提高审计效率。

控制测试的具体方法则需要根据具体控制的性质确定。例如，对于验收单连续编号的控制，如果该控制是人工控制，注册会计师可以根据样本量选取几个月经复核人复核的入库单清单，检查入库单的编号是否完整。若入库单编号跳号，与复核人跟进并通过询问确认跳号的原因。如需要，进行佐证并考虑是否对审计存在影响。如果该控制是系统设置的，则注册会计师可以选取系统生成的例外/删改报告，检查每一份报告并确定是否存在管理层复核的证据以及复核是否在合理的时间内完成；与复核人讨论其复核和跟进过程。如适当，确定复核人采取的行动以及这些行动在此环境下是否恰当，确认是否发现了任何调整，调整如何得以解决以及采取的行动是否恰当。同时，由专门的信息系统测试人员测试系统的相关控制以确认例外/删改报告的完整性和准确性。

第四节　采购与付款循环的实质性程序

一、应付账款的实质性程序

应付账款是企业在正常经营过程中，因购买材料、商品和接受劳务供应等经营活动而应付给供应商的款项。注册会计师应结合赊购交易进行应付账款的审计。

1. 应付账款的审计目标

应付账款的审计目标一般包括：①确定资产负债表中记录的应付账款是否存在（存在认定）；②确定所有应当记录的应付账款是否均已记录（完整性认定）；③确定资产负债表中记录的应付账款是否为被审计单位应当履行的现时义务；④确定应付账款是否以恰当的金额包括在财务报表中，与之相关的计价调整是否已恰当记录（计价认定）；⑤确定应付账款是否已按照企业会计准则的规定在财务报表中做出恰当的列报。

具体的审计程序计划则需要根据评估的重大错报风险确定。对于一般以营利为导向的企业而言，采购与付款交易的重大错报风险常见的情况下是通过低估费用和应付账款，高估利润，粉饰财务状况。但某些企业可能为平滑各年度利润，在经营情况和预算完成情况较好的年度倾向于高估费用，则高估费用和负债可能是其相关年度审计时需要应对的重大错报风险。

2. 应付账款的实质性程序

第一，获取或编制应付账款明细表，并执行以下工作。

表 8-3 采购及付款循环的风险、存在的控制及控制测试程序

可能发生错报的环节	相关财务报表项目及认定	对应的内部控制示例(自动)	对应的内部控制示例(人工)	内部控制测试程序
采购计划未经适当审批	存货:存在; 其他费用:发生; 应付账款:存在		生产、仓储等部门根据生产计划制订需求计划,采购部门汇总需求,按采购类型制订采购计划,经复核人复核后执行	询问复核人复核采购计划的过程,检查采购计划是否经复核人恰当审核
新增供应商或供应商信息变更未经适当的认证	存货:存在; 其他费用:发生; 应付账款:存在	采购订单上的供应商代码必须在系统供应商清单存在匹配的代码,才能生效并发送供应商	复核人复核并批准每一对供应商数据的变更请求,包括供应商地址或银行账户的变更以及新增供应商等。复核时,评估拟进行的供应商数据变更是否得到合适文件的支持,诸如由供应商提供的新地址或银行账户明细或经批准新供应商的授权表格。当复核完成且复核人提出的问题/要求的修改已经得到满意的解决后,复核人在系统中确认复核完成	询问复核人复核供应商数据变更请求的过程,抽样检查变更需求是否有相关文件支持及有复核人的复核确认。检查系统中采购订单的生成逻辑,确认是否存在供应商代码匹配的要求
录入系统的供应商数据可能未经恰当复核	存货:存在; 其他费用:发生; 应付账款/其他应付款:存在	系统定期生成对供应商信息所有新增变更的报告(包括新增供应商、更改银行账户等)	复核人员定期复核系统生成报告中项目是否均经恰当授权,当复核工作完成或要求的修正得到满意解决后签字确认复核工作完成	检查系统报告的生成逻辑及完整性。询问复核人对报告的检查过程,确认其是否签署

续表

可能发生错报的环节	相关财务报表项目及认定	对应的内部控制示例(自动)	对应的内部控制示例(人工)	内部控制测试程序
采购订单与有效的请购单不符	存货:存在、准确性; 其他费用:发生、准确性; 应付账款/其他应付款:存在、准确性、计价和分摊		复核人复核并批准每一个采购订单,包括复核采购订单是否有经适当权限人员签署的请购单支持。复核人也确认采购订单的价格与供应商协商一致且该供应商已通过审批。当发核完成且复核人提出的问题/要求的修改已经得到满意的解决后,签署确认复核完成	询问复核人复核采购订单的过程,包括复核人提出的问题及其跟进记录。抽样检查采购订单是否有对应的请购单及复核人签署确认
订单未被录入系统或在系统内重复录入	存货:存在、完整性; 其他费用:发生、完整性; 应付账款/其他应付款:存在、完整性	系统每月末生成列明跳码或重码的采购订单的例外报告	复核人定期复核列明跳码或重码的采购订单编号的例外报告,以确定是否有遗漏、重复的记录。该复核确定所有采购订单是否都输入系统,且仅输入了一次	检查系统例外报告的生成逻辑。询问复核人对例外报告的检查过程,确认发现的问题是否及时得到跟进处理
接收了缺乏有效采购订单或未经验收的商品	存货:存在、完整性; 其他费用:发生、完整性; 应付账款:存在、完整性	入库确认后,系统生成连续编号的入库单	收货人员只有完成以下程序后,才能在系统中确认商品入库:①检查是否存在有效的采购订单;②检查是否存在有效的验收单;③检查收到的货物数量是否与发货单一致	检查系统入库单编号的连续性;询问收货人员的收货过程;抽样检查入库单是否有对应一致的采购订单及验收单

续表

可能发生错报的环节	相关财务报表项目及认定	对应的内部控制示例(自动)	对应的内部控制示例(人工)	内部控制测试程序
临近会计期末的采购未被记录在正确的会计期间	存货:完整性; 其他费用:完整性; 应付账款:完整性	系统每月末生成列明跳码或重码的入库单的例外报告	复核人复核系统生成的例外报告,检查是否有遗漏、重复入库单。当复核完成且复核人提出的问题/要求的修改已经得到满意解决后,签署确认复核已经完成	检查系统例外报告的生成逻辑;询问复核人对例外报告的检查过程;确认发现的问题是否及时得到跟进处理
	存货:存在、完整性; 其他费用:发生、完整性; 应付账款:存在、完整性	系统每月末生成包含所有已收货但相关发票未录入系统货物信息的例外报告	复核人复核该例外报告中的项目,确定采购是否被记录在正确的期间以及负债计提是否有效。当复核完成且复核人提出的问题/要求的修改已经得到满意的解决后,签署确认复核已经完成	检查系统例外报告的生成逻辑;询问复核人对报告的复核过程;核对报告中的采购是否计提了相应负债;检查复核人的签署确认
发票未被正确编码,导致在成本或费用之间的错误分类	存货:准确性、计价和分摊、完整性; 其他费用:准确性、完整性; 应付账款:存在、完整性	系统自动将相关的发票归集入对应的总分类账费用科目	每张发票开具前均经复核人复核并批准,复核人评估正确的总分类账代码是否被应用到该项目	询问复核人对发票编号/总分类代码的复核过程;抽样检查相关发票是否被恰当分类到了相关费用
	费用/成本:完整性、准确性; 应付账款:完整性、计价和分摊		定期编制所选定关键绩效指标(例如,分成本中心/部门的费用、费用占收入的比例等)与管理层预期(包括以前期间或预算等信息)相比较的报告,复核人识别关键绩效指标与预期之间差异的相关问题(例如波动、例外或异常调整),并与相关人员跟进。所有问题会被合理应对,复核人通过签署关键绩效指标报告以证明完成复核	根据样本量要求选取关键绩效报告,确定是否经管理层复核;复核是否在合理的时间内完成;检查关键绩效指标的计算是否准确,是否与账面记录核对一致;评估用于调查重大差异的界限是否适当。向复核人询问其复核方法,对于其提出的问题,检查是否经恰当根据处理。评价使用数据的完整性和准确性

续表

可能发生错报的环节	相关财务报表项目及认定	对应的内部控制示例(自动)	对应的内部控制示例(人工)	内部控制测试程序
批准付款的发票上存在价格/数量错误或劳务尚未提供的情形	应付账款:完整性、计价和分摊;存货/成本:完整性、计价和分摊	当入库单录入系统后,系统将其与采购订单进行核对。当发票录入系统后,系统将其详细信息与采购订单及入库单进行核对。如信息相符或差异不超过可接受差异,系统将自动批准发票可以付款。如信息不符,发票将被列示于例外报告中,由人工跟进	负责应付账款且无职责冲突的人员负责跟进例外报告中的所有项目。仅当不符信息从例外报告中消除后发票才可以付款	检查系统报告的生成逻辑,确认例外报告的完整性及准确性。与复核人讨论其复核过程,抽样选取例外/删改情况报告。检查每一份报告并确定:①是否存在管理层复核的证据;②复核是否在合理的时间范围内完成③复核人提出问题的跟进是否适当、是否能使交易恰当记录于会计系统。抽样选取采购发票,检查是否与入库单和采购订单所记载的价格、供应商、日期、描述及数量一致
现金支付未记录、未记录在正确的供应商账户(串户)或记录金额不正确	应付账款:计价和分摊、存在; 存货:计价和分摊; 其他费用:准确性		独立于负责现金交易处理的会计人员每月末编制银行存款余额调节表。所有重大差异由调节表编制人跟进,并根据具体情形进行跟进处理。经授权的管理人员复核所编制的银行余额调节表,当复核工作完成或复核人提出的问题/要求的修改已得到满意的解决后,签署确认复核工作已完成	询问复核人对银行存款余额调节表的复核过程。抽样检查银行余额调节表,检查其是否及时得到复核、复核的问题是否得到了恰当跟进处理,复核人是否签署确认

续表

可能发生错报的环节	相关财务报表项目及认定	对应的内部控制示例(自动)	对应的内部控制示例(人工)	内部控制测试程序
现金支付未记录、未记录在正确的供应商账户(串户)或记录金额不正确	应付账款:存在、完整性、计价和分摊; 存货:存在、完整性、计价和分摊; 其他费用:发生、完整性、计价和分摊		应付账款会计人员将供应商提供的对账单与应付账款明细表进行核对,并对差异进行跟进处理。复核人定期复核供应商对账结果,该对账通过从应付账款明细账中抽取的一定数量的应付供应商余额与供应商提供的对账单进行核对。当复核工作完成或复核人提出的问题/要求的修改已得到满意的解决后,签署确认复核工作已完成	询问复核人对供应商对账结果的复核过程,抽样选取供应商对账单,检查其是否与应付账款明细账得到正确的核对,差异是否得到恰当的跟进处理,检查复核人的相关签署确认
员工具有不适当的访问权限,使其能够实施违规交易或隐瞒错误	应付账款:存在、完整性、准确性; 存货:存在、完整性、计价和分摊; 其他费用:发生、完整性、计价和分摊	采购系统根据管理层的授权进行权限设置,以支持采购职能所要求的上述职责分离	管理层分离以下活动:①供应商主信息维护;②请购授权;③输入采购订单;④开具供应商发票;⑤按照订单收取货物;⑥存货盘点调整等	检查系统中相关人员的访问权限。复核管理层的授权职责分配表,对不相容职位(申请与审批等)是否设置了恰当的职责分离
总账与明细账中的记录不一致	应付账款:完整性、准确性; 其他费用:完整性、准确性	应付账款/费用明细账的总余额与总账账户间的调节表会在每个期间末及时执行	任何差异会被调查;如恰当,将进行调整。复核人会复核调节表及相关支持文档,任何差异及/或调整会被批准	核对总账与明细账的一致性,检查复核人的复核及差异跟进记录

（1）复核加计是否正确，并与报表数、总账数和明细账合计数核对是否相符。

（2）检查非记账本位币应付账款的折算汇率及折算是否正确。

（3）分析出现借方余额的项目，查明原因，必要时，建议做重分类调整。

（4）结合预付账款、其他应付款等往来项目的明细余额，检查有无针对同一交易在应付账款和预付款项同时记账的情况、异常余额或与购货无关的其他款项（如关联方账户或雇员账户）。

第二，函证应付账款。获取适当的供应商相关清单，例如本期采购量清单、所有现存供应商名单或应付账款明细账。询问该清单是否完整并考虑该清单是否应包括预期负债等附加项目。选取样本进行测试并执行如下程序。

（1）向债权人发送询证函。注册会计师应根据审计准则的规定对询证函保持控制，包括确定需要确认或填列的信息，选择适当的被询证者、设计询证函，包括正确填列被询证者的姓名和地址，以及被询证者直接向注册会计师回函的地址等信息，必要时再次向被询证者寄发询证函等。

（2）将询证函与回函确认的余额与已记录金额相比较，如存在差异，检查支持性文件。评价已记录金额是否适当。

（3）对于未回复的函证实施替代程序。如检查至付款文件（如现金支出、电汇凭证和支票复印件）、相关的采购文件（如采购订单、验收单、发票和合同）或其他适当文件。

（4）如果认为回函不可靠，评价对评估的重大错报风险以及其他审计程序的性质、时间安排和范围的影响。

第三，检查应付账款是否计入了正确的会计期间，是否存在入账的应付账款。

（1）对本期发生的应付账款增减变动，检查至相关支持性文件，确认会计处理是否正确。

（2）检查资产负债表日后应付账款明细账贷方发生额的相应凭证，关注其验收单、购货发票的日期，确认其入账时间是否合理。

（3）获取并检查被审计单位与其供应商之间的对账单以及被审计单位编制的差异调节表，确定应付账款金额的准确性。

（4）针对资产负债表日后付款项目，检查银行对账单及有关付款凭证（如银行汇款通知、供应商收据等），询问被审计单位内部或外部的知情人员，查清有无未及时入账的应付账款。

（5）结合存货监盘程序，检查被审计单位在资产负债表日前后的存货入库资料（验收报告或入库单），检查相关负债是否计入了正确的会计期间。

如果注册会计师通过这些审计程序发现某些未入账的应付账款，应将有关情况详细记入审计工作底稿，并根据其重要性确定是否需建议被审计单位进行相应的调整。

第四，寻找未入账负债的测试。获取期后收取、记录或支付的发票明细，包括获取支票登记簿/电汇报告/银行对账单（根据被审计单位情况不同）以及入账的发票和未入账的发票。从中选取项目（尽量接近审计报告日）进行测试并实施以下程序。

（1）检查支持性文件，如相关的发票、采购合同/申请、收货文件以及接受劳务明细，以确定收到商品/接受劳务的日期及应在期末之前入账的日期。

（2）追踪已选取项目至应付账款明细账、货到票未到的暂估入账和/或预提费用明细表，并关注费用所计入的会计期间。调查并跟进所有已识别的差异。

（3）评价费用是否被记录于正确的会计期间，并相应确定是否存在期末未入账负债。

第五，检查应付账款长期挂账的原因并做出记录，对确实无须支付的应付款的会计处理是否正确。

第六，如存在应付关联方的款项。

（1）了解交易的商业理由。

（2）检查证实交易的支持性文件（例如，发票、合同、协议及入库和运输单据等相关文件）。

（3）检查被审计单位与关联方的对账记录或向关联方函证。

第七，检查应付账款是否已按照企业会计准则的规定在财务报表中做出恰当列报和披露。

二、除折旧/摊销、人工费用以外的一般费用的实质性程序

折旧/摊销和人工费用一般分别在固定资产循环、人力资源和职工薪酬循环中涵盖，此处提及的是除这些以外的一般费用。

1. 一般费用的审计目标

一般费用的审计目标一般包括：确定利润表中记录的一般费用是否确认发生（发生认定）；确定所有应当记录的费用是否均已记录（完整性认定）；确定一般费用是否以恰当的金额包括在财务报表中（准确性认定）；确定费用是否已计入恰当的会计期间（截止认定）。

2. 一般费用的实质性程序

第一，获取一般费用明细表，复核其加计数是否正确，并与总账和明细账合计数核对是否正确。

第二，实质性分析程序。

（1）考虑可获取信息的来源、可比性、性质和相关性以及与信息编制相关的控制，评价在对记录的金额或比率做出预期时使用数据的可靠性。

（2）将费用细化到适当层次，根据关键因素和相互关系（例如本期预算、费用类别与销售数量、职工人数的变化之间的关系等）设定预期值，评价预期值是否足够精确以识别重大错报。

（3）确定已记录金额与预期值之间可接受的、无须做进一步调查的可接受的差异额。

（4）将已记录金额与期望值进行比较，识别需要进一步调查的差异。

（5）调查差异，询问管理层，针对管理层的答复获取适当的审计证据；根据具体情况在必要时实施其他审计程序。

第三，从资产负债表日后的银行对账单或付款凭证中选取项目进行测试，检查支持性文件（如合同或发票），关注发票日期和支付日期，追踪已选取项目至相关费用明

细表，检查费用所计入的会计期间，评价费用是否被记录于正确的会计期间。

第四，对本期发生的费用选取样本，检查其支持性文件，确定原始凭证是否齐全，记账凭证与原始凭证是否相符以及账务处理是否正确。

第五，抽取资产负债表日前后的凭证，实施截止测试，评价费用是否被记录于正确的会计期间。

第六，检查一般费用是否已按照企业会计准则及其他相关规定在财务报表中做出恰当的列报和披露。

思考与练习

关键术语

采购与付款循环、重大错报风险、应付账款的实质性程序

延伸阅读

1.《中国注册会计师审计准则第 1111 号——就审计业务约定条款达成一致意见》

2.《中国注册会计师审计准则第 1151 号——与治理层的沟通》

思考题

1. 注册会计师通过采用分析程序对被审计单位的固定资产进行分析，可发现哪些问题和错误？

2. 注册会计师甲在审计 D 公司的年度财务报表时，注意到采购与付款循环相关的内部控制存在缺陷。甲认为 D 公司管理当局在资产负债表日故意推迟记录发生的应付账款，于是决定实施审计程序进一步查找未入账的应付账款。请问注册会计师甲应如何查找未入账的应付账款？

练习题

标志会计师事务所注册会计师小陈在对甲公司 2019 年的应付账款项目进行审计，根据需要，小陈决定对甲公司下列应付账款 4 个明细账目中的 2 个进行函证。

债权人	应付账款年末余额/万元	本年度进货总额/万元
A 公司	220	460
B 公司	0	1 980
C 公司	650	750
D 公司	190	2 130

要求：小陈应选择哪两家债权人进行函证？并说明理由。

第九章　生产与存货循环审计

学习目的与要求

通过本章的学习，理解生产与存货循环审计的程序和方法；熟练掌握存货成本、存货监盘、存货计价以及其他相关账户审计的技能；了解生产与存货循环的基本业务活动和内部控制；了解和掌握评估生产与存货循环的重大错报风险、生产与存货循环的控制测试程序和相关账户的实质性测试程序；能运用所学的生产与存货循环审计的基本理论、基本方法和基本技能解决实际审计工作中的有关问题。

第一节　生产与存货循环的特点

一、不同类型行业的存货性质

存货性质由于被审计单位业务的不同而有很大的差别，表 9-1 列示不同类型行业经营主体的存货性质。

表 9-1　不同类型行业的存货性质

行业类型	存货性质
一般制造业	采购的原材料、低值易耗品和配件等，生产的半成品和产成品
贸易业	从厂商、批发商或其他零售商处采购的商品
餐饮业	用于加工食品的食材、饮料等
建筑业	建筑材料、在建项目成本（一般包括建造活动发生的直接材料、直接人工成本和间接费用，以及支付给分包商的建造成本等）

存货是企业的重要资产，存货的采购、使用和销售与企业的经营活动紧密相关，对企业的财务状况和经营成果具有重大而广泛的影响。注册会计师应当确认在财务报表中列示的存货金额是否正确（准确性认定），是否归被审计单位所有（存在、完整性、权利和义务认定），期末计价是否准确（计价和分摊认定），存货的购入和发出交易是否计入正确的会计期间（截止认定）。

原材料的采购入库在采购与付款循环中涉及，产成品的出库销售在销售与收款循环中涉及，本章侧重于原材料入库之后至产成品发出之间的业务活动。

二、涉及的主要凭证与会计记录

在内部控制比较健全的企业，处理生产和存货业务通常需要使用很多单据与会计记录。典型的生产与存货循环所涉及的主要单据与会计记录有以下几种（不同被审计单位的单据名称可能不同）。

（1）生产指令，又称“生产任务通知单”或“生产通知单”，是企业下达制造产品等生产任务的书面文件，用以通知供应部组织材料发放，生产车间组织产品制造，会计部门组织成本计算。广义的生产指令也包括用于指导产品加工的工艺规程，如机械加工“路线图”等。

（2）领发料凭证，是企业为控制材料发出所采用的各种凭证，如材料发出汇总表、领料单、配额领料单、领料登记簿、退料单等。

（3）产量和工时记录，是登记工人或生产班组在出勤时间内完成产品数量、质量和生产这些产品所耗工时数量的原始记录。产量和工时记录的内容与格式是多种多样的，在不同的生产企业中，甚至在同一企业的不同生产车间中，由于生产类型不同而采用不同格式的产量和工时记录。常见的产量和工时记录主要有工作通知单、工序进程单、工作班产量报告、产量通知单、产量明细表、废品通知单等。

（4）工薪汇总表及工薪费用分配表。工薪汇总表是为了反映企业全部工薪的结算情况，并据以进行工薪总分类核算和汇总整个企业工薪费用而编制的，它是企业进行工薪费用分配的依据。工薪费用分配表反映了各生产车间各产品应负担的生产工人工薪及福利费。

（5）材料费用分配表，是用来汇总反映各生产车间各产品所耗费的材料费用的原始记录。

（6）制造费用分配汇总表，是用来汇总反映各生产车间各产品所应负担的制造费用的原始记录。

（7）成本计算单，是用来归集某一成本计算对象所应承担的生产费用，计算该成本计算对象的总成本和单位成本的记录。

（8）产成品入库单和出库单。产成品入库单是产品生产完成并经检验合格后从生产部门转入仓库的凭证。产成品出库单是根据经批准的销售单发出产成品的凭证。

（9）存货明细账，是用来反映各种存货增减变动情况和期末库存数量及相关成本信息的会计记录。

（10）存货盘点指令、盘点表及盘点标签。一般制造类企业通常会定期对存货实物进行盘点，将实物盘点数量与账面数量进行核对，对差异进行分析调查，必要时做账务调整，以确保账实相符。在实施存货盘点之前，管理人员通常编制存货盘点指令，对存货盘点的时间、人员、流程及后续处理等方面做出安排。在盘点过程中，通常会使用盘点表记录盘点结果，使用盘点标签对已盘点存货及数量做出标识。

（11）存货货龄分析表。很多制造型企业通过编制存货货龄分析表，识别流动较慢或滞销的存货，并根据市场情况和经营预测，确定是否需要计提存货跌价准备。这对于管理具有保质期的存货（如食物、药品、化妆品等）尤其重要。

第二节 生产与存货循环的重大错报风险的评估

一、生产与存货循环存在的重大错报风险

以一般制造类企业为例，影响生产与存货循环交易和余额的风险因素可能包括：

（1）交易的数量和复杂性。制造类企业交易的数量庞大，业务复杂，这就增加了错误和舞弊的风险。

（2）成本核算的复杂性。制造类企业的成本核算比较复杂，虽然原材料和人工等直接成本的归集和分配比较简单，但间接费用的分配可能较为复杂，并且同行业中的不同企业也可能采用不同的认定和计量基础。

（3）产品的多元化。这可能要求聘请专家来验证其质量、状况或价值。另外，计算库存存货数量的方法也可能是不同的。例如，计量煤堆、筒仓里的谷物或糖、黄金或贵重宝石、化工品和药剂产品存储量的方法都可能不一样。这并不是要求注册会计师每次清点存货都需要专家配合，如果存货容易辨认、存货数量容易清点，就无须专家帮助。

（4）某些存货的可变现净值难以确定。例如价格受全球经济供求关系影响的存货，由于其可变现净值难以确定，会影响存货采购价格和销售价格的确定，并将影响注册会计师对与存货计价和分摊认定有关的风险进行的评估。

（5）将存货存放在很多地点。大型企业可能将存货存放在很多地点，并且可以在不同的地点之间配送存货，这将增加商品途中毁损或遗失的风险，或者导致存货在两个地点被重复列示，也可能产生转移定价错误或舞弊。

（6）寄存的存货。有时候存货虽然还存放在企业，但可能已经不为企业所有。反之，企业的存货也可能被寄存在其他企业。

由于存货与企业各项经营活动的紧密联系，存货的重大错报风险往往与财务报表其他项目的重大错报风险紧密相关。例如，收入确认的错报风险往往与存货的错报风险共存，存货成本核算的错报风险与营业成本的错报风险共存，等等。

综上所述，一般制造类企业存货的重大错报风险通常包括：

（1）存货实物可能不存在（存在认定）。

（2）属于被审计单位的存货可能未在账面反映（完整性认定）。

（3）存货的所有权可能不属于被审计单位（权利和义务认定）。

（4）存货的单位成本可能存在计算错误（计价和分摊认定/准确性认定）。

（5）存货的账面价值可能无法实现，即跌价损失准备的计提可能不充分（计价和分摊认定）。

二、根据重大错报风险评估结果设计进一步审计程序

注册会计师基于生产与存货循环的重大错报风险评估结果，制订实施进一步审计程序的总体方案（包括综合性方案和实质性方案），如表 9-2 所示，继而实施控制测试和实质性程序，以应对识别出的认定层次重大错报风险。注册会计师通过控制测试和

实质性程序获取审计证据，综合起来足以应对识别出的认定层次重大错报风险。

表 9-2 生产和存货循环的重大错报风险和进一步审计程序总体方案

重大错报风险描述	相关财务报表项目及认定	风险程度	是否信赖控制	进一步审计程序的总体方案	拟从控制测试中获取的保证程度	拟从实质性程序中获取的保证程度
存货实物可能不存在	存货：存在	特别	是	综合性	中	高
存货的单位成本可能存在计算错误	存货：计价和分摊；营业成本：准确性	一般	是	综合性	中	低
已销售产品的成本可能没有准确结转至营业成本	存货：计价和分摊；营业成本：准确性	一般	是	综合性	中	低
存货的账面价值可能无法实现	存货：计价和分摊	特别	否	实质性	无	高

注册会计师根据重大错报风险的评估结果初步确定实施进一步审计程序的具体审计计划，因为风险评估和审计计划都是贯穿审计全过程的动态活动，而且控制测试的结果可能导致注册会计师改变对内部控制的信赖程度，因此，具体审计计划并非一成不变，可能需要在审计过程中进行调整。

然而，无论是采用综合性方案还是实质性方案，获取的审计证据都应当能够从认定层次应对所识别的重大错报风险，直至针对该风险所涉及的全部相关认定均已获取足够的保证程度。

第三节 生产与存货循环的控制测试

总体上看，生产与存货循环的内部控制主要包括存货数量的内部控制和存货单价的内部控制两方面。由于生产与存货循环和其他业务循环紧密联系，生产与存货循环中某些审计程序，特别是对存货余额的审计程序，与其他相关业务循环的审计程序同时进行将更为有效。例如，原材料的采购和记录是作为采购与付款循环的一部分进行测试的，人工成本（包括直接人工成本和制造费用中的人工费用）是作为工薪循环的一部分进行测试的。因此，在对生产与存货循环的内部控制实施测试时，要考虑其他业务循环的控制测试是否与本循环相关，避免重复测试。

风险评估和风险应对是整个审计过程的核心，因此，注册会计师通常以识别的重大错报风险为起点，选取拟测试的控制并实施控制测试。表 9-3 列示了通常情况下注册会计师对生产与存货循环实施的控制测试。

表 9-3　生产与存货循环的风险、存在的控制及控制测试程序

可能发生错报的环节		相关财务报表项目及认定	存在的内部控制(自动)	存在的内部控制(人工)	内部控制测试程序
发出原材料	原材料的发出可能未经授权	生产成本:存在		所有领料单由生产主管签字批准,仓库管理员凭经批准的领料单发出原材料	选取领料单,检查是否有生产主管的签字授权
发出原材料	发出的原材料可能未正确计入相应产品的生产成本中	生产成本:计价和分摊	领料单信息输入系统,输入对应的生产任务单编号和所生产的产品代码,每月末系统自动归集生产成本明细表	生产主管每月末将其生产任务单及相关领料单存根联与材料成本明细表进行核对,调查差异并处理	检查生产主管核对材料成本明细表的记录,询问其核对过程及结果
记录人工成本	生产工人的人工成本可能未得到准确反映	生产成本:准确性	所有员工有专属员工代码和部门代码,员工的考勤记录计入相应员工代码	人事部每月编制工薪费用分配表,按员工所属部门将工薪费用分配至生产成本、制造费用、管理费用和销售费用,经财务经理复核后入账	检查系统中员工的部门代码是否与其实际职责相符。询问并检查财务经理复合工资费用分配表的过程和记录
记录制造费用	发生的制造费用可能没有得到完成归集	制造费用:完整性	系统根据输入的成本和费用代码自动识别制造费用并进行归集	成本会计每月复核系统生成的制造费用明细表并调查异常波动。必要时由财务经理批准进行调整	检查系统的自动归集设置是否符合有关成本和费用的性质,是否合理。询问并检查成本会计复核制造费用明细表的过程和记录,检查财务经理对调整制造费用的批准记录
计算产品成本	生产成本和制造费用在不同产品之间、在产品和产成品之间的分配可能不正确	存货:计价和分摊; 营业成本:准确性		成本会计执行产品成本核算、日常成本核算,财务经理每月末审核产品成本计算表及相关资料(原材料成本核算表、工薪费用分配记录、制造费用分配表等),并调查异常项目	询问财务经理如何执行复核及调查。选取产品成本计算表及相关资料,检查财务经理的复核记录

续表

可能发生错报的环节		相关财务报表项目及认定	存在的内部控制(自动)	存在的内部控制(人工)	内部控制测试程序
产成品入库	已完工产品的生产成本可能没有转移到产成品中	存货:计价和分摊	系统根据当月输入的产成品入库单和出库单信息自动生成产成品收(入库)发(出库)存(余额)报表	成本会计将产成品收发存报表中的产品入库数量与当月成本计算表中结转的产成品成本相应的数量进行核对	询问和检查成本会计将产成品收发存报表与成本计算表进行核对的过程和记录
发出产成品	销售发出的产成品的成本可能没有正确转入营业成本	存货:计价和分摊; 营业成本:准确性	系统根据确认的营业收入所对应的售出产品自动结转营业成本	财务经理和总经理每月对毛利率进行比较分析,对异常波动进行调查和处理	检查系统设置的自动结转功能是否正常运行,成本结转方式是否符合公司成本核算政策。询问和检查财务经理和总经理进行毛利率分析的过程和记录,对异常波动的调查和处理结果进行核实
盘点存货	存货可能被盗或因材料领用/产品销售未入账而出现账实不符	存货:存在		仓库保管员每月末盘点存货并与仓库台账核对并调节一致;成本会计监督其盘点与核对,并抽查部分存货进行复盘。 每年末盘点所有存货,并根据盘点结果分析盘盈盘亏并进行账面调整	
计提存货跌价准备	可能存在残冷背次的存货,影响存货的价值	存货:计价和分摊; 资产减值损失:完整性	系统根据存货入库日期自动统计货龄,每月末生成存货货龄分析表	财务部根据系统生成的存货货龄分析表,结合生产和仓储部门上报的存货毁损情况及存货盘点过程中对存货状况的检查结果,计提存货减值准备,报总经理审核批准后入账	询问财务经理识别减值风险并确定减值准备的过程,检查总经理的复核批准记录

在表 9-3 控制测试中，如果人工控制在执行时依赖于信息系统生成的报告，注册会计师还应当针对系统生成报告的准确性执行测试，例如与计提存货跌价准备相关的管理层控制中使用了系统生成的存货货龄分析表，其准确性影响管理层控制的有效性，因此，注册会计师需要同时测试存货货龄分析表的准确性。

有些被审计单位采用信息系统执行全程自动化成本核算。在这种情况下，注册会计师通常需要对信息系统中的成本核算流程和参数设置进行了解和测试（可能需要利用信息技术专家的工作），并测试相关信息系统一般控制的运行有效性。

需要说明的是，表 9-3 列示的是生产与存货循环一些较为常见的内部控制和相应的控制测试程序，目的在于帮助注册会计师根据具体情况设计能够实现审计目标的控制测试。该表既未包含生产与存货循环所有的内部控制和控制测试，也并不意味着审计实务应当按此执行。一方面，被审计单位所处行业不同、规模不一、内部控制制度的设计和执行方式不同，以前期间接受审计的情况也各不相同；另一方面，受审计时间、审计成本的限制，注册会计师除了确保审计质量、审计效果外，还需要提高审计效率，尽可能地消除重复的测试程序，保证检查某一凭证时能够一次完成对该凭证的全部审计测试程序，并按最有效的顺序实施审计测试。因此，在审计实务工作中，注册会计师都需要从实际出发，设计适合被审计单位具体情况的实用高效的控制测试计划。

第四节　生产与存货循环的实质性程序

在完成控制测试之后，注册会计师基于控制测试的结果（即控制运行是否有效），确定从控制测试中已获得的审计证据及其保证程度，确定是否需要对具体审计计划中设计的实质性程序的性质、时间安排和范围做出适当调整，在实务中，注册会计师通过计划阶段执行的风险评估程序，已经确定了已识别重大错报风险的相关认定。在下面的介绍中，我们从风险应对的具体审计目标和相关认定的角度出发，对实务中较为常见的针对存货和营业成本的实质性程序进行阐述。这些程序可以从一个或多个认定方面应对识别的重大错报风险。

一、存货的审计目标

存货审计，尤其是对年末存货余额的测试，通常是审计中最复杂也最费时的部分。对存货存在和存货价值的评估常常十分困难。导致存货审计复杂的主要原因包括：

（1）存货通常是资产负债表中的一个主要项目，而且通常是构成营运资本的最大项目。

（2）存货存放于不同的地点，这使得对它的实物控制和盘点都很困难。企业必须将存货置放于产品生产和销售的地方，但是这种分散也带来了审计的困难。

（3）存货项目的多样性也给审计带来了困难。例如，化学制品、宝石，电子元件以及其他的高科技产品。

（4）存货本身的陈旧以及存货成本的分配也使得存货的估价存在困难。

（5）不同企业采用的存货计价方法存在多样性。

正是由于存货对于企业的重要性、存货问题的复杂性以及存货与其他项目密切的关联度，要求注册会计师对存货项目的审计应当予以特别的关注。相应地，要求实施存货项目审计的注册会计师应具备较高的专业素质和相关业务知识，分配较多的审计工时，运用多种有针对性的审计程序。

存货审计涉及数量和单价两个方面。针对存货数量的实质性程序主要是存货监盘。此外，还包括对第三方保管的存货实施函证等程序，对在途存货检查相关凭证和期后入库记录等。针对存货单价的实质性程序包括对购买和生产成本的审计程序和对存货可变现净值的审计程序。其中原材料成本的计量较为简单，通常通过对采购成本的审计进行测试；在产品和产成品的单价较为复杂，包括测试原材料成本、人工成本和制造费用的归集和分摊。

审计存货的另一个考虑就是其与采购、销售收入及销售成本间的相互关系，因为就存货认定取得的证据也同时为其对应项目的认定提供了证据。例如，通过存货监盘和对已收存货的截止测试取得的，与外购商品或原材料存货的完整性和存在认定相关的证据，自动为同一期间原材料和商品采购的完整性和发生提供了保证。类似地，销售收入的截止测试也为期末之前的销售成本已经从期末存货中扣除并正确计入销售成本提供了证据。

存货的审计目标一般包括实施审计程序以证实：

（1）账面存货余额对应的实物是否真实存在（存在认定）。

（2）属于被审计单位的存货是否均已入账（完整性认定）。

（3）存货是否属于被审计单位（权利和义务）。

（4）存货单位成本的计量是否准确（计价和分摊认定）。

（5）存货的账面价值是否可以实现（计价和分摊认定）。

二、存货的一般审计程序

第一，获取年末存货余额明细表，并执行以下工作。

（1）复核单项存货余额的计算（单位成本×数量）和明细表的加总计算是否准确。

（2）将年末存货余额与上年末存货余额进行比较，总体分析变动原因。

第二，实施实质性分析程序。

存货的实质性分析程序中较常见的是对存货周转天数的实质性分析程序，过程如下：

（1）根据对被审计单位的经营活动、供应商、贸易条件、行业惯例和行业现状的了解，确定存货周转天数的预期值。

（2）根据对本期存货余额组成、实际经营情况、市场情况、存货采购情况等的了解，确定可接受的差异额。

（3）计算实际存货周转天数和预期周转天数之间的差异。

（4）通过询问管理层和相关员工，调查存在重大差异的原因，并评估差异是否表明存在重大错报风险，是否需要设计恰当的细节测试程序以识别和应对重大错报风险。

三、存货监盘

1. 存货监盘的作用

如果存货对财务报表是重要的，注册会计师应当实施下列审计程序，对存货的存在和状况获取充分、适当的审计证据。

（1）在存货盘点现场实施监盘（除非不可行）。

（2）对期末存货记录实施审计程序，以确定其是否准确反映实际的存货盘点结果。

在存货盘点现场实施监盘时，注册会计师应当实施下列审计程序。

（1）评价管理层用以记录和控制存货盘点结果的指令和程序。

（2）观察管理层制定的盘点程序的执行情况。

（3）检查存货。

（4）执行抽盘。

存货监盘的相关程序可以用作控制测试或者实质性程序。注册会计师可以根据风险评估结果、审计方案和实施的特定程序做出判断。例如，如果只有少数项目构成了存货的主要部分，注册会计师可能选择将存货监盘用作实质性程序。

需要说明的是，尽管实施存货监盘，获取有关期末存货数量和状况的充分、适当的审计证据是注册会计师的责任，但这并不能取代被审计单位管理层定期盘点存货、合理确定存货的数量和状况的责任。事实上，管理层通常制定程序，对存货每年至少进行一次实物盘点，以作为编制财务报表的基础，并用以确定被审计单位永续盘存制的可靠性（如适用）。

注册会计师监盘存货的目的在于获取有关存货数量和状况的审计证据。因此，存货监盘针对的主要是存货的存在认定，对存货的完整性认定及计价和分摊认定，也能提供部分审计证据。此外，注册会计师还可能在存货监盘中获取有关存货所有权的部分审计证据，例如，如果注册会计师在监盘中注意某些存货已经被法院查封，需要考虑被审计单位对这些存货的所有权是否受到了限制。《〈中国注册会计师审计准则第1311号——对存货、诉讼和索赔、分部信息等特定项目获取审计证据的具体考虑〉应用指南》第6段所述，存货监盘本身并不足以供注册会计师确定存货的所有权，注册会计师可能需要执行其他实质性审计程序以应对。

2. 存货监盘计划

第一，制订存货监盘计划的基本要求。

注册会计师应当根据被审计单位存货的特点、盘存制度和存货内部控制的有效性等情况，在评价被审计单位管理层制订的存货盘点程序的基础上，编制存货监盘计划，对存货监盘做出合理安排。

有效的存货监盘需要制订周密、细致的计划。为了避免误解并有助于有效地实施存货监盘，注册会计师通常需要与被审计单位就存货监盘等问题达成一致意见。因此，注册会计师首先应当充分了解被审计单位存货的特点、盘存制度和存货内部控制的有效性等情况，并考虑获取、审阅和评价被审计单位预定的盘点程序。根据计划过程所搜集的信息，有助于注册会计师合理确定参与监盘的地点以及存货监盘的程序。

第二，制订存货监盘计划应考虑的相关事项。

（1）与存货相关的重大错报风险。存货通常具有较高水平的重大错报风险，影响重大错报风险的因素具体包括：存货的数量和种类、成本归集的难易程度、陈旧过时的速度或易损坏程度、遭受失窃的难易程度。由于制造过程和成本归集制度的差异，制造企业的存货与其他企业（如批发企业）的存货相比往往具有更高的重大错报风险，对于注册会计师的审计工作而言则更具复杂性。外部因素也会对重大错报风险产生影响。例如，技术进步可能导致某些产品过时，从而导致存货价值更容易发生高估。以下类别的存货就可能增加审计的复杂性与风险：①具有漫长制造过程的存货。制造过程漫长的企业（如飞机制造和酒类产品酿造企业），其审计重点包括递延成本、预期发生成本以及未来市场波动可能对当期损益的影响等事项。②具有固定价格合约的存货。预期发生成本的不确定性是其重大审计问题。③与时装相关的服装行业。由于服装产品的消费者对服装风格或颜色的偏好容易发生变化，因此，存货是否过时是重要的审计事项。④鲜活、易腐产品存货。因为物质特性和保质期短暂，此类存货变质的风险很高。⑤具有高科技含量的存货。由于技术进步，此类存货容易过时。⑥单位价值高昂、容易被盗窃的存货。例如，珠宝存货的错报风险通常高于铁质纽扣之类存货的错报风险。

（2）与存货相关的内部控制的性质。在制订存货监盘计划时，注册会计师应当了解被审计单位与存货相关的内部控制，并根据内部控制的完善程度确定进一步审计程序的性质、时间安排和范围。与存货相关的内部控制涉及被审计单位供、产、销各个环节，包括采购、验收、仓储、领用、加工、装运出库等方面。需要说明的是，与存货内部控制相关的措施有很多，其有效程度也存在差异。

与采购相关的内部控制的总体目标是所有交易都已获得适当的授权与批准。使用购货订购单是一项基本的内部控制措施。购货订购单应当预先连续编号，事先确定采购价格并获得批准。此外，还应当定期清点购货订购单。

与存货验收相关的内部控制的总体目标是所有收到的商品都已得到记录。使用验收报告单是一项基本的内部控制措施。被审计单位应当设置独立的部门负责验收商品，该部门具有验收存货实物、确定存货数量、编制验收报告、将验收报告传送至会计核算部门以及运送商品至仓库等一系列职能。

与仓储相关的内部控制的总体目标是确保与存货实物的接触必须得到管理层的指示和批准。被审计单位应当采取实物控制措施，使用适当的存储措施，以使存货免受意外损毁、盗窃或破坏。

与领用相关的内部控制的总体目标是所有存货的领用均应得到批准和记录。使用存货领用单是一项基本的内部控制措施。对存货领用单，应当定期进行清点。

与加工（生产）相关的内部控制的总体目标是所有的装运都得到了记录。使用生产报告是一项基本的内部控制措施。在生产报告中，应当对产品质量缺陷和零部件使用及报废情况及时做出说明。

与装运出库相关的内部控制的总体目标是所有的装运都得到了记录。使用发运凭证是一项基本的内部控制措施。发运凭证应当预先编号，定期进行清点，并作为日后开具收款账单的依据。

被审计单位与存货实地盘点相关的内部控制通常包括：制订合理的存货盘点计划，确定合理的存货盘点程序，配备相应的监督人员，对存货进行独立的内部验证，将盘点结果与永续存货记录进行独立的调节，对盘点表和盘点标签进行充分控制。

（3）对存货盘点是否制订了适当的程序，并下达了正确的指令。注册会计师一般需要复核或与管理层讨论其存货盘点程序。在复核或与管理层讨论其存货盘点程序时，注册会计师应当考虑下列主要因素，以评价其能否合理地确定存货的数量和状况：①盘点的时间安排；②存货盘点范围和场所的确定；③盘点人员的分工及胜任能力；④盘点前的会议及任务布置；⑤存货的整理和排列，对毁损、陈旧、过时、残次及所有权不属于被审计单位的存货的区分；⑥存货的计量工具和计量方法；⑦在产品完工程度的确定方法；⑧存放在外单位的存货的盘点安排；⑨存货收发截止的控制；⑩盘点表单的设计、使用与控制；⑪盘点结果的汇总以及盘盈或盘亏的分析、调查与处理。如果认为被审计单位的存货盘点程序存在缺陷，注册会计师应当提请被审计单位调整。

（4）存货盘点的时间安排。如果存货盘点在财务报表日以外的其他日期进行，注册会计师除实施存货监盘相关审计程序外，还应当实施其他审计程序，以获取审计证据，确定存货盘点日与财务报表日之间的存货变动是否已得到恰当的记录。

（5）被审计单位是否一贯采用永续盘存制。存货数量的盘存制度一般分为实地盘存制与永续盘存制。存货盘存制度不同，注册会计师需要做出的存货监盘安排也不同。如果被审计单位通过实地盘存制确定存货数量，则注册会计师要参加此种盘点。如果被审计单位采用永续盘存制，注册会计师应在年度中一次或多次参加盘点。

（6）存货的存放地点（包括不同存放地点的存货的重要性和重大错报风险），以确定适当的监盘地点。

如果被审计单位的存货存放在多个地点，注册会计师可以要求被审计单位提供一份完整的存货存放地点清单（包括期末库存量为零的仓库、租赁的仓库，以及第三方代被审计单位保管存货的仓库等），并考虑其完整性。根据具体情况下的风险评估结果，注册会计师可以考虑执行以下一项或多项审计程序：①询问被审计单位除管理层和财务部门以外的其他人员，如营销人员、仓库人员等，以了解有关存货存放地点的情况；②比较被审计单位不同时期的存货存放地点清单，关注仓库变动情况，以确定是否存在因仓库变动而未将存货纳入盘点范围的情况发生；③检查被审计单位存货的出、入库单，关注是否存在被审计单位尚未告知注册会计师的仓库（如期末库存量为零的仓库）；④检查费用支出明细账和租赁合同，关注被审计单位是否租赁仓库并支付租金，如果有，该仓库是否已包括在被审计单位提供的仓库清单中；⑤检查被审计单位“固定资产——房屋建筑物”明细清单，了解被审计单位可用于存放存货的房屋建筑物。

在获取完整的存货存放地点清单的基础上，注册会计师可以根据不同地点所存放存货的重要性以及对各个地点与存货相关的重大错报风险的评估结果（例如，注册会计师在以往审计中可能注意到某些地点存在存货相关的错报，因此，在本期审计时对其予以特别关注），选择适当的地点进行监盘，并记录选择这些地点的原因。

如果识别出由于舞弊导致的影响存货数量的重大错报风险，注册会计师在检查被审计单位存货记录的基础上，可能决定在不预先通知的情况下对特定存放地点的存货实施监盘，或在同一天对所有存放地点的存货实施监盘。

同时，在连续审计中，注册会计师可以考虑在不同期间的审计中变更所选择实施监盘的地点。

（7）是否需要专家协助。注册会计师可能不具备其他专业领域专长与技能。在确定资产数量或资产实物状况（如矿石堆），或在收集特殊类别存货（如艺术品、稀有玉石、房地产、电子器件、工程设计等）的审计证据时，注册会计师可以考虑利用专家的工作。

当在产品存货金额较大时，可能面临如何评估在产品完工程度的问题。注册会计师可以了解被审计单位的盘点程序，如果有关在产品的完工程度未被明确列出，注册会计师应当考虑其他有助于确定完工程度的措施，如获取零部件明细清单、标准成本表以及作业成本表，与工厂的有关人员进行讨论等，并运用职业判断。注册会计师也可以根据存货生产过程的复杂程度考虑利用专家的工作。

第三，存货监盘计划的主要内容。

（1）存货监盘的目标、范围及时间安排。存货监盘的主要目标包括获取被审计单位资产负债表日有关存货数量和状况以及有关管理层存货盘点程序可靠性的审计证据，检查存货的数量是否真实完整，是否归属被审计单位，存货有无毁损、陈旧、过时、残次和短缺等状况。

存货监盘范围的大小取决于存货的内容、性质以及与存货相关的内部控制的完善程度和重大错报风险的评估结果。

存货监盘的时间，包括实地察看盘点现场的时间、观察存货盘点的时间和对已盘点存货实施检查的时间等，应当与被审计单位实施存货盘点的时间相协调。

（2）存货监盘的要点及关注事项。存货监盘的要点主要包括注册会计师实施存货监盘程序的方法、步骤，各个环节应注意的问题以及所要解决的问题。注册会计师需要重点关注的事项包括盘点期间的存货移动、存货的状况、存货的截止确认、存货的各个存放地点及金额等。

（3）参加存货监盘人员的分工。注册会计师应当根据被审计单位参加存货盘点人员分工分组情况、存货监盘工作量的大小和人员素质情况，确定参加存货监盘的人员组成以及各组成人员的职责和具体的分工情况，并加强督导。

（4）抽盘存货的范围。注册会计师应当根据对被审计单位存货盘点和对被审计单位内部控制的评价结果确定抽盘存货的范围。在实施观察程序后，如果认为被审计单位内部控制设计良好且得到有效实施，存货盘点组织良好，可以相应缩小实施抽盘的范围。

3. 存货监盘程序

在存货盘点现场实施监盘时，注册会计师应当实施下列审计程序。

第一，评价管理层用以记录和控制存货盘点结果的指令和程序。注册会计师需要考虑这些指令和程序是否包括下列方面。

（1）适当控制活动的运用，例如，收集已使用的存货盘点记录，清点未使用的存货盘点表单，实施盘点和复盘程序。

（2）准确认定在产品的完工程度，流动缓慢（呆滞）、过时或毁损的存货项目，以及第三方拥有的存货（如寄存货物）。

（3）在适用的情况下用于估计存货数量的方法，如可能需要估计煤堆的重量。

（4）对存货在不同存放地点之间的移动以及截止日前后出入库的控制。

一般而言，被审计单位在盘点过程中停止生产并关闭存货存放地点以确保停止存货的移动，有利于保证盘点的准确性。但特定情况下，被审计单位可能由于实际原因无法停止生产或收发货物。这种情况下，注册会计师可以根据被审计单位的具体情况考虑其无法停止存货移动的原因及其合理性。

同时，注册会计师可以通过询问管理层以及阅读被审计单位的盘点计划等方式，了解被审计单位对存货移动所采取的控制程序和对存货收发截止影响的考虑。例如，如果被审计单位在盘点过程中无法停止生产，可以考虑在仓库内划分出独立的过渡区域，将预计在盘点期间领用的存货移至过渡区域、对盘点期间办理入库手续的存货暂时存放在过渡区域，以此确保相关存货只被盘点一次。

在实施存货监盘程序时，注册会计师需要观察被审计单位有关存货移动的控制程序是否得到执行。同时，注册会计师可以向管理层索取盘点期间存货移动相关的书面记录以及出入库资料作为执行截止测试的资料，以为监盘结束的后续工作提供证据。

第二，观察管理层制定的盘点程序（如对盘点时及其前后的存货移动的控制程序）的执行情况。这有助于注册会计师获取有关管理层指令和程序是否得到适当设计和执行的审计证据。尽管盘点存货时最好能保持存货不发生移动，但在某些情况下存货的移动是难以避免的。如果在盘点过程中被审计单位的生产经营仍将持续进行，注册会计师应通过实施必要的检查程序，确定被审计单位是否已经对此设置了相应的控制程序，确保在适当的期间内对存货做出准确记录。

此外，注册会计师可以获取有关截止性信息（如存货移动的具体情况）的复印件，有助于日后对存货移动的会计处理实施审计程序。具体来说，注册会计师一般应当获取盘点前后存货收发及移动的凭证，检查库存记录与会计记录期末截止是否正确。

注册会计师需要关注，所有在盘点日以前入库的存货项目是否均已包括在盘点范围内，所有已确认为销售但尚未装运出库的商品是否均未包括在盘点范围内。

在途存货和被审计单位直接向客户发运的存货是否均已得到适当的会计处理。

注册会计师通常可观察存货的验收入库地点和装运出库地点以执行截止测试。在存货入库和装运过程中采用连续编号的凭证时，注册会计师应当关注盘点日前的最后编号。如果被审计单位没有使用连续编号的凭证，注册会计师应当列出盘点日前的最后几笔装运和入库记录。如果被审计单位使用运货车厢或拖车进行存储、运输或验收入库，注册会计师应当详细列出存货场地上满载和空载的车厢或推车，并记录各自的存货状况。

第三，检查存货。在存货监盘过程中检查存货，虽然不一定能确定存货的所有权，但有助于确定存货的存在，以及识别过时、毁损或陈旧的存货。注册会计师应当把所有过时、毁损或陈旧存货的详细情况记录下来，这既便于进一步追查这些存货的处置情况，也能为测试被审计单位存货跌价准备计提的准确性提供证据。

第四，执行抽盘。在对存货盘点结果进行测试时，注册会计师可以从存货盘点记录中选取项目追查至存货实物，以及从存货实物中选取项目追查至盘点记录，以获取有关盘点记录准确性和完整性的审计证据。需要说明的是，注册会计师应尽可能避免让被审计单位事先了解将抽盘的存货项目。除记录注册会计师对存货盘点结果进行的测试情况外，获取管理层完成的存货盘点记录的复印件也有助于注册会计师日后实施审计程序，以确定被审计单位的期末存货记录是否准确地反映了存货的实际盘点结果。

注册会计师在实施抽盘程序时发现差异，很可能表明被审计单位的存货盘点在准确性或完整性方面存在错误。由于检查的内容通常仅仅是已盘点存货中的一部分，所以在检查中发现的错误很可能意味着被审计单位的存货盘点还存在着其他错误。一方面，注册会计师应当查明原因，并及时提请被审计单位更正；另一方面，注册会计师应当考虑错误的潜在范围和重大程度，在可能的情况下，扩大检查范围以减少错误的发生。注册会计师还可要求被审计单位重新盘点。重新盘点的范围可限于某一特殊领域的存货或特定盘点小组。

第五，需要特别关注的情况。

（1）存货盘点范围。在被审计单位盘点存货前，注册会计师应当观察盘点现场，确定应纳入盘点范围的存货是否已经适当整理和排列，并附有盘点标识，防止遗漏或重复盘点。对未纳入盘点范围的存货，注册会计师应当查明未纳入的原因。

对所有权不属于被审计单位的存货，注册会计师应当取得其规格、数量等有关资料，确定是否已单独存放、标明，且未被纳入盘点范围。在存货监盘过程中，注册会计师应当根据取得的所有权不属于被审计单位的存货的有关材料，观察这些存货的实际存放情况，确保其未被纳入盘点范围。即使在被审计单位声明不存在受托代存存货的情形下，注册会计师在存货盘点时也应当关注是否存在某些存货不属于被审计单位的迹象，以避免盘点范围不当。

（2）对特殊类型存货的监盘。对某些特殊类型的存货而言，被审计单位通常使用的盘点方法和控制程序并不完全适用。这些存货通常没有标签，或者其数量难以估计，或者其质量难以确定，或者盘点人员无法对其移动实施控制。在这些情况下，注册会计师需要运用职业判断，根据存货的实际情况，设计恰当的审计程序，对存货的数量和状况获取审计证据。表 9-4 列举了被审计单位特殊存货的类型、通常采用的盘点方法与存在的潜在问题，以及可供注册会计师实施的监盘程序。注册会计师在审计实务中，应当根据被审计单位所处行业的特点、存货的类别和特点以及内部控制等具体情况，并在通用的存货监盘程序基础上，设计关于特殊类型存货监盘的具体审计程序。

表 9-4 特殊类型存货的监盘程序

存货类型	盘点方法与潜在问题	可供实施的审计程序
木材、钢筋盘条、管子	通常无标签，但在盘点时会做上标记或用粉笔标识。难以确定存货的数量或等级	检查标记或标识。利用专家或被审计单位内部有经验人员的工作
堆积型存货（如糖、煤、钢废料）	通常既无标签也不做标记。 在估计存货数量时存在困难	运用工程估测、几何计算、高空勘测，并依赖详细的存货记录
使用磅秤测量的存货	在估计存货数量时存在困难	在监盘前和监盘过程中均应检验磅秤的精准度，并留意磅秤的位置移动与重新调校程序。 将检查和重新称量程序相结合。 检查称量尺度的换算问题

续表

存货类型	盘点方法与潜在问题	可供实施的审计程序
散装物品（如贮容存货，使用桶、箱、罐、槽等容器储存的液体、气体、谷类粮食、流体存货等）	在盘点时通常难以识别和确定。 在估计存货数量时存在困难。在确定存货质量时存在困难	使用容器进行监盘或通过预先编号的清单列表加以确定。 使用浸蘸、测量棒、工程报告以及依赖永续存货记录。 选择样品进行化验与分析，或利用专家的工作
贵金属、石器、艺术品与收藏品	在存货辨认与质量确定方面存在困难	选择样品进行化验与分析，或利用专家的工作
生产纸浆用木材、牲畜	在存货辨认与数量确定方面存在困难。 可能无法对此类存货的移动实施控制	通过高空摄影以确定其存在，对不同时点的数量进行比较，并依赖永续存货记录

第六，存货监盘结束时的工作。

在被审计单位存货盘点结束前，注册会计师应当：

（1）再次观察盘点现场，以确定所有应纳入盘点范围的存货是否均已盘点。

（2）取得并检查已填用、作废及未使用盘点表单的号码记录，确定其是否连续编号，查明已发放的表单是否均已收回，并与存货盘点的汇总记录进行核对。注册会计师应当根据自己在存货监盘过程中获取的信息对被审计单位最终的存货盘点结果汇总记录进行复核，并评估其是否正确地反映了实际盘点结果。

如果存货盘点日不是资产负债表日，注册会计师应当实施适当的审计程序，确定盘点日与资产负债表日之间存货的变动是否已得到恰当的记录。

在实务中，注册会计师可以结合盘点日至财务报表日之间间隔期的长短、相关内部控制的有效性等因素进行风险评估，设计和执行适当的审计程序。在实质性程序方面，注册会计师可以实施的程序示例包括：

（1）比较盘点日和财务报表日之间的存货信息以识别异常项目，并对其执行适当的审计程序（例如实地查看等）。

（2）对存货周转率或存货销售周转天数等实施实质性分析程序。

（3）对盘点日至财务报表日之间的存货采购和存货销售分别实施双向检查（例如，对存货采购从入库单查至其相应的永续盘存记录及从永续盘存记录查至其相应的入库单等支持性文件，对存货销售从货运单据查至其相应的永续盘存记录及从永续盘存记录查至其相应的货运单据等支持性文件）。

（4）测试存货销售和采购在盘点日和财务报表日的截止是否正确。

4. 特殊情况的处理

第一，在存货盘点现场实施存货监盘不可行。

在某些情况下，实施存货监盘可能是不可行的。这可能是由存货性质和存放地点等因素造成的，例如，存货存放在对注册会计师的安全有威胁的地点。然而，对注册会计师带来不便的一般因素不足以支持注册会计师做出实施存货监盘不可行的决定。审计中的困难、时间或成本等事项本身，不能作为注册会计师省略不可替代的审计程序或满足于说服力不足的审计证据的正当理由。

如果在存货盘点现场实施存货监盘不可行，注册会计师应当实施替代审计程序（如检查盘点日后出售盘点日之前取得或购买的特定存货的文件记录），以获取有关存货的存在和状况的充分、适当的审计证据。

但在其他一些情况下，如果不能实施替代审计程序，或者实施替代审计程序可能无法获取有关存货的存在和状况的充分、适当的审计证据，注册会计师需要按照《中国注册会计师审计准则第 1502 号——在审计报告中发表非无保留意见》的规定发表非无保留意见。

第二，因不可预见的情况导致无法在存货盘点现场实施监盘。

有时，由于不可预见情况而可能导致无法在预定日期实施存货监盘，两种比较典型的情况包括：一是，注册会计师无法亲临现场，即由于不可抗力导致其无法到达存货存放地实施存货监盘；二是，气候因素，即由于恶劣的天气导致注册会计师无法实施存货监盘程序，或由于恶劣的天气无法观察存货，如木材被积雪覆盖。

如果由于不可预见的情况无法在存货盘点现场实施监盘，注册会计师应当另择日期实施监盘，并对间隔期内发生的交易实施审计程序。

第三，由第三方保管或控制的存货。

如果由第三方保管或控制的存货对财务报表是重要的，注册会计师应当实施下列一项或两项审计程序，以获取有关该存货存在和状况的充分、适当的审计证据。

（1）向持有被审计单位存货的第三方函证存货的数量和状况。

（2）实施检查或其他适合具体情况的审计程序。根据具体情况（如获取的信息使注册会计师对第三方的诚信和客观性产生疑虑），注册会计师可能认为实施其他审计程序是适当的。其他审计程序可以作为函证的替代程序，也可以作为追加的审计程序。

其他审计程序的示例包括：

（1）实施或安排其他注册会计师实施对第三方的存货监盘（如可行）。

（2）获取其他注册会计师或服务机构注册会计师针对用以保证存货得到恰当盘点和保管的内部控制的适当性而出具的报告。

（3）检查与第三方持有的存货相关的文件记录，如仓储单。

（4）当存货被作为抵押品时，要求其他机构或人员进行确认。

考虑到第三方仅在特定时点执行存货盘点工作，在实务中，注册会计师可以事先考虑实施函证的可行性。如果预期不能通过函证获取相关审计证据，可以事先计划和安排存货监盘等工作。

此外，注册会计师可以考虑由第三方保管存货的商业理由的合理性，以进行存货相关风险（包括舞弊风险）的评估，并计划和实施适当的审计程序，例如检查被审计单位和第三方所签署的存货保管协议的相关条款、复核被审计单位调查及评价第三方工作的程序等。

四、存货计价测试

存货监盘程序主要是对存货的数量进行测试。为验证财务报表上存货余额的真实性，还应当对存货的计价进行审计。存货计价测试包括两个方面，一是被审计单位所使用的存货单位成本是否正确，二是是否恰当计提了存货跌价损失准备。

在对存货的计价实施细节测试之前，注册会计师通常先要了解被审计单位本年度的存货计价方法与以前年度是否保持一致。如发生变化，变化的理由是否合理，是否经过适当的审批。

1. 存货单位成本测试

针对原材料的单位成本，注册会计师通常基于企业的原材料计价方法（如先进先出法、加权平均法等），结合原材料的历史购买成本，测试其账面成本是否准确，测试程序包括核对原材料采购的相关凭证（主要是与价格相关的凭证，如合同、采购订单、发票等）以及验证原材料计价方法的运用是否正确。

针对产成品和在产品的单位成本，注册会计师需要对成本核算过程实施测试，包括直接材料成本测试、直接人工成本测试、制造费用测试和生产成本在当期完工产品与在产品之间分配的测试四项内容，具体如下：

（1）直接材料成本测试。对采用定额单耗的企业，可选择某一成本报告期若干种具有代表性的产品成本计算单，获取样本的生产指令或产量统计记录及其直接材料单位消耗定额，根据材料明细账或采购业务测试工作底稿中各该直接材料的单位实际成本，计算直接材料的总消耗量和总成本，与该样本成本计算单中的直接材料成本核对。

对未采用定额单耗的企业，可获取材料费用分配汇总表、材料发出汇总表（或领料单）、材料明细账（或采购业务测试工作底稿）中各该直接材料的单位成本，做如下检查：成本计算单中直接材料成本与材料费用分配汇总表中该产品负担的直接材料费用是否相符，分配标准是否合理；将抽取的材料发出汇总表或领料单中若干种直接材料的发出总量和各该种材料的实际单位成本之积，与材料费用分配汇总表中各该种材料费用进行比较。

对采用标准成本法的企业，获取样本的生产指令或产量统计记录、直接材料单位标准用量、直接材料标准单价及发出材料汇总表或领料单，检查下列事项：根据生产量、直接材料单位标准用量和标准单价计算的标准成本与成本计算单中的直接材料成本核对是否相符；直接材料成本差异的计算与账务处理是否正确。

（2）直接人工成本测试。对采用计时工资制的企业，获取样本的实际工时统计记录、员工分类表和员工工薪手册（工资率）及人工费用分配汇总表，做如下检查：成本计算单中直接人工成本与人工费用分配汇总表中该样本的直接人工费用核对是否相符；样本的实际工时统计记录与人工费用分配汇总表中该样本的实际工时核对是否相符；抽取生产部门若干天的工时台账与实际工时统计记录核对是否相符；当没有实际工时统计记录时，则可根据员工分类表及员工工薪手册中的工资率，计算复核人工费用分配汇总表中该样本的直接人工费用是否合理。

对采用计件工资制的企业，获取样本的产量统计报告、个人（小组）产量记录和经批准的单位工薪标准或计件工资制度，检查下列事项：根据样本的统计产量和单位工薪标准计算的人工费用与成本计算单中直接人工成本核对是否相符；抽取若干个直接人工（小组）的产量记录，检查是否被汇总计入产量统计报告。

对采用标准成本法的企业，获取样本的生产指令或产量统计报告、工时统计报告和经批准的单位标准工时、标准工时工资率、直接人工的工薪汇总表等资料，检查下列事项：根据产量和单位标准工时计算的标准工时总量与标准工时工资率之积，同成本计算单中直接人工成本核对是否相符；直接人工成本差异的计算与账务处理是否正确，并注意直接人工的标准成本在当年内有无重大变更。

（3）制造费用测试。获取样本的制造费用分配汇总表、按项目分列的制造费用明细账与制造费用分配标准有关的统计报告及其相关原始记录，做如下检查：制造费用分配汇总表中，样本分担的制造费用与成本计算单中的制造费用核对是否相符；制造费用分配汇总表中的合计数与样本所属成本报告期的制造费用明细账总计数核对是否相符；制造费用分配汇总表选择的分配标准（机器工时数、直接人工工资、直接人工时数、产量等）与相关的统计报告或原始记录核对是否相符，并对费用分配标准的合理性做出评估；如果企业采用预计费用分配率分配制造费用，则应针对制造费用分配过多或过少的差额，检查其是否做了适当的账务处理；如果企业采用标准成本法，则应检查样本中标准制造费用的确定是否合理，计入成本计算单的数额是否正确，制造费用差异的计算与账务处理是否正确，并注意标准制造费用在当年度内有无重大变更。

（4）生产成本在当期完工产品与在产品之间分配的测试。检查成本计算单中在产品数量与生产统计报告或在产品盘存表中的数量是否一致；检查在产品约当产量计算或其他分配标准是否合理；计算复核样本的总成本和单位成本。

2. 存货跌价损失准备的测试

注册会计师在测试存货跌价损失准备时，需要从以下两个方面进行测试。

（1）识别需要计提跌价损失准备的存货项目。

注册会计师可以通过询问管理层和相关部门（生产、仓储、财务、销售等）员工，了解被审计单位如何收集有关滞销、过时、陈旧、毁损、残次存货的信息并为之计提必要的跌价损失准备。如被审计单位编制存货货龄分析表，则可以通过审阅分析表识别滞销或陈旧的存货。此外，注册会计师还要结合存货监盘过程中检查存货状况而获取的信息，以判断被审计单位的存货跌价损失准备计算表是否有遗漏。

（2）检查可变现净值的计量是否合理。

在存货计价审计中，由于被审计单位对期末存货采用成本与可变现净值孰低的方法计价，所以注册会计师应充分关注其对存货可变现净值的确定及存货跌价准备的计提。

可变现净值是指企业在日常活动中，存货的估计售价减去至完工时估计将要发生的成本、估计的销售费用以及相关税费后的金额。企业确定存货的可变现净值，应当以取得的确凿证据为基础，并且考虑持有存货的目的以及资产负债表日后事项的影响等因素。

思考与练习

关键术语

生产与存货循环、存货的实质性程序、存货监盘、存货计价测试

延伸阅读

1.《中国注册会计师审计准则第 1311 号——对存货、诉讼和索赔、分部信息等特定项目获取审计证据的具体考虑》

2.《中国注册会计师审计准则第 1301 号——审计证据》

思考题

1. 注册会计师在未能实地观察被审计单位上一年的存货盘点时，应实施什么审计程序确定上期存货?

2. 简述存货监盘的要点。

练习题

ABC 会计师事务所的注册会计师 A 负责审计多家被审计单位 2019 年度财务报表。与存货审计相关的部分事项如下：①甲公司采用连续编号的盘点标签记录盘点结果，并逐项录入盘点结果汇总表。注册会计师 A 将抽盘样本的数量与盘点标签记录的数量进行了核对，未发现差异，据此认可盘点结果汇总表记录的存货数量。②乙公司从事进口贸易，年末存货均于 2019 年 12 月购入，金额重大。注册会计师 A 通过获取并检查采购合同、发票、进口报关单、验收入库单等支持性文件，认为获取了有关存货存在和状况的充分、适当的审计证据。③丙公司的存货存放在多个地点。注册会计师 A 取得了存货存放地点清单并检查了其完整性，根据各个地点存货余额的重要性及重大错报风险的评估结果，选取其中几个地点实施了监盘。④注册会计师 A 在丁公司盘点结束后、存货未开始流动前抵达盘点现场，对存货进行检查并实施了抽盘，与丁公司盘点数量核对无误，据此认可了盘点结果。

要求：针对上述第①至④项，逐项指出注册会计师 A 的做法是否恰当。如不恰当，简要说明理由。

第十章　筹资与投资循环审计

学习目的与要求

通过本章的学习，理解筹资与投资循环审计的程序和方法；熟练掌握借款、所有者权益和其他相关账户审计的技能；了解筹资与投资循环的基本业务活动和内部控制；了解和掌握评估筹资与投资循环的重大错报风险；掌握筹资与投资循环的控制测试程序以及相关账户的实质性测试程序；能运用所学的筹资与投资循环审计的基本理论、基本方法和基本技能解决实际审计工作中的有关问题。

第一节　筹资与投资循环概述

筹资与投资循环由筹资活动和投资活动的交易事项构成。筹资活动是指企业为满足生存和发展的需要，通过改变企业资本及债务规模和构成而筹集资金的活动。筹资活动主要由借款和股东投资组成。投资活动是指企业为享有被投资单位分配的利润，或为谋求其他利益，将资产让渡给其他单位而获得另一项资产的活动。投资活动主要由权益性投资和债权性投资组成。筹资与投资循环具有如下特征。

（1）年度内筹资与投资循环的交易数量较少，而每笔交易的金额通常较大。

（2）漏记或不恰当地对一笔业务进行会计处理，将会导致重大错报，从而对企业财务报表的公允反映产生较大的影响。

（3）筹资与投资循环交易必须遵守国家法律法规和相关合同的规定。

一、主要凭证与会计记录

1. 筹资活动的凭证和会计记录

（1）债券或股票。债券或股票是企业在融资过程中给予投资者或债权人的权利凭证。

（2）债券合同。它是一种明确债券持有人与发行企业双方所拥有权利与义务的法律性文件。其内容主要包括：债券的性质；利息或利息率；受托管理认证书；登记和背书；抵押债券所担保的财产；债券发生拖欠情况的处理办法；对偿债基金、利息支付、本金偿还等的处理。

（3）股东名册。对于记名股票和无记名股票，股东名册记载的内容是不同的。发行记名股票应记载的内容一般包括：股东姓名或名称及住所；各股东所持股份数；各股东所持股票的编号；各股东取得其股份的日期。发行无记名股票，公司应记载其股票数量、编号及发行日期。

（4）公司债券存根簿。发行记名债券的公司应记载的内容一般包括：债券持有人的姓名或名称及住所；债券持有人取得债券的日期及债券的编号；债券总额、债券的票面金额、债券的利率、债券还本付息的期限和方式；债券的发行日期。发行无记名债券，公司应记载债券总额、利率、偿还期限和方式、发行日期和债券编号。

（5）承销或包销协议。公司向社会公开发行股票或债券时，应由依法设立的证券公司承销或包销，公司应与证券公司签订承销或包销协议。

（6）借款合同或协议。公司在向银行或其他非银行金融机构借入款项时，与其签订的合同或协议。

（7）有关记账凭证、会计明细账和总账。

2. 投资活动的凭证和会计记录

（1）股票或债券。股票是公司签发的证明股东所持股份的凭证。债券是公司依据法定程序发行、约定在一定期间内还本付息的有价证券。企业所持有的股票或债券一般可证明企业投资的真实性，但应注意其伪造的可能性。

（2）股票或债券登记簿。股票或债券登记簿是接受投资单位所记载的有关投资者或债权人的各项情况。通过查阅股票、债券登记簿或向接受投资者函证，可证明企业投资的真实性。

（3）经纪人通知单。当投资是通过经纪人代理进行时，对经纪人通知单的审查可证实企业投资业务的合理性、投资账务处理的正确性。

（4）债券合同。债券合同是一张明确债券持有人与发行企业双方所拥有的权利与义务的法律性文件。

（5）被投资企业的章程及有关的投资协议。

（6）与投资有关的记账凭证、会计明细账和总账。

二、筹资与投资循环所涉及的主要业务活动

1. 筹资所涉及的主要业务活动

（1）审批授权。企业通过借款筹集资金须经管理层的审批，其中债券的发行每次均要由董事会授权；企业发行股票必须依据国家有关法规或企业章程的规定，报经企业最高权力机构（如股东大会）及国家有关管理部门批准。

（2）签订合同或协议。向银行或其他金融机构融资须签订借款合同，发行债券须签订债券合同和债券承销或包销合同。

（3）取得资金。企业实际取得银行或金融机构划入的款项或债券、股票的融入资金。

（4）计算利息或股利。企业应按有关合同或协议的规定，及时计算利息或股利。

（5）偿还本息或发放股利。银行借款或发行债券应按有关合同或协议的规定偿还本息，融入的股本根据股东大会的决定发放股利。

2. 投资所涉及的主要业务活动

（1）审批投资。投资业务一般应由企业董事会进行审批，重大的投资业务须经股东会或股东大会批准。

（2）取得证券或其他投资。企业可以通过购买股票或债券进行投资，也可以通过与其他单位联合形成投资。

（3）取得投资收益。企业可以取得股权投资的股利收入、债券投资的利息收入和其他投资收益。

（4）转让证券或收回其他投资。企业可以通过转让证券实现投资的收回，其投资一经投出，除联营合同期满或由于其他特殊原因联营企业解散外，一般不得抽回投资。

第二节　筹资与投资循环的控制测试

一、筹资活动的控制测试

1. 筹资活动的内部控制

筹资活动由借款交易和股东投资组成。企业的借款交易涉及短期借款、长期借款和应付债券，这些内部控制基本类似，股东投资增减变动的业务较少而金额较大，注册会计师在审计中一般直接进行实质性测试。筹资活动的内部控制系统一般包括下列内容。

（1）筹资的授权审批控制。适当授权及审批可明显提高筹资活动效率，降低筹资风险，防止由于缺乏授权、审批而出现舞弊现象。

（2）筹资循环的职务分离控制。职责分工、明确责任是筹资循环内部控制的重要手段。筹资业务的职务分离包括：①筹资计划编制人与审批人适当分离，以利于审批人独立地评价筹资计划的优劣；②经办人员不能接触会计记录；③会计记录人员与负责收付款的人员分离，有条件的应聘请独立的机构负责支付业务；④证券保管人员与会计记录人员分离。

（3）筹资收入款项的控制。为了能使企业的内部控制系统有效执行，客观、公正地证实企业会计记录的可信性，防止以筹资业务为名进行不正当活动或者伪造会计记录掩盖不正当活动的事项发生，企业最好委托独立的代理机构筹资。

（4）还本付息、支付股利等付出款项的控制。无论何种筹资形式都面临利息的支付或股利的发放等支付款项的问题。由于企业债券受息人社会化的特征，企业可开出单张支票，委托有关代理机构代发，从而减少支票签发次数，降低舞弊可能。另外，还应定期核对利息支付清单和开出支票总额。股利发放要以股东会或股东大会有关发放股利的决议文件为依据。

（5）实物保管的控制。债券和股票都应设立相应的登记簿，详细登记已核准发行的债券和股票有关事项，如签发日期、到期日期、支付方式，支付利率、当时市场利率、金额等。

（6）会计记录的控制。筹资业务的会计处理较为复杂，因此会计记录的控制尤为重要。企业应及时按正确的金额，采用合理的方法，在适当的账户和合理的会计期对筹资业务予以正确记录，注册会计师应通过询问、观测、查阅有关资料等方法了解筹资循环内部控制的完善程度。

2. 评估筹资活动的重大错报风险

注册会计师应当在了解被审计单位筹资活动的内部控制基础上考虑重大错报风险，并对被审计单位业务活动中可能出现的特别风险保持警惕。考虑严格的监管环境和董事会对筹资活动的严格控制，除非注册会计师对被审计单位董事会、管理层的诚信产生疑虑，否则对筹资活动的重大错报一般应当评估为低水平。

尽管筹资活动的账户余额发生错报的可能性不大，但仍然可能存在借款和权益的权利和义务被忽视或发生错报的可能性。对此，注册会计师应当关注被审计单位的筹资活动是否按照企业会计准则和监管法规的披露要求，正确披露借款和权益的完整性计价和分摊、列报等认定。

在实施实质性测试前，注册会计师应当评估权益、借款、利息、股利交易和余额在报表层次和认定层次的重大错报风险。注册会计师应当通过询问、检查文件记录、观察控制程序等方法获取确切的信息以支持对重大错报风险的评估，识别特定账户余额的影响，并设计适当的审计程序以发现和纠正剩余重大错报风险。

3. 筹资活动的控制测试

对筹资活动的内部控制进行控制测试是在了解筹资活动的内部控制要点后，对控制较强的部分，测试其有效性，从而最终对筹资活动的内部控制做出评价。这种控制测试主要包括以下工作。

（1）筹资活动是否经过授权批准。测试授权审批控制，可以直接向被审计单位管理层询问，并查看有关记录。例如，对于长期借款，审查被审计单位管理层是否制定举债政策及审批程序，是否审慎做出举债决策，是否制定合理的借还款计划，并按规定程序报经审批。

（2）筹资活动的授权、执行、记录和实物保管等是否严格分离。对职务分离控制的控制测试可以采取跟踪业务的方法，调查各有关方面的情况；对收入资金和偿还款项控制的控制测试可以结合货币资金业务的内部控制测试进行；对实物保管控制的控制测试可以采取实地调查的方法。

（3）筹资活动是否建立了严密的账簿体系和记录制度，并定期检查。此项测试应采取账务追索收集证据的方法。例如，对于长期借款取得、使用和偿还情况，会计记录是否能够及时、完整地反映，会计人员是否对明细账和总账进行了全面登记，并定期检查和核对其是否相符。

注册会计师在对筹资活动的内部控制实施控制测试的基础上对其进行分析、评价，以确定控制的强弱点及其可依赖程度，据以确定实质性测试的性质、时间安排和范围，并针对控制的薄弱环节提出改进建议。

二、投资活动的控制测试

1. 投资活动的内部控制

投资活动的内部控制应该包括以下几个方面。

（1）投资计划的审批授权控制。投资必须编制投资计划，详细说明投资的对象、投资目的、影响投资收益的风险。投资计划在执行前必须严格审核，审查的内容主要有：对证券市场的估计是否合理、投资收益的估算是否正确、投资的理由是否恰当、计划购入的证券能否达到投资目的等。所有投资计划及其审批应当用书面文件予以记录。

（2）投资业务的职责分工控制。合法的投资业务应在业务的授权、执行、会计记录以及资产的保管方面等有明确的分工，任何一项投资业务的全过程或过程中的某一重要环节不得由一人或一个机构独立负责。这种合理的职责分工所形成的相互牵制机制，有利于避免或减少投资业务中发生错误或舞弊的可能性。一旦发生，也能及时发现，从而将企业的损失控制在最低限度。

（3）投资资产的安全保护控制。企业对投资资产（股票和债券）一般有两种保管方式：一种方式是由独立的专门机构保管。例如，企业在拥有数额较大的投资资产的情况下，委托银行、证券公司、信托投资公司等进行保管。这些机构有专门的保存和防护措施，可以防止证券及单据的失窃或毁损，由于它们与投资业务的会计记录工作是完全分离的，可以大大降低舞弊的可能性。另一种方式是由企业自行保管。在这种方式下，必须建立严格的相互牵制制度，即至少要由两名以上人员共同控制，不得一人单独接触证券。对于任何证券的存入和取出，要将证券名称、数量、价值及存取的日期、数量等详细记录于证券登记簿内，并由在场的经手人员签名。

（4）投资业务会计记录控制。对于股票或债券类投资，无论是企业拥有的还是由他人保管的，都要进行完整的会计记录，并及时对其增减变动及投资收益的实现情况进行相关会计核算。具体而言，应对每一种股票或债券分别设立明细分类账，并详细记录其名称、面值、证书编号、数量、取得日期、经纪人（或证券商）名称、购入成本、收取的股息或利息等。对于联营投资类的其他投资也应设置明细账，核算其他投资的投出及其投资收益和投资收回等业务，并对投资的形式、投向、投资的计价以及投资收益等做出详细的记录。

（5）投资收益控制。不同投资形成的投资收益内容是不同的。短期投资因为主要是购买有价证券，所以对投资收益的监控就是及时掌握证券市场的行情变动，由投资管理部门或者财务部门进行该项控制；而对于长期投资，若以非证券购买方式进行投资，应对接受投资方行使所有权进行监督，若以证券购买方式进行投资，则应对证券市场行情和投资的使用情况进行控制。

2. 评估投资活动的重大错报风险

在实施控制测试和实质性测试前，注册会计师应考虑重大错报风险对投资活动的影响，并对被审计单位可能发生的与投资活动相关的特定风险保持警惕。影响投资活动和相关账户余额存在的重大错报风险可能包括：

（1）董事会、管理层错报投资业务及其收益的偏好。被审计单位董事会、管理层可能为了完成经营目标，满足业绩考核的要求，保证从外部获得资金，或影响公司股价，往往会在财务报表中错报投资业务及其收益，以达到调节当期利润的目的。

（2）投资计量的复杂性。尽管多数被审计单位可能只拥有少量的投资业务，并且买入和卖出的业务不频繁，但投资交易的复杂性可能导致做出会计处理时出现错误。如果会计人员没有意识不同类型投资计量或计价的复杂性，被审计单位管理层通常不能轻易发现这些错报。

(3) 投资的公允价值难以确定。如金融资产的价格受全球供求的影响，其公允价值难以确定，影响投资成本和投资收益的确定，并将影响注册会计师对与投资业务有关的风险进行评估。

(4) 投资业务凭证控制风险。被审计单位自己保管投资业务凭证，如果对有价证券的控制不充分，权益性有价证券的舞弊和盗窃风险可能很高，从而影响投资的存在性。

(5) 投资多元化的风险。在企业同一会计期间，可能投资多个领域或多种产品，使相关投资费用和投资收益在不同投资业务之间进行分配就变得十分烦琐，而且投资的多元化会增加投资失误的风险。

(6) 发生各种错误的可能性。如果每年发生的投资交易数量有限，会计人员可能不能确定投资业务与相关的购置或处置业务以及投资损益的关系，与投资业务相关的会计记录可能会发生错误。

(7) 衍生金融工具交易的复杂性。注册会计师不应低估衍生金融工具交易的复杂性，以及潜在的重大错报风险。注册会计师应当通过询问、检查文件记录、观察控制程序等方法获取确切的信息以支持对投资活动重大错报风险的评估，识别特定账户余额的影响，并设计适当的审计程序以发现和纠正重大错报风险。

3. 投资活动的控制测试

对投资活动的内部控制进行控制测试的目的在于检查投资活动内部控制系统的设计和执行情况，以判明其对被审计单位错误和舞弊发生的有效抑制程度，进而据以确定实质性测试的重点、范围和数量，以达到确保审计质量和提高审计效率的目的。

注册会计师对投资活动内部控制的测试内容包括：

(1) 投资项目是否经授权批准。对于投资计划的审批授权控制，主要通过查阅有关计划资料、文件或直接向管理层询问进行审查。如通过查阅企业董事会的会议纪要、证券投资的各类权益证明文书、联营投资中的投资协议、合同和章程等来了解投资循环授权批准制度的执行情况。

(2) 投资项目的授权、执行、保管和记录是否有严格分工。对于职务分离控制的测试，注册会计师可以采取实地调查、跟踪业务的方法进行。

(3) 有无健全的有价证券保管制度。注册会计师应审阅内部相关人员对有价证券进行定期盘点的报告，重点审阅盘点方法是否适当，盘点结果与会计记录进行核对的情况，以及出现差异的处理是否合规等。如果各期盘点报告的结果未发现账实之间存在差异（或差异不大），说明投资活动的内部控制比较健全有效。

(4) 投资活动的核算方式是否符合有关财务制度的规定，相关投资收益的会计处理是否正确。注册会计师可从各类投资业务的明细账中抽取部分会计分录，按“原始凭证—明细账—总账”顺序核对有关数据和情况，判断其会计处理过程是否合规完整，并据以核实上述了解的有关内部控制是否得到有效的执行。

(5) 对投资收益的监控是否适当。对此可以采取查阅分析报告或资料的方法进行测试。注册会计师在完成上述工作后，取得了有关内部控制是否有效的证据，并在工作底稿中标明投资活动的内部控制的强弱点，对投资业务内部控制进行总体评价，确认对投资业务内部控制的可依赖程度，进而确定实质性测试的程序和重点。

［例 10-1］注册会计师 A 和 B 于 2019 年 12 月 1—7 日对甲公司筹资与投资循环的内部控制进行了解和测试，并在相关审计工作底稿中记录了解和测试的事项，摘录如下：甲公司股东大会批准董事会的投资权限为 1 亿元以下，董事会决定由总经理负责实施，总经理决定由证券部负责总额在 1 亿元以下的股票买卖。甲公司规定：公司划入营业部的款项由证券部申请，由会计部审核，总经理批准后划入公司营业部开立的资金账户。经总经理批准，证券部直接从营业部资金账户支取款项，证券买卖、资金存取的会计记录由会计部处理。注册会计师 A 和 B 了解和测试投资的内部控制系统后发现：证券部在某营业部开户的有关协议及补充协议未经会计部或其他部门审核。根据总经理的批准，会计部已将 8 000 万元汇入该账户。证券部处理证券买卖的会计记录，月底将证券买卖清单交给会计部，会计部据以汇总登记。

要求：根据上述摘录，请代注册会计师 A 和 B 指出筹资与投资循环内部控制的缺陷，并提出改进建议。

［解答］甲公司筹资与投资循环内部控制的缺陷有：

（1）由证券部直接支取款项，授权与执行职务未得到分离，不易保证款项安全。应建议甲公司从资金账户支取款项时，由会计部审核和记录，由证券部办理。

（2）与证券投资有关的活动要由两个部门控制。有关协议未经独立部门审查，会使有关的条款未全部在协议中载明，可能存在协议外的约定。建议甲公司与营业部的协议应经会计部或法律部审查。证券部自己处理证券买卖的会计处理，业务的执行与记录的不相容职务未分离，并且未得到适当的授权和批准。月末会计部汇总登记证券投资记录，未及时按每一种证券分别设立明细账，详细核算。应建议甲公司由会计部负责对投资进行核算，及时分品种设立明细账详细核算。

第三节 借款审计

借款是企业承担的一项经济义务，是企业的负债项目。在一般情况下，被审计单位不会高估负债，首先，因为这样于自身不利，且难以与债权人的会计记录相互印证；其次，除少数情况外，负债的金额都是真实的。注册会计师对于负债项目的审计，主要是防止企业低估负债。低估负债经常伴随着低估成本费用，从而达到高估利润的目的。因此，低估负债不仅影响财务状况的反映，而且会影响企业财务成果的反映。所以，注册会计师在执行借款业务审计时，应将被审计单位是否低估负债作为一个关注的重点。

一、借款的审计目标

借款的审计目标一般包括：了解并确定被审计单位有关借款的内部控制是否存在、有效且一贯遵守；确定被审计单位在特定期间内发生的借款业务是否均已记录完毕、有无遗漏；确认被审计单位所记录的借款在特定期间是否确实存在，是否为被审计单位所承担；确认被审计单位所有借款的会计处理是否正确；确定被审计单位各项借款的发生是否符合有关法律的规定，被审计单位是否遵守有关债务合同的规定；确认被审计单位借款余额在有关财务报表中的反映是否恰当。

二、借款的实质性测试

借款的实质性测试内容包括短期借款的实质性测试、长期借款的实质性测试、应付债券的实质性测试和财务费用的实质性测试。

1. 短期借款的实质性测试

对短期借款进行实质性测试，注册会计师应根据被审计单位年末短期借款余额的大小、占负债总额的比重、以前年度发现问题的多少，以及相关内部控制系统的强弱等确定短期借款实质性测试的审计程序和方法。一般而言，注册会计师对于短期借款的实质性测试应包括以下内容。

（1）获取或编制短期借款明细表。注册会计师应首先获取或编制短期借款明细表，复核其加计数是否正确，并与明细账和总账核对是否相符。

（2）函证短期借款的实有数。注册会计师应在期末短期借款余额较大或认为必要时向银行或其他债权人函证短期借款。

（3）检查短期借款的增减。对年度内增加的短期借款，注册会计师应检查借款合同和授权批准，了解借款数额、借款条件、借款日期、还款期限、借款利率，并与相关会计记录进行核对。对年度内减少的短期借款，注册会计师应检查相关记录和原始凭证，核实还款数额。

（4）检查有无到期未偿还的短期借款。注册会计师应检查相关记录和原始凭证，检查被审计单位有无到期未偿还的短期借款，如有，则应查明是否已向银行提出申请并经同意后办理延期手续。

（5）复核短期借款利息。注册会计师应根据短期借款的利率和期限，复核被审计单位短期借款的利息计算是否正确，有无多算或少算利息的情况，如有未计利息和多计利息，应做出记录，必要时提出调整建议。

（6）检查短期借款在资产负债表中的反映是否恰当。企业的短期借款在资产负债表上通常设“短期借款”项目单独列示，对于因抵押而取得的短期借款，应在资产负债表附注中揭示，注册会计师应注意被审计单位对短期借款项目的反映是否充分。

2. 长期借款的实质性测试

长期借款与短期借款一样，都是企业向银行或其他金融机构借入的款项，因此，长期借款的实质性测试与短期借款的实质性测试较为相似。注册会计师在进行长期借款的实质性测试时，一般需要执行的程序包括：

（1）获取或编制长期借款明细表，复核其加计数是否正确，并与明细账和总账核对是否相符。

（2）了解金融机构对被审计单位的授信情况以及被审计单位的信用等级评估情况，了解被审计单位获得长期借款的抵押和担保情况，评估被审计单位的信誉和融资能力。

（3）对年度内增加的长期借款，应检查借款合同和授权批准，了解借款数额、借款条件、借款日期、还款期限、借款利率，并与相关会计记录进行核对。

（4）向银行或其他债权人函证重大的长期借款。

（5）对年度内减少的长期借款，注册会计师应检查相关记录和原始凭证，核实还款数额。

（6）检查一年内到期的长期借款是否已转列为流动负债。

（7）计算长期借款在各个月份的平均余额，选取适用的利率核算利息支出总额，并与基建成本、财务费用的相关记录进行核对，判断被审计单位是否高估或低估利息支出。

（8）检查借款费用的会计处理是否正确。

（9）检查企业抵押长期借款的抵押资产的所有权是否属于企业，其价值和实物状况是否与抵押合同中的规定一致。

（10）检查长期借款是否已在资产负债表中做充分披露。长期借款在资产负债表中列示于长期负债类下，该项目应根据“长期借款”科目的期末余额扣减将于一年内到期的长期借款后的数额填列。注册会计师应根据审计结果，确定被审计单位长期借款在资产负债表中的列示是否充分，并注意长期借款的抵押和担保是否已在财务报表注释中做了充分的说明。

［例 10-2］注册会计师在审查飞达股份有限公司 2019 年度财务报表时，发现该公司在年度内向中国工商银行举借一笔长期借款，长期借款合同规定：①长期借款以公司的商品为担保；②该公司债务与所有者权益之比应经常保持低于 5∶3；③分发股利须经银行同意；④自 2020 年 1 月 1 日起分期归还借款。

要求：如果不考虑相关的内部控制系统，注册会计师审查长期借款项目时，应审查哪些内容？

［解答］注册会计师针对该公司的长期借款，应审查下列内容。

（1）审查该公司长期借款是否经公司董事会批准，有无会议记录。

（2）查明长期借款合同中的所有限制条件。

（3）验证长期借款利息费用和应计利息的计算是否正确，复核相关的会计记录是否健全、完整。

（4）计算债务和所有者权益之比，核实是否低于 5∶3 的比例。

（5）查明有无一年内到期的长期借款，并检查在资产负债表中的列示是否恰当。

（6）抽查商品明细记录中有无“充作担保”的记录。

3. 应付债券的实质性测试

被审计单位应付债券业务不多，但每笔业务可能都是重要的。因此，注册会计师应重视此项负债的实质性测试工作。应付债券的实质性测试一般包括：

（1）注册会计师应索取或编制应付债券明细表并与明细账及备查簿核对是否相符，必要时，询证债权人及债券的承销人或包销人，以验证应付债券期末余额的正确性。

（2）审查被审计单位债券业务是否真实、合法。注册会计师应着重审查被审计单位发行债券是否经过有关部门的批准，发行债券所形成的负债是否及时记录等。

（3）审查被审计单位债券是否按期计提利息，溢价或折价发行债券，其实际收到的金额与债券票面金额的差额，是否在债券存续期间分期摊销。

（4）审查被审计单位在发行债券时，是否将待发行债券的票面金额、债券票面利率、还本期限与方式、发行总额、发行日期和编号、委托代售部门、转换股份等情况在备查簿中进行登记。

（5）检查利息费用的会计处理是否正确。

（6）检查应付债券是否已在资产负债表中充分披露。

应付债券在资产负债表中列示于长期负债类下，该项目应根据“应付债券”科目的期末余额扣除将于一年内到期的应付债券后的数额填列。注册会计师应根据审计结果，确定被审计单位应付债券在财务报表上的反映是否充分，应注意有关应付债券的类别是否已在财务报表注释中做了充分的说明。

[例 10-3] 注册会计师在审查宏源股份有限公司 2019 年 12 月 31 日资产负债表中的“应付债券”项目时，收集到下列资料：①本年度该公司发行为期 5 年的公司债券，债券合同中规定，凡违反合同内任何条款，所有公司债券立即自动到期；②公司应保持不低于 1∶1 的速动比率，如果低于该比率，该年度中公司高级管理人员的工资应低于 60 万元；③该公司应将为公司债券担保的财产，按其实际价值向保险公司投保；④该公司提供担保的财产，应按规定及时纳税。

要求：针对上述情况，注册会计师除评价应付债券的内部控制系统外，还应审查哪些内容？

[解答] 针对宏源股份有限公司应付债券的具体情况，注册会计师应审查以下内容。

（1）审查债券合同中的各种条款，查明该公司有无违反债券合同条款。

（2）核实 2019 年年末资产负债表中的速动比率，一旦低于 1∶1 时，应立即审查高级管理人员的工资是否低于 60 万元。

（3）查明该公司为债券担保财产的种类、数量、价值和投保金额，并向保险公司和有关单位进行函证。

（4）向税务机关函证，查明对债券合同规定的资产纳税情况，审查实际纳税额与账簿记录是否一致。

4. 财务费用的实质性测试

注册会计师对财务费用的实质性测试一般包括以下工作。

（1）获取或编制财务费用明细表，复核加计是否正确，与报表数、总账数及明细账合计数核对是否相符。

（2）将本期、上期财务费用各明细项目做比较分析，必要时比较本期各月份财务费用，如有重大波动和异常情况应追查原因，扩大审计范围或增加测试量。

（3）检查利息支出明细账，确认利息收支的真实性及正确性，检查各项借款期末应计利息有无预计入账。

（4）审阅下期期初的财务费用明细账，检查财务费用各项目有无跨期入账的现象，对于重大跨期项目，应做必要的调整建议。

（5）检查从其他企业或非银行金融机构取得的利息收入是否按规定计缴营业税。

（6）检查财务费用的披露是否恰当。

第四节 所有者权益审计

企业资产负债表上的所有者权益，是企业投资者对企业净资产的所有权，包括投资者对企业的投入资本以及企业存续过程中形成的资本公积、盈余公积和未分配利润。所有者权益在数量上等于企业的全部资产减去全部负债后的余额，即企业净资产数额。根据这一平衡原理，可以清楚地看出，如果注册会计师能够对企业的资产和负债进行充分的审计，证明两者的期初余额、期末余额和本期变动都是正确的，便从侧面为所有者权益的期末余额和本期变动的正确性提供了有力的证据。同时，由于所有者权益增减变动的业务较少、金额较大的特点，注册会计师在审计了企业的资产和负债之后，往往只花费相对较少的时间对所有者权益进行审计。尽管如此，在审计过程中，对所有者权益进行单独审计仍然十分必要。

一、所有者权益的审计目标

所有者权益的审计目标主要包括：①确定被审计单位有关所有者权益内部控制是否存在、有效且一贯遵守，包括对投资的有关协议、合同和企业章程条款，利润分配的决议、分配方案，会计处理程序等方面的检查，并为被审计单位改善内部控制提供意见或建议；②确定投入资本、资本公积的形成、增减及其他有关经济业务会计记录的合法性与真实性，为投资者及其他有关方面研究企业的财务结构，进行投资决策提供依据；③确定盈余公积和未分配利润的形成和增减变动的合法性、真实性，为投资者及其他有关方面了解企业的增值、积累情况等提供资料；④确定财务报表中所有者权益的反映是否恰当。

二、所有者权益的实质性测试

1. 股本或实收资本的实质性测试

股本是股份有限公司按照公司章程、合同和投资协议的规定向股东募集的资本，代表股东对公司净资产的所有权。股份有限公司的股本，是在核定的资本总额及核定的股份总额的范围内，通过向股东发行股票的方式筹集的。通常股本不发生变化，只有在股份有限公司设立、增资扩股和减资时发生变化。

除股份有限公司的投入资本在“股本”科目中核算外，其他组织形式的企业，其投入资本集中在“实收资本”科目中核算。实收资本的实质性测试程序与股本的实质性测试程序基本相同。

对于股本的实质性测试，注册会计师应通过“股本”账户进行，其程序一般包括：

（1）审阅公司章程及实施细则和股东大会、董事会会议记录。注册会计师应向被审计单位索取公司章程及实施细则和股东大会、董事会会议记录的副本，认真研究其中有关股本的规定。注册会计师应了解的资料，包括核定股份和已发行股份的份数、股票面值、股票收回、股票分割及认股权证等。通过这些资料，注册会计师应进一步确定被审计单位股本的交易是否符合有关法规规定及股东大会或董事会的决议。

（2）检查股东是否按照公司章程、合同、协议规定的出资方式出资，各种出资方式的比例是否符合规定。我国法律规定股份有限公司的出资可以采取货币资金、实物、知识产权、土地使用权方式，但法律、行政法规规定不得作为出资的财产除外。股份有限公司的设立，可以采取发起设立或募集设立的方式。注册会计师审计时，应当了解企业章程、合同、协议中的出资方式和出资比例，确定其内容的合法性。在具体分析企业实际募股时，是否存在与公司章程、合同、协议内容存在差异的情况，了解形成差异的原因，将有关问题与公司有关人员协商，对审计过程及有关问题的处理，以适当的方式记录于工作底稿中。

（3）索取或自己编制股本明细表。注册会计师应向被审计单位索取或自己编制股本明细表，作为永久档案存档，以供本年度和以后年度检查股本时使用。股本明细表的内容应包括各类股本变动的详细记载及有关的分析评价。编制时应将每次变动情况逐一记载并与有关的原始凭证和会计账目进行核对。

（4）检查股票的发行、收回等交易活动。检查与股票发行、收回有关的原始凭证和会计记录，是验证股票发行、收回是否确实存在的重要步骤。应检查的原始凭证包括已发行股票的登记簿、向外界收回的股票、募股清单、银行对账单等。会计记录则主要包括银行存款日记账与总账、股本明细账与总账等。

（5）函证发行在外的股票。注册会计师应检查已发行的股票数量是否真实，是否均已收到股款或资产。目前我国股票发行和转让大都由企业委托证券交易所和金融机构进行，由证券交易所和金融机构对发行在外的股票份数进行登记和控制。因为这些机构一般既了解公司发行股票的总数，又掌握公司股东的个人记录以及股票转让情况，故在审计时可采取与证券交易所和金融机构函证及查阅的方法来验证发行股份的数量，并与股本账面数额进行核对，确定是否相符。对个别自己发行股票、自己进行有关股票发行数量、金额及股东情况登记的企业，由于企业已在股票登记簿和股东名单上进行了记录，在进行股本审计时，可在检查这些记录的基础上，抽查其记录是否真实有据，核对发行的股票存根，看其数额是否与股本账面数额相符。

（6）检查股本是否已在资产负债表中恰当披露。股本应在资产负债表和所有者权益变动表中单项列示，注册会计师应核对被审计单位资产负债表和所有者权益变动表中股本项目的数字是否与审定数相符，并检查是否在财务报表附注中披露与股本有关的重要事项，如股本的种类、各类股本金额及股票发行的数额、每股股票的面值、本会计期间发行的股票等。

2. 资本公积的实质性测试

资本公积是因非经营性因素形成的不能计入股本或实收资本的所有者权益，主要包括：投资者实际缴付的出资额超过其资本份额的差额（如股本溢价、资本溢价）、接受非现金资产捐赠、接受现金捐赠、股权投资准备、拨款转入、外币资本折算差额、其他资本公积等。

注册会计师对资本公积进行实质性测试，其测试内容应包括：

（1）检查资本公积形成的合法性。注册会计师应首先检查资本公积形成的内容及其依据，并查阅相关的会计记录和原始凭证，确认资本公积形成的合法性和正确性。资本公积形成的审计包括审查股本溢价或资本溢价、审查接受非现金资产捐赠、审查接受现金捐赠、审查外币资本折算差额、审查其他资本公积等。

第一，审查资本溢价或股本溢价。对资本溢价应检查是否在企业吸收新投资时形成，资本溢价的确定是否按实际出资额扣除其投资比例所占的资本额计算，其投资是否经企业董事会决定，并已报原审批机关批准。对股本溢价应检查发行是否合法，是否经有关部门批准，股票发行价格与其面值的差额是否全部计入资本公积，发行股票支付的手续费或佣金、股票印制成本等减去发行股票冻结期间所产生的利息收入后的余额是否已从溢价中扣除。

第二，审查接受非现金资产捐赠。对接受非现金资产捐赠应审查接受资产捐赠是否按规定办理了移交手续，是否经过验收，资产定价是否取得有关报价单或同类资产的市场价格确认，接受捐赠的固定资产是否应计提折旧，是否存在对捐赠资产不入账等情况，有关账务处理是否符合国家有关规定。

第三，审查接受现金捐赠。对于接受现金捐赠，注册会计师应注意审查其银行对账单、银行存款日记账和“资本公积——接受现金捐赠”明细账是否核对相符，是否确实收到有关捐赠款项。

第四，审查外币资本折算差额。对外币资本折算差额应审查资本账户折算汇率是否按合同约定确定，并由投资各方认可，且符合国家有关法规、制度的规定，资本账户折算所采用的汇率是不是收到出资日的市场汇率或当月 1 日的市场汇率。

第五，审查同一控制下企业合并形成的资本公积。注册会计师应结合金融资产审计，对这些形成资本公积的项目核对相符。

（2）审查资本公积运用的合法性。注册会计师应审查资本公积是否挪作他用，对于资本公积转增股本，注册会计师应审查转增股本是否经股东会或股东大会决定并报经工商行政管理机关批准，并依法办理增资手续；获得批准后，资本公积运用的账务处理是否及时正确。

（3）确定资本公积是否在资产负债表和所有者权益变动表中恰当反映。注册会计师应审查资本公积是否在资产负债表中单独列示，同时还应将资本公积明细账与所有者权益变动表中列示的资本公积的期末余额及期初余额对比相符。

[例 10-4] 注册会计师在审查华星股份有限公司 2019 年 12 月营业外收入明细账时，发现其中一笔业务摘要为“接受捐赠 50 000 元”，记账凭证为 205＃。调阅了205＃记账凭证，其会计分录为：

借：银行存款	50 000	
贷：营业外收入		50 000

所附原始凭证，一为捐赠协议，一为银行存款回执，证明确为捐赠。

要求：判断上述会计处理是否正确，并提出调整建议。

[解答] 该公司会计人员把应作为资本公积的捐赠未列入“资本公积”账户，使利润虚增。对此，注册会计师应建议被审计单位冲销原会计记录，并做账务处理如下：

借：银行存款	50 000	
贷：资本公积		50 000

3. 盈余公积的实质性测试

盈余公积是企业按照规定从税后利润中提取的积累资金，是具有特定用途的留存收益，主要用于弥补亏损和转增资本，也可以按规定用于分配股利。

注册会计师对盈余公积进行实质性测试，其一般程序包括：

（1）获取或编制盈余公积明细表。进行盈余公积的实质性测试，注册会计师应首先获取或编制盈余公积明细表，分别列示盈余公积种类，并与明细账和总账的余额核对是否相符。在此基础上，对盈余公积各明细项目的发生额，逐项检查其原始凭证。

（2）检查盈余公积的提取。注册会计师应主要检查盈余公积的提取是否符合规定并经过批准，提取手续是否完备，提取的依据（即税后利润）是否真实、正确，提取项目是否完整，提取比例是否合法，有无多提或少提。

（3）检查盈余公积的使用。注册会计师应主要检查盈余公积的使用是否符合规定用途并经过批准。盈余公积的使用按规定必须经过一定的授权批准手续，盈余公积可用于弥补亏损、转增股本，但必须符合国家规定的条件；转增股本还必须经股东会或股东大会批准，依法办理增资手续，取得合法的增资文件；弥补亏损也必须按批准数额转账。

（4）检查盈余公积是否已在资产负债表和所有者权益变动表中恰当披露。企业的盈余公积应在资产负债表中列示，同时还应在所有者权益变动表中反映各项盈余公积期末余额及期初至期末间的重要变化。

4. 未分配利润的实质性测试

未分配利润是指未做分配的净利润，即这部分利润没有分配给投资者，也未指定用途。未分配利润是企业当年税后利润在弥补以前年度亏损、提取公积金以后加年初未分配利润，再扣除向所有者分配利润后的结余额，是企业留于以后年度分配的利润。它是企业历年积存的利润分配后的余额，也是所有者权益的一个重要组成部分，企业的未分配利润通过“利润分配——未分配利润”明细科目核算，其年末余额反映历年积存的未分配利润（或未弥补亏损）。

注册会计师对未分配利润进行实质性测试，其程序一般应包括：

（1）检查利润分配比例是否符合合同、协议、章程以及股东会或股东大会记录的规定，利润分配数额及年末分配数额是否正确。

（2）根据审计结果调整本年损益数，直接增加或减少未分配利润，确定调整后的未分配利润数。

（3）检查未分配利润是否已在资产负债表和所有者权益变动表中恰当披露。

第五节　金融资产审计

与投资相关的金融资产包括：以公允价值计量且其变动计入当期损益的金融资产、以公允价值计量且其变动计入其他综合收益的金融资产、以摊余成本计量的金融资产、长期股权投资等。注册会计师对金融资产的审计，就是对这些项目的审计。

一、以公允价值计量且其变动计入当期损益的金融资产审计

以公允价值计量且其变动计入当期损益的金融资产，是指企业为了近期出售而持有的金融资产。在会计科目设置上，企业持有的直接指定为以公允价值计量且其变动计入当期损益的金融资产，也通过该科目核算。

1. 以公允价值计量且其变动计入当期损益的金融资产的审计目标

以公允价值计量且其变动计入当期损益的金融资产的审计目标一般包括：确定以公允价值计量且其变动计入当期损益的金融资产是否存在；确定以公允价值计量且其

变动计入当期损益的金融资产是否归属被审计单位所有；确定以公允价值计量且其变动计入当期损益的金融资产的增减变动及其损益的记录是否完整；确定以公允价值计量且其变动计入当期损益的金融资产的计价是否正确；确定以公允价值计量且其变动计入当期损益的金融资产期末余额是否正确；确定以公允价值计量且其变动计入当期损益的金融资产的披露是否恰当。

2. 以公允价值计量且其变动计入当期损益的金融资产的实质性测试程序

注册会计师对以公允价值计量且其变动计入当期损益的金融资产的实质性测试程序通常包括：

（1）获取或编制以公允价值计量且其变动计入当期损益的金融资产明细表，复核加计是否正确，并与报表数、总账数和明细账合计数核对是否相符。

（2）对期末结存的相关以公允价值计量且其变动计入当期损益的金融资产，向被审计单位核实其持有目的，检查本科目核算范围是否恰当。

（3）获取股票、债券及基金等交易流水单及被审计单位证券投资部门的交易记录，与明细账核对，检查会计记录是否完整，会计处理是否正确。

（4）监盘以公允价值计量且其变动计入当期损益的金融资产库存，并与相关账户余额进行核对，如有差异，应查明原因，并做出记录或进行适当调整。

（5）向相关金融机构发函询证以公允价值计量且其变动计入当期损益的金融资产期末数量以及是否存在变现限制，并记录函证过程。

（6）抽取以公允价值计量且其变动计入当期损益的金融资产增减变动的相关凭证，检查其原始凭证是否完整合法，会计处理是否正确。

（7）复核以公允价值计量且其变动计入当期损益的金融资产与相关的损益计算是否准确，并与公允价值变动损益及投资收益等有关数据核对。

（8）复核以公允价值计量且其变动计入当期损益的金融资产的期末公允价值是否合理，相关会计处理是否正确。

（9）关注以公允价值计量且其变动计入当期损益的金融资产是否存在重大的变现。

（10）检查以公允价值计量且其变动计入当期损益的金融资产的披露是否恰当。

[例 10-5] A 注册会计师在审计上市甲公司 2019 年财务报表时，发现 2019 年 5 月 13 日甲公司支付价款 1 000 000 元从二级市场购入乙公司发行的股票 100 000 股，每股价格 10.60 元（含已宣告但尚未发放的现金股利 0.60 元），另支付交易费用 1 000 元。甲公司将持有的乙公司股权划分为交易性金融资产，且持有乙公司股权后对其无重大影响。甲公司其他相关资料如下。

（1）5 月 23 日，收到乙公司发放的现金股利 60 000 元。

（2）6 月 30 日，乙公司股票价格涨到每股 13 元。

（3）8 月 15 日，将持有的乙公司股票全部售出，每股售价 15 元。

甲公司在购入乙公司股票时，账务处理为：

借：交易性金融资产——成本	1 061 000	
贷：银行存款		1 061 000

甲公司在出售乙公司股票时，账务处理为：

借：银行存款	1 500 000	

贷：交易性金融资产——成本 1 061 000

投资收益 439 000

要求：请代A注册会计师指出上述账务处理存在的问题，并做出正确的账务处理。

［解答］上述账务处理是错误的，未能按照不同的时间点对甲公司交易性金融资产做出正确处理。

假定不考虑其他因素，甲公司正确的账务处理如下。

（1）5月13日，购入乙公司股票。

借：交易性金融资产——成本 1 000 000

应收股利 60 000

投资收益 1 000

贷：银行存款 1 061 000

（2）5月23日，收到乙公司发放的现金股利。

借：银行存款 6 000

贷：应收股利 6 000

（3）6月30日，确认股票价格变动。

借：交易性金融资产——公允价值变动 300 000

贷：公允价值变动损益 300 000

（4）8月15日，乙公司股票全部售出。

借：银行存款 1 500 000

公允价值变动损益 300 000

贷：交易性金融资产——成本 1 000 000

公允价值变动 300 000

投资收益 500 000

二、以公允价值计量且其变动计入其他综合收益的金融资产审计

以公允价值计量且其变动计入其他综合收益的金融资产，是指企业管理该金融资产的业务模式既以收取合同现金流量为目标又以出售该金融资产为目标的金融资产。该金融资产的合同条款规定，在特定日期产生的现金流量，仅为对本金和以未偿付本金金额为基础的利息的支付。

1. 以公允价值计量且其变动计入其他综合收益的金融资产的审计目标

以公允价值计量且其变动计入其他综合收益的金融资产的审计目标一般包括：确定以公允价值计量且其变动计入其他综合收益的金融资产是否存在；确定以公允价值计量且其变动计入其他综合收益的金融资产是否归属被审计单位所有；确定以公允价值计量且其变动计入其他综合收益的金融资产的增减变动及其损益的记录是否完整；确定以公允价值计量且其变动计入其他综合收益的金融资产的计价是否正确；确定以公允价值计量且其变动计入其他综合收益的金融资产减值准备的计提方法是否恰当，计提是否充分；确定以公允价值计量且其变动计入其他综合收益的金融资产减值准备的增减变动记录是否完整；确定以公允价值计量且其变动计入其他综合收益的金融资产及其减值准备期末余额是否正确；确定以公允价值计量且其变动计入其他综合收益

的金融资产及其减值准备的披露是否恰当。

2. 以公允价值计量且其变动计入其他综合收益的金融资产的实质性测试程序

注册会计师对以公允价值计量且其变动计入其他综合收益的金融资产的实质性测试程序通常包括：

（1）获取或编制以公允价值计量且其变动计入其他综合收益的金融资产明细表，复核加计是否正确，并与总账数和明细账合计数核对是否相符。

（2）获取以公允价值计量且其变动计入其他综合收益的金融资产对账单，与明细账核对，并检查其会计处理是否正确。

（3）检查以公允价值计量且其变动计入其他综合收益的金融资产库存，并与相关账户余额进行核对，如有差异，应查明原因，并做出记录或进行调整。

（4）向相关金融机构发函询证以公允价值计量且其变动计入其他综合收益的金融资产期末数量，并记录函证过程。取得回函时应检查相关签章是否符合要求。

（5）对期末结存的以公允价值计量且其变动计入其他综合收益的金融资产，向被审计单位核实其持有目的，检查本科目核算范围是否恰当。

（6）抽取以公允价值计量且其变动计入其他综合收益的金融资产增减变动的相关凭证，检查其原始凭证是否完整合法，会计处理是否正确。

（7）复核以公允价值计量且其变动计入其他综合收益的金融资产的期末公允价值是否合理，是否需计提减值准备，检查会计处理是否正确。

（8）检查以公允价值计量且其变动计入其他综合收益的金融资产出售时，其相关损益计算及会计处理是否正确。

（9）复核以公允价值计量且其变动计入其他综合收益的金融资产划转为以摊余成本计量的金融资产的依据是否充分，会计处理是否正确。

（10）检查以公允价值计量且其变动计入其他综合收益的金融资产的披露是否恰当。

［例 10-6］B 注册会计师审计上市乙公司 2019 年度财务报表时，发现乙公司于 2019 年 7 月 13 日从二级市场购入股票 1 000 000 股，每股市价 15 元，手续费 30 000 元；初始确认时，股票划分为以公允价值计量且其变动计入其他综合收益的金融资产。乙公司至 2019 年 12 月 31 日仍持有该股票，该股票当时的市价为每股 16 元。2020 年 2 月 1 日，乙公司将该股票售出，售价为每股 13 元，另支付交易费 30 000 元。

乙公司购入股票时的账务处理为：

借：其他权益工具投资——成本	15 030 000	
贷：银行存款		15 030 000

乙公司出售股票时的账务处理为：

借：银行存款	12 970 000	
投资收益	2 060 000	
贷：其他权益工具投资——成本		15 030 000

要求：请代 B 注册会计师指出上述账务处理存在的问题，并做出正确的账务处理。

［解答］上述乙公司出售股票时的账务处理是错误的，未能反映出 2019 年 12 月 31 日该股票的公允价值变动损益。正确的账务处理如下。

（1）2019 年 7 月 13 日，购入股票。

借：其他权益工具投资——成本　　15 030 000
　贷：银行存款　　15 030 000

（2）2019 年 12 月 31 日，确认股票价格变动。

借：其他权益工具投资——公允价值变动　　970 000
　贷：其他综合收益　　970 000

（3）2020 年 2 月 1 日，出售股票。

借：银行存款　　12 970 000
　　投资收益　　3 030 000
　贷：其他权益工具投资——成本　　15 030 000
　　　公允价值变动　　970 000

借：其他综合收益　　970 000
　贷：投资收益　　970 000

三、以摊余成本计量的金融资产审计

以摊余成本计量的金融资产，是指企业管理该金融资产的业务模式是以收取合同现金流量为目标的金融资产。该金融资产的合同条款规定，在特定日期产生的现金流量，仅为对本金和以未偿付本金金额为基础的利息的支付。

1. 以摊余成本计量的金融资产的审计目标

以摊余成本计量的金融资产的审计目标一般包括：确定以摊余成本计量的金融资产是否存在；确定以摊余成本计量的金融资产是否归属被审计单位所有；确定以摊余成本计量的金融资产的增减变动及其损益的记录是否完整；确定以摊余成本计量的金融资产的计价是否正确；确定以摊余成本计量的金融资产减值准备的计提方法是否恰当，计提是否充分；确定以摊余成本计量的金融资产减值准备的增减变动的记录是否完整；确定以摊余成本计量的金融资产及其减值准备期末余额是否正确；确定以摊余成本计量的金融资产及其减值准备的披露是否恰当。

2. 以摊余成本计量的金融资产的实质性测试程序

注册会计师对以摊余成本计量的金融资产的实质性测试程序通常包括：

（1）获取或编制以摊余成本计量的金融资产明细表，复核加计是否正确，并与总账数和明细账合计数核对是否相符。

（2）获取以摊余成本计量的金融资产对账单，与明细账核对，并检查其会计处理是否正确。

（3）检查以摊余成本计量的金融资产库存，并与账面余额进行核对，如有差异查明原因，并做出记录或进行适当调整。

（4）向相关金融机构发函询证以摊余成本计量的金融资产期末数量，并记录函证过程。取得回函时，应检查相关签章是否符合要求。

（5）对期末结存的以摊余成本计量的金融资产，核实被审计单位的持有目的和能力，检查本科目核算范围是否恰当。

（6）抽取以摊余成本计量的金融资产增加、减少的记账凭证，注意其原始凭证是否完整合法，成本、交易费用和相关利息的会计处理是否符合规定。

（7）结合投资收益科目，复核处置以摊余成本计量的金融资产的损益计算是否准确，已计提的减值准备是否同时结转。

（8）检查以摊余成本计量的金融资产划转为以公允价值计量且其变动计入其他综合收益的金融资产的会计处理是否正确。

（9）当有客观证据表明以摊余成本计量的金融资产发生减值的，应当复核相关投资项目的预计未来现金流量现值，并与其账面价值进行比较，检查相关减值准备计提是否充分。

（10）检查以摊余成本计量的金融资产的披露是否恰当。

四、长期股权投资审计

长期股权投资是指企业持有的采用权益法或成本法核算的长期股权投资，具体包括：

（1）企业持有的能够对被投资单位实施控制的权益性投资，即对子公司的投资。

（2）企业持有的能够与其他合营方一同对被投资单位实施共同控制的权益性投资，即对合营企业的投资。

（3）企业持有的能够对被投资单位施加重大影响的权益性投资，即对联营企业的投资。

（4）企业对被投资单位不具有控制、共同控制或重大影响，且在活跃市场中没有报价、公允价值不能可靠计量的权益性投资。

1. 长期股权投资的审计目标

长期股权投资的审计目标一般包括：确定长期股权投资是否存在；确定长期股权投资是否归属被审计单位所有；确定长期股权投资的增减变动及投资损益的记录是否完整；确定长期股权投资的核算方法是否正确；确定长期股权投资减值准备的计提方法是否恰当；确定长期股权投资减值准备增减变动的记录是否完整；确定长期股权投资及其减值准备的披露是否恰当。

2. 长期股权投资的实质性测试程序

注册会计师对长期股权投资的实质性测试程序通常包括：

（1）获取或编制长期股权投资明细表，复核加计是否正确，并与总账数和明细账合计数核对是否相符；结合长期股权投资减值准备科目与报表数核对是否相符。

（2）根据有关合同和文件，确认股权投资的股权比例和持有时间，检查股权投资核算方法是否正确。

（3）对于重大的投资，向被投资单位函证被审计单位的投资额、持股比例及被投资单位发放股利等情况。

（4）对于采用权益法核算的长期股权投资，获取被投资单位已经注册会计师审计的年度财务报表，如果未经注册会计师审计，则应考虑对被投资单位的财务报表实施适当的审计或审阅程序。

（5）对于采用成本法核算的长期股权投资，检查股利分配的原始凭证及分配决议等资料，确定会计处理是否正确。

（6）对于成本法和权益法相互转换的，检查其投资成本的确定是否正确。

（7）确定长期股权投资的增减变动的记录是否完整，检查本期增减变动的长期股权投资，追查至原始凭证及相关的文件或决议及被投资单位验资报告或财务资料等，确认长期股权投资是否符合投资合同、协议的规定，并已实际投资，会计处理是否正确。

（8）期末对长期股权投资进行逐项检查，以确定长期股权投资是否已经发生减值损失，一经确认，在以后会计期间不得转回。

（9）结合银行存款等的检查，了解长期股权投资是否存在质押、担保情况。如有，则应详细记录，并提请被审计单位进行充分披露。

（10）检查长期股权投资在资产负债表中是否已恰当列报。了解是否存在被投资单位由于所在国家和地区及其他方面的影响，其向被审计单位转移资金的能力受到限制的情况。如存在，应详细记录受限情况，并提请被审计单位充分披露。

［例 10-7］A 注册会计师在审计上市甲公司 2019 年度财务报表时，发现 2019 年 3 月 20 日甲公司通过增发 9 000 万股公司普通股（每股面值 1 元）取得 B 公司 20%的股权，按照增发前 20 个交易日的平均股价计算，该 9 000 万股股份的公允价值为 15 600 万元。为增发该部分股份，甲公司向证券公司等承销机构支付了 600 万元的佣金和手续费。假定甲公司取得该部分股权后，能够对 B 公司的生产经营决策施加重大影响。甲公司对此的账务处理为：

借：长期股权投资	162 000 000	
贷：股本		162 000 000

要求：请代 A 注册会计师指出上述账务处理存在的问题，并做出正确的账务处理。

［解答］上述账务处理是错误的，虚增了甲公司的长期股权投资和股本。

甲公司应当以所发行股份的公允价值作为取得长期股权投资的成本，账务处理为：

借：长期股权投资	156 000 000	
贷：股本		90 000 000
资本公积——股本溢价		66 000 000

发行权益性证券过程中支付的佣金和手续费，应冲减权益性证券的溢价发行收入，账务处理为：

借：资本公积——股本溢价	6 000 000	
贷：银行存款		6 000 000

第六节　其他相关账户审计

对于筹资与投资循环审计，除以上介绍的财务报表项目审计外，还有其他应收款审计、其他应付款审计、无形资产审计、应付股利审计、营业外收入审计、营业外支出审计、公允价值变动收益审计、递延所得税资产审计、递延所得税负债审计等。对这些项目审计等阐述，一般只列示相应的实质性测试审计程序。

一、其他应收款审计

其他应收款核算企业除应收票据、应收账款、预付账款等以外的其他各种应收、暂付款项，包括不设置“备用金”科目的企业拨出的备用金，应收的各种赔款、罚款，应向职工收取的各种垫付款项等。

对于其他应收款，注册会计师应实施以下实质性测试程序。

（1）检查其他应收款的真实性。注册会计师应要求被审计单位编制并提供其他应收款明细表。注册会计师应将明细表与有关账户数加以核对，复核加计是否正确，并验证账账之间、账表之间是否一致。必要时向对方发出函证，以确定其他应收款的结算业务是否真实存在。在函证时应注意：选择金额较大或异常的其他应收款项目，函证其余额是否正确，并根据回函情况编制函证结果汇总表；对回函不符、未回函及未发函证的其他应收款，应采用替代程序核实年末余额的正确性，如查核下期明细账，或追踪至其他应收款发生时的原始凭证，特别注意是否存在抽逃资金、隐藏费用的现象。

（2）检查其他应收款的账龄分析是否正确。注册会计师可向被审计单位财会部门索取或自己编制其他应收款账龄分析表。分析明细账户，对于长期未能收回的项目，应查明原因，确定是否可能发生坏账损失。对于转作坏账损失项目，审查是否符合规定，并办妥审批手续。

（3）检查其他应收款的披露是否恰当。应注意被审计单位对其他应收款是否计提坏账准备，其财务报表上的其他应收款余额是“其他应收款”科目的期末余额减去“坏账准备”科目中有关其他应收款计提的坏账准备期末余额后的金额。

此外，注意检查备用金的设立和使用是否合理、合法，备用金的管理、审批制度是否健全，备用金报销的原始凭证是否合规，金额是否正确，有无白条报账的问题等。

二、其他应付款审计

其他应付款核算企业应付、暂收其他单位或个人的款项，主要包括应付租入固定资产和包装物的租金、存入保证金、应付统筹退休金等。它是企业流动负债的重要组成部分。对于其他应付款，注册会计师应实施以下实质性测试程序。

（1）获取或编制其他应付款明细表，复核加计是否正确，并与报表数、总账数和明细账合计数核对是否相符。请被审计单位协助，在其他应付款明细表上标出截至审计日已支付等其他应付款项，抽查付款凭证、银行对账单等，并注意这些凭证发生日期的合理性。

（2）分析其他应付款等账龄，对于长期挂账的其他应付款，注册会计师须查明原因，加以记录，必要时提请被审计单位进行调整。判断选择一定金额以上和异常的明细余额，检查其原始凭证，并考虑向债权人函询。

（3）审查租入固定资产和包装物租金的会计处理是否合理、是否正确，存入保证金的会计处理是否正确，应付统筹退休金的会计处理是否正确。

此外，注册会计师应注意审查对非记账本位币结算的其他应付款，检查其采用的折算汇率是否正确，检查其他应付款的披露是否恰当等。

三、无形资产审计

无形资产是指企业为生产商品或者提供劳务、出租给其他单位，或为管理目的而持有的，没有实物形态的非货币性资产，包括专利权、非专利技术、商标权、著作权、土地使用权、购入的能够单独计价的计算机软件和支付的土地出让金等。

对于无形资产，注册会计师应实施的实质性测试程序有：

（1）获取或编制无形资产明细表，复核加计是否正确，并与报表数、总账数和明细账合计数核对是否相符。

（2）获取有关协议和董事会纪要等文件、资料，检查无形资产的性质、构成内容、计价依据，其所有权是否归属被审计单位所有；检查无形资产各项目的摊销政策是否符合有关规定，是否与上期一致，若改变摊销政策，检查其依据是否充分。

（3）检查无形资产的增加是否合规。对股东投入的无形资产，检查是否符合有关规定，并经过适当的批准程序，无形资产的价值是否分别与验资报告及资产评估结果确认书或合同协议等证明文件一致，会计处理是否正确；对自行取得或购入的无形资产，检查其原始凭证，确认计价是否正确，法律程序是否完备（如依法登记、注册及变更登记的批准文件和有效期），会计处理是否正确。

（4）检查无形资产转让的会计处理是否正确，注意转让的是所有权还是使用权。

（5）检查本期摊销额是否正确，会计处理是否正确。

（6）检查无形资产减值准备的计提是否正确。

当存在下列一项或若干项情况时，应当将该项无形资产的账面摊余价值全部转入当期损益：①某项无形资产已被其他新技术所替代，并且该项无形资产已无使用价值和转让价值；②某项无形资产已超过法律保护期限，并且已不能为企业带来经济利益；③其他足以证明某项无形资产已经失去了使用价值和转让价值的情形。

当存在下列一项或若干项情况时，应当计提无形资产的减值准备：①某项无形资产已被其他新技术所替代，但仍然具有部分使用价值；②某项无形资产的市场价值逐年下跌，在可预见的未来无回升的希望；③某项无形资产已经过法律保护期限，但仍然具有部分使用价值；④其他足以证明某项无形资产实质上已经发生了减值的情形。

（7）检查无形资产的披露是否恰当。

四、应付股利审计

注册会计师对应付股利的实质性测试程序如下：

（1）获取或编制应付股利明细表，复核加计是否正确，并与报表数、总账数和明细账合计数核对是否相符。

（2）审阅公司章程、股东大会和董事会会议纪要中有关股利分配的规定，了解股利分配标准和发放方式是否符合有关规定并经法定程序批准。

（3）检查应付股利的发生额，是否根据董事会或股东大会决定的利润分配方案，从税后可供分配利润中计算确定，并复核应付股利计算和会计处理的正确性。

（4）被审计单位董事会确定的上期利润分配预案，如股东大会决议做了修改，应按股东大会决议调整应付股利的期初数，检查有关会计处理是否正确。

（5）检查股利支付的原始凭证的内容和金额是否正确。现金股利是否按公告规定的时间、金额予以发放结算；对无法结算及委托发放而长期未结算的股利是否做出适当处理；股利宣布、结算、转账的会计处理是否正确、适当。

（6）检查应付股利的披露是否恰当。

五、营业外收入审计

注册会计师对营业外收入的实质性测试程序主要有：

（1）获得或编制营业外收入明细表，复核加计是否正确，并与报表数、总账数及明细账合计数核对是否相符。

（2）检查营业外收入核算内容是否符合规定。

（3）检查营业外收入中金额较大或性质特殊的项目，审核其内容的真实性和依据的充分性。

（4）对营业外收入中各项目，包括处理固定资产净收益、处理无形资产净收益、固定资产盘盈、罚款净收入等相关账户记录核对相符，并追查至相关原始凭证。

（5）检查营业外收入的披露是否恰当。

六、营业外支出审计

注册会计师对营业外支出的实质性测试程序主要有：

（1）获取或编制营外支出明细表，复核加计是否正确，并与报表数、总账数及明细账合计数核对是否相符。

（2）检查营业外支出的内容是否符合规定。

（3）对营业外支出的各项目，与固定资产、无形资产净损失、固定资产盘亏、债务重组净损失等，与固定资产、无形资产等相关账户记录核对相符，并追查至相关原始凭证。

（4）检查是否存在非公益性捐赠支持，税收滞纳金、罚金、罚款支出，各种赞助会费支出等，必要时进行应纳税所得额调整。

（5）对非常损失应详细检查有关资料、被审计单位实际损失和保险理赔情况及审批文件，检查有关会计处理是否正确。

（6）检查营业外支出的披露是否恰当。

七、公允价值变动收益审计

公允价值变动收益包括交易性金融资产、交易性金融负债，以及采用公允价值模式计量的投资性房地产、衍生金融工具、套期保值业务等公允价值变动形成的应计入当期损益的利得或损失。

注册会计师对公允价值变动收益的实质性测试程序主要有：

（1）获取或编制公允价值变动收益明细表，复核加计是否正确，与报表数、总账数及明细账合计数核对是否相符。

（2）根据公允价值变动收益明细账，对交易性金融资产（负债）、衍生金融工具、套期保值业务和投资性房地产等各明细发生额逐项检查：①在资产负债表日，被审计单位是否将交易性金融资产（负债）的公允价值与其账面价值的差额记入本科目；处置交易性金融资产（负债）时，是否将原已记入本科目的公允价值变动金额转入投资收益。②在资产负债表日，被审计单位是否将衍生金融工具的公允价值与其账面价值的差额记入本科目；终止衍生金融工具时，其会计处理是否正确。③对于在资产负债表日，满足运用套期会计方法条件的现金流量套期和境外经营净投资套期产生的利得和损失，是否进行了正确的会计处理。④以公允价值模式计量的投资性房地产的公允价值变动收益，应结合对应科目，检查其初始成本确定是否正确，期末公允价值确定是否合理；处置时原公允价值变动（含记入本科目和资本公积）有无正确结转至其他业务成本。

（3）确定公允价值变动收益的披露是否恰当。

八、递延所得税资产审计

注册会计师对递延所得税资产的实质性测试程序通常包括：

（1）获取或编制递延所得税资产明细表，复核加计是否正确，并与报表数、总账数和明细账合计数核对是否相符。

（2）检查被审计单位对递延所得税资产采用的会计政策是否恰当，前后期是否一致。

（3）检查被审计单位用于确认递延所得税资产的税率是否正确。

（4）检查递延所得税资产增减变动记录，以及可抵扣暂时性差异的形成原因，确定是否符合有关规定、计算是否正确，预计转销期是否适当，并特别关注以下事项：①对根据税法规定可用以后年度税前利润弥补的亏损及税款抵减所形成的递延所得税资产，检查其计算及会计处理是否正确。②对非同一控制下企业合并中取得资产、负债的入账价值与其计税基础不同形成的可抵扣暂时性差异，检查其计算及会计处理是否正确。③检查被审计单位对子公司、联营企业及合营企业投资相关的可抵扣暂时性差异，是否根据条件确认相应的递延所得税资产。

（5）检查被审计单位是否在资产负债表日对递延所得税资产的账面价值进行复核，如果预计未来期间很可能无法获得足够的应纳税所得额用以抵扣递延所得税资产，应当减记递延所得税资产的账面价值。

（6）当适用税率发生变化时，检查被审计单位是否对递延所得税资产进行重新计量，对其影响数的会计处理是否正确。

（7）确定递延所得税资产的披露是否恰当。

九、递延所得税负债审计

注册会计师对递延所得税负债的实质性测试程序通常包括：

（1）获取或编制递延所得税负债明细表，复核加计是否正确，并与报表数、总账数和明细账合计数核对是否相符。

（2）检查被审计单位对递延所得税负债采用的会计政策是否恰当，前后是否一致。

（3）检查被审计单位用于确认递延所得税负债的税率是否正确。

（4）检查递延所得税负债增减变动记录，以及应纳税暂时性差异的形成原因，确定是否符合有关规定，计算是否正确，预计转销期是否适当，并关注以下事项：①对非同一控制下企业合并中取得资产、负债的入账价值与其计税基础不同形成的应纳税暂时性差异，检查其计算及会计处理是否正确。②检查是否存在交易中产生的递延所得税负债不应予以确认，而被审计单位予以确认的情况。③检查是否存在被审计单位对子公司、联营企业及合营企业投资相关的应纳税暂时性差异，根据条件不应确认相应的递延所得税负债，而被审计单位予以确认的情况。

（5）当适用税率发生变化时，检查被审计单位是否对递延所得税负债进行重新计量，对其影响数的会计处理是否正确。

（6）确定递延所得税负债在财务报表中的披露是否恰当。

思考与练习

关键术语

筹资与投资循环、借款审计、所有者权益审计

延伸阅读

1.《中国注册会计师审计准则第 1131 号——审计工作底稿》

2.《中国注册会计师审计准则第 1332 号——期后事项》

3.《中国注册会计师审计准则第 1521 号——注册会计师对其他信息的责任》

思考题

1. 简述筹资与投资循环的特征。
2. 应付债券的内部控制测试的主要内容有哪些？
3. 简述投资内部控制的主要内容。
4. 简述借款的审计目标。

练习题

1. 注册会计师 A 和 B 对 XYZ 股份有限公司 2019 年度财务报表进行审计。该公司 2019 年度未发生购并、分立和债务重组行为，供产销形势与上年相当。该公司提供的未经审计的 2019 年度合并财务报表附注的部分内容如下：

长期借款项目附注：2019 年年末余额 13 730 万元。

贷款单位	金额/万元	借款期限	年利率/%	借款条件
A 银行第一营业部	1 800	2017 年 8 月至 2021 年 7 月	6.72	抵押借款
B 银行第一营业部	11 650	2016 年 9 月至 2020 年 8 月	5.65	抵押借款
C 银行第一营业部	280	2019 年 1 月至 2021 年 1 月	5.925	担保借款
合计	13 730			

要求：假定上述附注内容中的年初数和上年比较数均已审定无误，作为注册会计师 A 和 B，在审计计划阶段，请用专业判断，必要时运用分析程序，分别指出上述附注内容中存在或可能存在的不合理之处，并简要说明理由。

2. 2019 年 5 月 1 日，甲公司从股票二级市场以每股 15 元（含已宣告发放但尚未

领取的现金股利 0.2 元）的价格购入 ABC 公司发行的股票 200 000 股，占 ABC 公司有表决权股份的 5%，对 ABC 公司无重大影响，甲公司将该股票划分为以公允价值计量且其变动计入其他综合收益的金融资产。

其他资料如下：

（1）2019 年 5 月 10 日，甲公司收到 ABC 公司发放的上年现金股利 400 000 元。

（2）2019 年 12 月 31 日，该股票的市场价格为每股 13 元，ABC 公司预计该股票的价格下跌是暂时的。

甲公司年末的账务处理为：

借：其他权益工具投资　　26 000 000

　　投资收益　　4 000 000

　贷：其他权益工具投资　　30 000 000

要求：请代 A 注册会计师指出上述账务处理存在的问题，并做出正确的账务处理。

第十一章　货币资金审计

学习目的与要求

通过本章的学习，了解货币资金的内容、货币资金内部控制的要点；掌握货币资金的实质性测试。

第一节　货币资金概述

货币资金是指以货币形态存在的资产，是企业流动资产的重要组成部分，根据其存放地点不同可以分为现金、银行存款及其他货币资金。在企业生产经营活动中，大部分的经济业务都要通过货币资金的收付来实现，除了销售业务外，其他如投入资金、采购材料、购建固定资产、支付工资及费用、偿还债务等业务都要涉及货币资金的收付。货币资金的收付频繁，业务量大，出现记账错误的可能性相对较大，而且货币资金是企业内部流动性最强的资产，最容易被不法分子贪污和占用，所以，货币资金的审计风险较高，需要花费的时间较长，审计的范围相对较广。

一、货币资金涉及的凭证和会计记录

货币资金涉及的凭证和会计记录主要有：

（1）现金盘点表。

（2）银行对账单。

（3）银行余额调节表。

（4）有关科目的记账凭证（如现金收付款凭证、银行收付款凭证）。

（5）有关会计账簿（如现金日记账、银行存款日记账）。

二、货币资金与业务循环

货币资金与各业务循环中的业务活动存在着密切的关系。一些最终影响货币资金的错误只有在对销售与收款、采购与付款、生产与存货、筹资与投资的业务循环的审计测试中才会被发现。例如，未给顾客开票、未按销售额开票、两次支付卖方发票或支付未经验收的货物或劳务等，在现金余额测试中都不会被发现。但是限制货币资金付款和货币资金收款的错误可在货币资金的业务测试中被发现，或通过对其余额测试程序发现。

第二节 货币资金的重大错报风险

货币资金主要包括库存现金、银行存款及其他货币资金。

库存现金包括企业的人民币现金和外币现金。现金是企业流动性最强的资产，尽管其在企业资产总额中的比重不大，但企业发生的舞弊事件大多与现金有关，因此注册会计师应该重视库存现金的审计。

银行存款是指企业存放在银行或其他金融机构的各种款项。按照国家有关规定，凡是独立核算的企业都必须在当地银行开设账户。企业在银行开设账户以后，除按核定的限额保留库存现金外，超过限额的现金必须存入银行；除了在规定的范围内可以用现金直接支付款项外，在经营过程中所发生的一切货币收支业务，都必须通过银行存款账户进行结算。

一、货币资金的可能发生错报环节

与货币资金相关的会计项目主要为库存现金、银行存款、应收（付）款项、短（长）期借款、财务费用、长期投资等。以一般制造业为例，与库存现金、银行存款相关的交易和余额的可能发生错报环节通常包括（括号内为相应的认定）：

（1）被审计单位资产负债表的货币资金项目中的库存现金和银行存款在资产负债表日不存在。（存在）

（2）被审计单位所有应当记录的现金收支业务和银行存款收支业务未得到完整记录，存在遗漏。（完整性）

（3）被审计单位的现金收款通过舞弊手段被侵占。（完整性）

（4）记录的库存现金和银行存款不是为被审计单位所拥有或控制。（权利和义务）

（5）库存现金和银行存款的金额未被恰当地包括在财务报表的货币资金项目中，与之相关的计价调整未得到恰当记录。（计价和分摊）

（6）库存现金和银行存款未按照企业会计准则的规定在财务报表中做出恰当列报。（列报）

二、识别应对可能发生错报环节的内部控制

为评估与货币资金的交易、余额和列报相关的认定的重大错报风险，注册会计师应了解与货币资金相关的内部控制，这些控制主要是为防止、发现并纠正相关认定发生重大错报的固有风险（即可能发生错报环节）而设置的。注册会计师可以通过审阅以前年度审计工作底稿、观察内部控制执行情况、询问管理层和员工、检查相关的文件和资料等方法对这些控制进行了解，此外，对相关文件和资料进行检查也可以提供审计证据，例如通过检查财务人员编制的银行余额调节表，可以发现差错并加以纠正。

需要强调的是，在评估与货币资金的交易、余额和列报相关的认定的重大错报风险时，注册会计师之所以需要充分了解被审计单位对货币资金的控制活动，目的在于使得计划实施的审计程序更加有效。也就是说，注册会计师必须恰当评估被审计单位的重大错报风险，在此基础上设计并实施进一步审计程序，才能有效应对重大错报

风险。

1. 库存现金内部控制

由于现金是企业流动性最强的资产，加强现金管理对于保护企业资产安全完整具有重要的意义。在良好的现金内部控制下，企业的现金收支记录应及时、准确、完整；全部现金支出均按经批准的用途进行；现金得以安全保管。

一般而言，一个良好的现金内部控制应该达到以下几点。

（1）现金收支与记账的岗位分离。

（2）现金收支要有合理、合法的凭据。

（3）全部收入及时准确入账，并且现金支出应严格履行审批、复核制度。

（4）控制现金坐支，当日收入现金应及时送存银行。

（5）按月盘点现金，以做到账实相符。

（6）对现金收支业务进行内部审计。

注册会计师通常通过内部控制流程图来了解企业对现金的内部控制。编制现金内部控制流程图是了解企业对库存现金内部控制的重要步骤。注册会计师在编制之前应通过询问、观察、检查、重新执行等程序收集必要的资料，然后根据所了解的情况编制流程图。对中小企业，也可采用编写现金内部控制说明的方法。

若以前年度审计时已经编制了现金内部控制流程图，注册会计师可根据本年了解的情况对以前年度的内部控制流程图加以更新，以供本年度审计之用。一般地，了解现金内部控制时，注册会计师应当注意检查库存现金内部控制的建立和执行情况，重点包括：

（1）库存现金的收支是否按规定的程序和权限办理。

（2）是否存在与被审计单位经营无关的款项收支情况。

（3）出纳与会计的职责是否严格分离。

（4）库存现金是否妥善保管，是否定期盘点、核对等。

2. 银行存款内部控制

一般而言，一个良好的银行存款的内部控制同库存现金的内部控制类似，应达到以下几点。

（1）银行存款收支与记账的岗位分离。

（2）银行存款收支要有合理、合法的凭据。

（3）全部收支及时准确入账，全部支出要有核准手续。

（4）按月编制银行存款余额调节表，以做到账实相符。

（5）加强对银行存款收支业务的内部审计。

按照我国现金管理的有关规定，超过规定限额以上的现金支出一律使用支票。因此企业应建立相应的支票申领制度，明确申领范围、申领批准及支票签发、支票报销等。

对于支票报销和现金报销，企业应建立报销制度。报销人员报销时应当有正常的报批手续、适当的付款凭据，有关采购支出还应具有验收手续。会计部门应对报销单据加以审核，出纳员见到加盖核准戳记的支出凭据后方可付款。

付款应及时登记入账，相关凭证应按顺序或内容编制并作为会计记录的附件。

注册会计师对银行存款内部控制的了解一般与了解现金的内部控制同时进行。注册会计师应当注意的内容包括：

（1）银行存款的收支是否按规定的程序和权限办理。

（2）银行账户的开立是否符合相关法律法规的要求。

（3）银行账户是否存在与本单位经营无关的款项收支情况。

（4）是否存在出租、出借银行账户的情况。

（5）出纳与会计的职责是否严格分离。

（6）是否定期取得银行对账单并编制银行存款余额调节表等。

三、与货币资金相关的重大错报风险

在评价货币资金业务的交易、账户余额和列报的认定层次的重大错报风险时，注册会计师通常运用职业判断，依据因货币资金业务的交易、账户余额和列报的具体特征而导致重大错报风险的可能性（即固有风险），以及风险评估是否考虑了相关控制（即控制风险），形成对与货币资金相关的重大错报风险的评估，进而影响进一步审计程序。

货币资金业务交易、账户余额和列报的认定层次的重大错报风险可能包括：

（1）被审计单位存在虚假的货币资金余额或交易，因而导致银行存款余额的存在性或交易的发生存在重大错报风险。

（2）被审计单位存在大额的外币交易和余额，可能存在外币交易或余额未被准确记录的风险。例如，对于有外币现金或外币银行存款的被审计单位，企业有关外币交易的增减变动或年底余额可能因未采用正确的折算汇率而导致计价错误（计价和分摊/准确性）。

（3）银行存款的期末收支存在大额的截止性错误（截止）。例如，被审计单位期末存在金额重大且异常的银付企未付，企收银未收事项。

（4）被审计单位可能存在未能按照企业会计准则的规定对货币资金做出恰当披露的风险。例如，被审计单位期末持有使用受限制的大额银行存款，但在编制财务报表时未在财务报表附注中对其进行披露。

在实施货币资金审计的过程中，如果被审计单位存在以下事项或情形，注册会计师需要保持警觉。

（1）被审计单位的现金交易比例较高，并与其所在的行业常用的结算模式不同。

（2）库存现金规模明显超过业务周转所需资金。

（3）银行账户开立数量与企业实际的业务规模不匹配。

（4）在没有经营业务的地区开立银行账户。

（5）企业资金存放于管理层或员工个人账户。

（6）货币资金收支金额与现金流量表不匹配。

（7）不能提供银行对账单或银行存款余额调节表。

（8）存在长期或大量银行未达账项。

（9）银行存款明细账存在非正常转账的“一借一贷”。

（10）违反货币资金存放和使用规定（如上市公司未经批准开立账户转移募集资金、未经许可将募集资金转作其他用途等）。

（11）存在大额外币收付记录，而被审计单位并不涉足外贸业务。

（12）被审计单位以各种理由不配合注册会计师实施银行函证。

除上述与货币资金项目直接相关的事项或情形外，注册会计师在审计其他财务报表项目时，还可能关注到其他一些也需保持警觉的事项或情形。例如：

（1）存在没有具体业务支持或与交易不相匹配的大额资金往来。

（2）长期挂账的大额预付款项。

（3）存在大额自有资金的同时，向银行高额举债。

（4）付款方账户名称与销售客户名称不一致、收款方账户名称与供应商名称不一致。

（5）开具的银行承兑汇票没有银行承兑协议支持。

（6）银行承兑票据保证金余额与应付票据余额比例不合理。

当被审计单位存在以上事项或情形时，可能表明存在舞弊风险。

四、拟实施的进一步审计程序的总体方案

注册会计师基于以上识别的重大错报风险评估结果，制定实施进一步审计程序的总体方案（包括综合性方案和实质性方案），继而实施控制测试和实质性审计程序，以应对识别出的重大错报风险。注册会计师通过综合性方案或实质性方案获取的审计证据应足以应对识别出的认定层次的重大错报风险。

第三节　测试货币资金的内部控制

一、概述

如果在评估认定层次重大错报风险时预期控制的运行是有效的，或仅实施实质性程序不能够提供认定层次充分、适当的审计证据，注册会计师应当实施控制测试，以就与认定相关的控制在相关期间或时点的运行有效性获取充分、适当的审计证据。如果根据注册会计师的判断，决定对货币资金采取实质性审计方案，在此情况下，无须实施本节所述的测试内部控制运行的有效性的程序。

本教材所述的其他业务循环（如销售循环、采购循环等）中可能已包含某些针对货币资金的控制测试，例如，检查付款是否已经适当批准等。

二、库存现金的控制测试

在已识别的重大错报风险的基础上，注册会计师选取拟测试的控制并实施控制测试。

以下举例说明几种常见的库存现金内部控制以及注册会计师相应可能实施的内部控制测试程序。

1. 现金付款的审批和复核

例如，被审计单位针对现金付款审批做出以下内部控制要求：部门经理审批本部门的付款申请，审核付款业务是否真实发生、付款金额是否准确，以及后附票据是否齐备，并在复核无误后签字认可。财务部门在安排付款前，财务经理再次复核经审批的付款申请及后附相关凭据或证明，如核对一致，进行签字认可并安排付款。

针对该内部控制，注册会计师可以在选取适当样本的基础上实施以下控制测试程序：①询问相关业务部门的部门经理和财务经理在日常现金付款业务中执行的内部控制，以确定其是否与被审计单位内部控制政策要求保持一致；②观察财务经理复核付款申请的过程，是否核对了付款申请的用途、金额及后附相关凭据，以及在核对无误后是否进行了签字确认；③重新核对经审批及复核的付款申请及其相关凭据，并检查是否经签字确认。

2. 现金盘点

注册会计师针对被审计单位的现金盘点实施的现金监盘可能涉及以下几点。

（1）检查现金以确定其是否存在，并检查现金盘点结果。

（2）观察执行现金盘点的人员对盘点计划的遵循情况，以及用于记录和控制现金盘点结果的程序的实施情况。

（3）获取有关被审计单位现金盘点程序可靠性的审计证据。

现金监盘程序是用作控制测试还是实质性程序，取决于注册会计师对风险评估结果、审计方案和实施的特定程序的判断。注册会计师可以将现金监盘同时用作控制测试和实质性程序。如被审计单位库存现金存放部门有两处或两处以上的，应同时进行盘点。

例如，被审计单位针对现金盘点做出了以下内部控制要求：会计主管指定应付账款会计每月末的最后一天对库存现金进行盘点，根据盘点结果编制库存现金盘点表，将盘点余额与现金日记账余额进行核对，并对差异调节项进行说明。会计主管复核库存现金盘点表，如盘点金额与现金日记账余额存在差异且差异金额超过 2 万元，需查明原因并报财务经理批准后进行财务处理。

针对该内部控制，注册会计师可以在选取适当样本的基础上实施以下控制测试程序：①在月末最后一天参与被审计单位的现金盘点，检查是否由应付账款会计进行现金盘点；②观察现金盘点程序是否按照盘点计划的指令和程序执行，是否编制了现金盘点表并根据内控要求经财务部相关人员签字复核；③检查现金盘点表中记录的现金盘点余额是否与实际盘点金额保持一致、现金盘点表中记录的现金日记账余额是否与被审计单位现金日记账中余额保持一致；④针对调节差异金额超过 2 万元的调节项，检查是否经财务经理批准后进行财务处理。

如果被审计单位的现金交易比例较高，注册会计师可以考虑在了解和评价被审计单位现金交易内部控制的基础上，针对相关控制运行的有效性获取充分、适当的审计证据。

三、银行存款的控制测试

在已识别的重大错报风险的基础上，注册会计师选取拟测试的控制并实施控制测试。以下举例说明几种常见的银行存款内部控制以及注册会计师相应可能实施的内部控制测试程序。

1. 银行账户的开立、变更和注销

例如，被审计单位针对银行账户的开立、变更和注销做出了以下内部控制要求：会计主管根据被审计单位的实际业务需要就银行账户的开立、变更和注销提出申请，经财务经理审核后报总经理审批。

针对该内部控制，注册会计师可以实施以下控制测试程序：①询问会计主管被审计单位本年开户、变更、撤销的整体情况；②取得本年度账户开立、变更、撤销申请项目清单，检查清单的完整性，并在选取适当样本的基础上检查账户的开立、变更、撤销项目是否已经财务经理和总经理审批。

2. 银行付款的审批和复核

例如，被审计单位针对银行付款审批做出以下内部控制要求：部门经理审批本部门的付款申请，审核付款业务是否真实发生、付款金额是否准确，以及后附票据是否齐备，并在复核无误后签字认可。财务部门在安排付款前，财务经理再次复核经审批的付款申请及后附相关凭据或证明，如核对一致，进行签字认可并安排付款。

针对该内部控制，注册会计师可以在选取适当样本的基础上实施以下控制测试程序：①询问相关业务部门的部门经理和财务经理在日常银行付款业务中执行的内部控制，以确定其是否与被审计单位内部控制政策要求保持一致；②观察财务经理复核付款申请的过程，是否核对了付款申请的用途、金额及后附相关凭据，以及在核对无误后是否进行了签字确认；③重新核对经审批及复核的付款申请及其相关凭据，并检查是否经签字确认。

3. 编制银行存款余额调节表

例如，被审计单位为保证财务报表中银行存款余额的存在性、完整性和准确性做出了以下内部控制要求：每月末，会计主管指定应收账款会计核对银行存款日记账和银行对账单，编制银行存款余额调节表，使银行存款账面余额与银行对账单调节相符。如存在差异项，查明原因并进行差异调节说明。会计主管复核银行存款余额调节表，对需要进行调整的调节项目及时进行处理，并签字确认。

针对该内部控制，注册会计师可以实施以下控制测试程序：①询问应收账款会计和会计主管，以确定其执行的内部控制是否与被审计单位内部控制政策要求保持一致，特别是针对未达账项的编制及审批流程；②针对选取的样本，检查银行存款余额调节表，查看调节表中记录的企业银行存款日记账余额是否与银行存款日记账余额保持一致、调节表中记录的银行对账单余额是否与被审计单位提供的银行对账单中的余额保持一致；③针对调节项目，检查是否经会计主管的签字复核；④针对大额未达账项进行期后收付款的检查。

第四节 库存现金审计

企业的库存现金是企业根据现金管理制度规定留用的现款。我国对企业支付、收取和留存现金都有明确的规定，要求企业严格遵守。库存现金审计是对库存现金及收付业务和保管情况的真实性、合法性进行的审查和核实。由于现金流动性大，收付业务繁多，容易被不法分子侵吞，因此，必须把它列为审计的重点。通过对库存现金的审计，对巩固和严格现金管理制度，维护结算纪律，揭露错误与舞弊，保护库存现金的安全，都有十分重要的意义。

一、库存现金的审计目标

库存现金的审计目标，一般包括：确定被审计单位资产负债表中的现金在财务报表日是否确实存在，是否为被审计单位所拥有；确定被审计单位在特定期间内发生的现金收支业务是否均已记录完毕，有无遗漏；确定现金余额是否正确；确定现金在财务报表上的披露是否恰当。

二、库存现金的实质性测试

注册会计师对库存现金的实质性测试一般包括以下程序。

第一，核对库存现金日记账与总账的金额是否相符，检查非记账本位币库存现金的折算汇率及折算金额是否正确。注册会计师检测现金余额的起点是，核对库存现金日记账与总账的金额是否相符。如果不相符，应查明原因，必要时应建议做出适当调整。

第二，监盘库存现金。

监盘库存现金是证实资产负债表中所列现金是否存在的一项重要程序。

（1）盘点的范围。企业盘点库存现金，通常包括对已收到但未存入银行的现金、零用金、找换金等的盘点。盘点的范围一般包括企业各部门经管的现金。

（2）盘点的主体。盘点库存现金的时间和人员应视被审计单位的具体情况而定，但必须有出纳员和被审计单位会计主管人员参加，并由注册会计师进行监盘。

（3）盘点的方式。对库存现金的监盘实施突击性的检查。

（4）盘点的时间。对库存现金的监盘时间最好选择在上午上班前或下午下班时进行。

（5）监盘过程。在进行现金盘点前，应由出纳员将现金集中起来存入保险柜。必要时可加以封存，然后由出纳员把已办妥现金收付手续的收付款凭证登入库存现金日记账。如被审计单位库存现金存放部门有两处或两处以上的，应同时进行盘点。

审阅库存现金日记账并同时与现金收付凭证相核对。一方面检查库存现金日记账的记录与凭证的内容是否相符；另一方面了解凭证日期与库存现金日记账日期是否相符或接近。

由出纳员根据库存现金日记账加计累计数额，结出现金结余额。

（6）盘点保险柜的现金实存数，同时由注册会计师编制“库存现金监盘表”分币种、面值列示盘点金额。

将盘点金额与库存现金日记账余额进行核对，如有差异，应要求被审计单位查明原因并做适当调整，如无法查明原因，应要求被审计单位按管理权限批准后做出调整。

若有冲抵库存现金的借条、未提现支票、未做报销的原始凭证，应在“库存现金监盘表”中注明或做出必要的调整。

（7）资产负债表日后进行盘点时，应调整至资产负债表日的金额。

第三，抽查大额现金收支。

注册会计师应抽查大额现金收支的原始凭证内容是否齐全、原始凭证内容是否完整、有无授权批准、记账凭证与原始凭证是否相符、账务处理是否正确、是否记录于恰当的会计期间等项内容。

第四，检查库存现金在财务报表中的列报与披露，验证其恰当性和充分性。根据有关规定，库存现金在资产负债表上“货币资金”项目中反映，审计师在实施了上述审计程序后，应确定“库存现金”账户的期末余额是否恰当，据以确定库存现金是否已在资产负债表中恰当列报，并在财务报表附注中充分披露。

［例 11-1］在对 G 公司 2018 年度财务报表进行审计时，M 注册会计师负责审计货币资金项目。G 公司在总部和营业部均设有出纳部门。为顺利监盘库存现金，M 注册会计师在监盘前一天通知 G 公司会计主管人员做好监盘准备。考虑到出纳日常工作安排，对总部和营业部库存现金的监盘时间分别定在上午 10 点和下午 3 点。监盘时，出纳把现金放入保险柜，并将已办妥现金收付手续的交易登入现金日记账，结出现金日记账余额；然后，M 注册会计师当场盘点现金，在与现金日记账核对后填写“库存现金监盘表”，并在签字后形成工作底稿。

要求：请指出上述库存现金监盘工作中有哪些不当之处，并提出改进建议。

［解答］（1）提前通知 G 公司会计主管人员做好监盘准备的做法不当。M 注册会计师应当实施突击性的检查。

（2）没有同时监盘总部和营业部库存现金的做法不当。M 注册会计师应组织同时监盘总部和营业部的库存现金，若不能同时监盘，则应对监盘的库存现金实施封存。

（3）现金盘点操作程序不当。库存现金应由出纳盘点，会计主管复盘，由注册会计师监盘。

（4）G 公司会计主管人员没有参与盘点的做法不当。盘点人员应包括出纳、会计主管人员和注册会计师。

（5）“库存现金监盘表”签字人员不当。“库存现金监盘表”应由公司相关人员和注册会计师共同签字。

常见审计发现盘点存在盘盈、盘亏的情况，出纳一般解释是找零不到所致；盘点发现出纳垫支找零的情况，出纳一般解释是“没零钱，我先垫了，到时候再拿出来”；保险柜内存在小金库账簿；备用金或者临时借款长期拖欠未报销的情况；保险柜内存放大量的现金或者大量的闲置资金。

审计风险提示：

（1）对于资料的涂改，一般需要在涂改旁边注明“涂改人以及涂改的日期”。如果没有涂改人和涂改日期，这种涂改一般视为非当事人涂改。

（2）为了确认是否为非当事人涂改，有时可以在另一页用铅笔，在涂改对应的地方用铅笔涂描来确定是否为事后涂改。

（3）审计人员需要对被审计人员的解释进行判断，确认解释是否合理。

第五节　银行存款审计

银行存款是企业存入银行和其他非金融机构的各种存款。企业收入的款项，除国家另有规定外，都应在当日送存银行。企业一切支出，除规定可以用现金支付外，都必须通过银行办理转账结算。

银行存款较之现金，其业务涉及面广，内容复杂，金额较大，收付款凭证数量较多，因而是货币资金审计的重要组成部分。

一、银行存款的审计目标

银行存款的审计目标，主要包括：确定被审计单位资产负债表中的银行存款在财务报表日是否确实存在，是否为被审计单位所拥有；确定被审计单位在特定期间内发生的银行存款收支业务是否均已记录完毕，有无遗漏；确定银行存款余额是否正确；确定银行存款在财务报表上的披露是否恰当。

二、银行存款的实质性测试

注册会计师对银行存款的实质性测试程序，一般包括以下几个方面。

第一，获取或编制银行存款余额明细表。

获取或编制银行存款余额明细表，复核加计是否正确，并与总账数和日记账合计数核对是否相符；检查非记账本位币银行存款的折算汇率及折算金额是否正确。

注册会计师测试银行存款余额的起点，是核对银行存款日记账与总账的余额是否相符。如果不相符，应查明原因，并考虑是否应建议做出审计调整。

第二，实施实质性分析程序。

计算银行存款累计余额应收利息收入，分析比较被审计单位银行存款应收利息收入与实际利息收入的差异是否恰当，评估利息收入的合理性，检查是否存在高息资金拆借，确认银行存款余额是否存在，利息收入是否已经完整记录。

第三，检查银行存单。

编制银行存单检查表，检查是否与账面记录金额一致，是否被质押或限制使用，存单是否为被审计单位所拥有。

（1）对已质押的定期存款，应检查定期存单，并与相应的质押合同核对，同时关注定期存单对应的质押借款有无入账。

（2）对未质押的定期存款，应检查开户证实书原件。

（3）对审计外勤工作结束日前已提取的定期存款，应核对相应的兑付凭证、银行对账单和定期存款复印件。

第四，取得并检查银行存款余额调节表。

检查银行存款余额调节表是证实资产负债表中所列银行存款是否存在的重要程序。银行存款余额调节表通常应由被审计单位根据不同的银行账户及货币种类分别编制，具体测试程序通常包括：

（1）核对银行存款余额对账单与银行询证函回函。将被审计单位资产负债表日的银行存款余额对账单与银行询证函回函核对，确认是否一致，核对账面记录的存款金额是否与对账单记录一致。

（2）获取资产负债表日的银行存款余额调节表，并检查调节表中加计数是否正确，调节后银行存款日记账余额与银行对账单余额是否一致。

（3）检查调节事项的性质和范围是否合理。一是，检查是否存在跨期收支和跨行转账的调节事项。编制跨行转账业务明细表，检查跨行转账业务是否同时对应转入和转出，未在同一期间完成的转账业务是否反映在银行存款余额调节表的调整事项中。二是，检查大额在途存款和未付票据。①检查在途存款的日期，查明发生在途存款的具体原因，追查期后银行对账单存款记录日期，确定被审计单位与银行记账时间差异是否合理，确定在资产负债表日是否需提请被审计单位进行适当调整。②检查被审计单位的未付票据明细清单，查明被审计单位未及时入账的原因，确定账簿记录时间晚于银行对账单的日期是否合理。③检查被审计单位未付票据明细清单中有记录，但截止资产负债表日银行对账单无记录且金额较大的未付票据，获取票据领取人的书面说明，确认资产负债表日是否需要进行调整。④检查资产负债表日后银行对账单是否完整地记录了调节事项中银行未付票据金额。

（4）检查是否存在未入账的利息收入和利息支出。

（5）检查是否存在其他跨期收支事项，检查相应的原始交易单据或者银行收付款单据。

（6）其他。当未经授权或授权不清支付货币资金的现象比较突出时，检查银行存款余额调节表中支付给异常的领款（包括没有载明收款人）、签字不全、收款地址不清、金额较大票据的调整事项，确认是否存在舞弊。

第五，函证银行存款余额，编制银行函证结果汇总表，检查银行回函。

函证银行存款时应注意：

（1）向被审计单位在本期存过款的银行发函，包括零余额账户和本期内注销的账户。

（2）确定被审计单位账面余额与银行函证结果的差异，对不符事项做出适当处理。

银行存款函证是指注册会计师在执行审计业务的过程中，需要以被审计单位名义向有关单位发函询证，以验证被审计单位的银行存款是否真实、合法、完整。按照国际惯例，财政部和中国人民银行于 1999 年 1 月 6 日联合印发了《关于做好企业的银行存款、借款及往来款项函证工作的通知》（以下简称《通知》），《通知》对函证工作提出了明确的要求，并规定：各商业银行、政策性银行、非银行金融机构要在收到询证函之日起 10 个工作日内，根据函证的具体要求，及时回函并可按照国家的有关规定收取询证费用；各有关企业或单位根据函证的具体要求回函。

函证银行存款余额是证实资产负债表所列银行存款是否存在的重要程序。通过向往来银行函证，注册会计师不仅可了解企业资产的存在，还可了解企业账面反映所欠银行债务的情况，并有助于发现企业未入账的银行借款和未披露的或有负债。

扫一扫，更多内容

注册会计师应当对银行存款（包括零余额账户和在本期内注销的账户）及与金融机构往来的其他重要信息实施函证程序，除非有充分证据表明某一银行存款及与金融机构往来的其他重要信息对财务报表不重要且与之相关的重大错报风险很低。

如果不对这些项目实施函证程序，注册会计师应当在审计工作底稿中说明理由。注册会计师需要考虑是否对在本期内注销的账户的银行进行函证，这通常是因为有可能存款账户已注销但仍有银行或其他负债存在。

第六，检查银行存款账户存款人是否为被审计单位。

检查银行存款账户存款人是否为被审计单位，若存款人非被审计单位，应获取该账户户主和被审计单位的书面声明，确认资产负债表日是否需要提请被审计单位进行调整。

第七，关注是否存在质押、冻结等对变现有限制或存在境外的款项。

如果存在，是否已提请被审计单位做必要的调整和披露。

第八，在审计工作底稿予以列明的事项。

对不符合现金及现金等价物条件的银行存款在审计工作底稿中予以列明，以考虑对现金流量表的影响。

第九，抽查大额银行存款收支的原始凭证。

抽查大额银行存款收支的原始凭证，检查原始凭证是否齐全、记账凭证与原始凭证是否相符、账务处理是否正确、是否记录于恰当的会计期间等项内容。

检查是否存在非营业目的的大额货币资金转移，并核对相关账户的进账情况；如有与被审计单位生产经营无关的收支事项，应查明原因并做相应的记录。

第十，检查银行存款收支的截止是否正确。

选取资产负债表日前后若干张、一定金额以上的凭证实施截止测试，关注业务内容及对应项目，如有跨期收支事项，应考虑是否提请被审计单位进行调整。

第十一，检查银行存款是否在财务报表中做出恰当列报。

根据有关规定，企业的银行存款在资产负债表的“货币资金”项目中反映，所以，注册会计师应在实施上述审计程序后，确定银行存款账户的期末余额是否恰当，进而确定银行存款是否在资产负债表中恰当披露。此外，如果企业的银行存款存在抵押、冻结等使用限制情况或者潜在回收风险，注册会计师应关注企业是否已经恰当披露有关情况。

[例 11-2] 审计人员在 2018 年 7 月 10 日对某厂 5 月份银行结算户存款进行了审查，发现该厂银行存款日记账 6 月 30 日余额为 170 000 元，而银行月份对账单上的存款余额为 172 554 元，在核对中发现如下一些不相符的情况：①6 月 1 日，银行对账单有付款 500 元（转账支票付款），6 月份银行存款日记账上无此记录；②6 月 10 日，银行对账单上有存款利息 244 元，日记账上为 240 元，记账凭证少记 4 元；③6 月 15 日，银行对账单上有存入 3 000 元和支付 3 000 元，均系转账，但单位日记账上无此记录；④6 月20 日，日记账上付出 50 元，但对账单上无此记录，查记账凭证为现金支出，误记为银行存款支出；⑤6 月 28 日，银行存款日记账记有存入转账支票一张，金额为 3 000 元，但对账单上无此记录；⑥6 月 30 日，日记账记有付出转账支票一张，金额为 1 000 元，但对账单上无此记录；⑦对账单上有 6 月 30 日收到托收货款 4 500 元，日记账无此记录。

要求：(1) 说明对资料①②③④的处理意见，并说明如何证明资料⑤⑥的收付是正确的。

（2）根据上述资料，编制银行存款余款调节表。

［解答］（1）资料①属于月初银行记录，上月日记账如果已记不做调整；资料②③⑦银行有的用调节表记录日后补记日记账；资料④调整日记账记录；资料⑤⑥银行没有用调节表记录日后处理日记账；其中资料⑤⑥应以银行票据盖章凭证为依据。

（2）日记账余额调节：170 000＋②＋③＋④＋⑦＝170 000＋4＋3 000＋50＋4 500
＝17 455（元）；

对账单调节：172 554＋⑤－⑥＝172 554＋3 000－1 000＝17 455（元）。

第六节 其他货币资金审计

其他货币资金，包括企业到外地进行临时或零星采购而汇往采购的银行开立采购专户的款项所形成的外埠存款、企业为取得银行汇票按照规定存入银行的款项所形成的银行汇票存款、企业为取得银行本票按照规定存入银行的款项而形成的银行本票存款、在途货币资金和信用证存款。

一、其他货币资金的审计目标

其他货币资金的审计目标，包括确定被审计单位资产负债表中的其他货币资金在财务报表日是否存在，是否为被审计单位所拥有；确定被审计单位在特定期间内发生的其他货币资金收支业务是否均已记录，有无遗漏；确定其他货币资金的金额是否正确；确定其他货币资金在财务报表上的披露是否恰当。

二、其他货币资金的实质性测试

如果被审计单位有定期存款，注册会计师可以考虑实施以下审计程序，主要包括：

（1）向管理层询问定期存款存在的商业理由并评估其合理性。

（2）获取定期存款明细表，检查是否与账面记录金额一致，存款人是否为被审计单位，定期存款是否被质押或限制使用。

（3）在监盘库存现金的同时，监盘定期存款凭据。如果被审计单位在资产负债表日有大额定期存款，基于对风险的判断考虑选择在资产负债表日实施监盘。

（4）对于未质押的定期存款，检查开户证实书原件，以防被审计单位提供的复印件是未质押（或未提现）前原件的复印件。在检查时，还要认真核对相关信息，包括存款人、金额、期限等，如有异常，需实施进一步审计程序。

（5）对于已质押的定期存款，检查定期存单复印件，并与相应的质押合同核对。对于质押借款的定期存单，关注定期存单对应的质押借款有无入账，对于超过借款期限但仍处于质押状态的定期存款，还应关注借款的偿还情况，了解相关质权是否已被行使；对于为他人担保的定期存单，关注担保是否逾期及相关质权是否已被行使。

（6）函证定期存款相关信息。

（7）结合财务费用审计测算利息收入的合理性，判断是否存在体外资金循环的情况。

（8）在资产负债表日后已提取的定期存款，核对相应的兑付凭证等。

（9）关注被审计单位是否在财务报表附注中对定期存款给予充分披露。

除定期存款外，注册会计师对其他货币资金实施审计程序时，通常可能特别关注以下事项：

（1）保证金存款的检查，检查开立银行承兑汇票的协议或银行授信审批文件。可以将保证金账户对账单与相应的交易进行核对，根据被审计单位应付票据的规模合理推断保证金数额，检查保证金与相关债务的比例和合同约定是否一致，特别关注是否存在有保证金发生而被审计单位无对应保证事项的情形。

（2）对于存出投资款，跟踪资金流向，并获取董事会决议等批准文件、开户资料、授权操作资料等。如果投资于证券交易业务，通常结合相应金融资产项目审计，核对证券账户名称是否与被审计单位相符，获取证券公司证券交易结算资金账户的交易流水，抽查大额的资金收支，关注资金收支的财务账面记录与资金流水是否相符。

思考与练习

关键术语

货币资金、库存现金的审计、银行存款的审计、函证

延伸阅读

1.《内部会计控制规范——货币资金》

2.《中国注册会计师审计准则第 1312 号——函证》

3.《增值税会计处理规定》

思考题

1. 货币资金内部控制测试的主要内容是什么？

2. 现金的审计目标及实质性程序的主要内容是什么？

3. 银行存款实质性程序的主要内容是什么？

练习题

（一）单项选择题

1. 根据不相容职务分离的原则，如果被审计单位的出纳人员登记下列（　　）账户，注册会计师不应据此将重大错报风险评估为高水平。

A. 管理费用　　B. 主营业务收入

C. 应付账款　　D. 盈余公积

2. 注册会计师了解到的下列各项措施中，最有可能防止员工挪用现金的内部控制措施是（　　）。

A. 现金收取与账务处理由不同的人员进行处理

B. 现金折扣经过适当的审批

C. 检查每日现金汇总表与现金日记账之间的核对

D. 对现金日记账实施内部稽核

3. B注册会计师在对乙公司进行财务报表审计时，发现乙公司某银行账户的银行存款对账单余额为525 000元，在审查乙公司编制的该账户银行存款余额调节表时，B注册会计师注意到以下事项：乙公司已收、银行尚未入账的某公司销货款24 000元；乙公司已付、银行尚未入账的预付某公司货款32 000元；银行已收、乙公司尚未入账的保险公司赔款100 000元；银行已代扣、乙公司尚未入账的水电费50 000元。假定不考虑审计重要性水平，B注册会计师审计后确认该账户的银行存款余额是（　　）元。

A. 535 000　　B. 493 000　　C. 495 000　　D. 517 000

4. 针对大华公司以下与货币资金相关的内部控制，甲注册会计师应提出改进建议的是（　　）。

A. 货币资金收入必须及时入账，在必要时可以设置账外账

B. 在办理费用报销的付款手续后，会计人员应及时登记现金、银行存款日记账和相关费用明细账

C. 指定负责成本核算的会计人员每月核对一次银行存款账户

D. 每月月末应当核对银行存款日记账余额和银行存款对账单余额

5. 在盘点库存现金前，需要将现金日记账与现金收付原始凭证相核对，盘点后（　　）。

A. 日记账的记录与凭证内容相符　　B. 日记账的记录与凭证金额相符

C. 日记账的日期与凭证日期相符　　D. 日记账的现金余额与盘点金额相符

6. 注册会计师检查银行存款余额调节表时，应检查调节事项的性质和范围是否合理。如果检查发现下列（　　）情况，特别应注意确认是否存在舞弊。

A. 企业已收、银行未收　　B. 企业已付、银行未付

C. 银行已收、企业未收　　D. 未经批准支付的现金

7. A注册会计师2019年3月1日对长城公司2018年的库存现金进行监盘，盘点日库存现金账面金额为100 000元，已知2019年2月1日收到现金20 000元，2月5日支付现金5 000元，2月25日收到现金10 000元，则截至2018年12月31日长城公司的库存现金账面余额为（　　）元。

A. 75 000　　B. 125 000　　C. 100 000　　D. 105 000

8. 在进行年度财务报表审计时，为了证实被审计单位在临近12月31日签发的支票未予入账，注册会计师实施的最有效审计程序是（　　）。

A. 审查12月31日的银行存款余额调节表

B. 函证12月31日的银行存款余额

C. 审查12月31日的银行对账单

D. 审查12月的支票存根

（二）多项选择题

1. 一般情况下，对银行存款进行函证时，注册会计师应当考虑对下列（　　）情况进行银行函证。

A. 零余额账户　　B. 本期内已经注销的账户

C. 有转账记录的非开户行　　D. 期初注销的账户

2. 注册会计师于2018年12月31日对被审计单位的库存现金实施监盘程序后，在

其编制的库存现金监盘表中应当列明下列（　　）基本内容。

A. 12 月 31 日应有金额与实有金额的差额

B. 12 月 30 日账面库存余额

C. 12 月 31 日，企业已收、银行未收的金额

D. 12 月 31 日，企业已付、银行未付的金额

3. 资产负债表日盘点库存现金时，注册会计师应通过（　　）调整至资产负债表日的金额。

A. 加计盘点日至审计报告日的减少额

B. 减计资产负债表日至盘点日的增加额

C. 加计资产负债日至盘点日的减少额

D. 减计盘点日至审计报告日的增加额

4. 注册会计师对被审计单位的银行存款余额实施函证，编制银行函证结果汇总表，检查银行回函过程中，需要注意的事项有（　　）。

A. 向被审计单位在本期存过款的银行发函，包括零余额账户和在本期内注销的账户

B. 对银行存款函证的方式，是积极式函证还是消极式函证

C. 对银行存款函证的目的

D. 确定被审计单位账面余额与银行函证结果的差异，对不符事项做出适当的处理

5. 注册会计师在对银行存款实施实质性程序过程中，需要检查银行存单项目的有（　　）。

A. 对已质押的定期存款应检查定期存单，并与相应的质押合同核对，同时关注定期存单对应的质押借款有无入账

B. 检查被审计单位的未付票据明细清单，查明被审计单位未及时入账的原因，确定账簿记录时间晚于银行对账单的日期是否合理

C. 对未质押的定期存款，应检查开户证实书原件

D. 对审计外勤工作结束日前已提取的定期存款，应核对相应的对付凭证、银行对账单定期存款复印件

6. 注册会计师实施的下列程序，能够用于证明库存现金存在的有（　　）。

A. 对库存现金实施监盘

B. 检查原始凭证是否齐全

C. 核对非记账本位币库存现金的折算汇率及折算金额是否正确

D. 检查库存现金是否在财务报表中做出恰当列报

7. 下列属于注册会计师对库存现金实施实质性测试的有（　　）。

A. 检查付款的授权批准手续是否符合规定

B. 监盘库存现金，并编制库存现金监盘表

C. 检查现金日记账的收入金额是否正确

D. 检查实收金额与销售发票是否一致

8. 根据内部控制制度的要求，会计人员（非出纳人员）可以办理的业务有（　　）。

A. 现金收付　　B. 稽核

C. 收入、费用登记　　D. 会计档案保管

（三）判断改错题（正确的打“√”，错误的打“×”，并改正）

1. 对库存现金盘点应当采取突击形式。（　）

2. 计算存入非银行金融机构的存款比例，主要是为了分析这些资金的安全性。（　）

3. 审查现金收付凭证时，如果凭证上所记载的内容齐全、经济事项合法，则可以认为该凭证不会存在问题。（　）

4. 审计人员在清点现金前，应通知被审计单位，以便现金清点工作能够顺利进行。（　）

5. 函证银行存款唯一目的是为了证实银行存款是否真实存在。（　）

6. 盘点一般在资产负债日后进行，注册会计师需要根据资产负债日至审计报告日之间所有现金收支数，倒退计算资产负债表日的现金数额。（　）

7. 被审计单位资产负债表上的银行存款余额，应以编制的银行存款余额调节表调整后的数额为准。（　）

8. 库存现金的盘点是针对现今审计的完整性目标而实施的。（　）

9. 对于货币资金票据，对购买、保管、领用、注销等环节，加强授权批准和职责分工控制程序，明确责任权限。（　）

10. 审计其他货币资金应当关注是否有质押、冻结等对变现有限制，或存在境外，或有潜在回收风险。（　）

（四）综合题

在对A公司2018年度财务报表进行审计时，B注册会计师的做法和被审计单位内部控制存在以下情况：

（1）为顺利监盘库存现金，B注册会计师在监盘前一天通知A公司会计主管人员提前做好监盘准备工作。

（2）为统一财务管理，提高会计核算水平，设置内部审计部，与财务部一并由财务总监管理。

（3）考虑到出纳日常工作，对库存现金的监盘时间分别定为上午10：30和下午2：30。

（4）A公司要求出纳人员在收到现金后进行账务处理。

（5）B注册会计师编写“库存现金监盘表”并签字后形成审计工作底稿。

要求：不考虑其他因素，判断注册会计师的做法和被审计单位内部控制是否存在不当之处，并说明理由。

第十二章　完成审计工作

学习目的与要求

通过本章的学习，能够了解评价审计中的重大发现；掌握评价审计过程中识别出的错报和完成质量控制复核等内容；理解并掌握期后事项的审计程序；了解管理层书面声明。

第一节　完成审计工作概述

审计完成阶段是审计的最后一个阶段。注册会计师按业务循环完成各财务报表项目的审计测试和一些特殊项目的审计工作后，在审计完成阶段汇总审计测试结果，进行更具综合性的审计工作，如评价审计中的重大发现，评价审计过程中发现的错报，关注期后事项对财务报表的影响，复核审计工作底稿和财务报表等。在此基础上，评价审计结果，在与客户沟通以后，获取管理层声明，确定应出具的审计报告的意见类型和措辞，进而编制并致送审计报告，终结审计工作。

需要说明的是，以上只是对审计完成阶段注册会计师主要工作的列举，并不完整。而且，在审计实务中，这些工作有的在审计实施阶段就已经开始，比如对或有事项的关注，有的即使主要在审计完成阶段执行，也未必机械地按照上述列示顺序依次进行。为便于阐述，把主要工作有选择地汇总在本节介绍，而把与期后事项和管理层声明相关的内容分别在随后几节中予以阐述。

一、评价审计中的重大发现

在审计完成阶段，项目合伙人和审计项目组考虑的重大发现和事项的例子包括：

（1）期中复核中的重大发现及其对审计方法的影响。

（2）涉及会计政策的选择、运用和一贯性的重大事项，包括相关披露。

（3）就识别出的重大风险，对审计策略和计划的审计程序所做的重大修正。

（4）在与管理层和其他人员讨论重大发现和事项时得到的信息。

（5）与注册会计师的最终审计结论相矛盾或不一致的信息。

对实施的审计程序的结果进行评价，可能全部或部分地揭示出以下事项：

（1）为了实现计划的审计目标，是否有必要对重要性进行修订。

（2）对审计策略和计划的审计程序的重大修正，包括对重大错报风险评估结果的重要变动。

（3）对审计方法有重要影响的值得关注的内部控制缺陷和其他缺陷。

（4）财务报表中存在的重大错报。

（5）项目组成员内部，或项目组与项目质量控制复核人员或提供咨询的其他人员之间，就重大会计和审计事项达成最终结论所存在的意见分歧。

（6）在实施审计程序时遇到的重大困难。

（7）向事务所内部有经验的专业人士或外部专业顾问咨询的事项。

（8）与管理层或其他人员就重大发现以及与注册会计师的最终审计结论相矛盾或不一致的信息进行的讨论。

注册会计师在审计计划阶段对重要性的判断，与其在评估审计差异时对重要性的判断是不同的。如果在审计完成阶段修订后的重要性水平远远低于在计划阶段确定的重要性水平，注册会计师应重新评估已经获得的审计证据的充分性和适当性。

如果审计项目组内部、项目组与被咨询者之间以及项目合伙人与项目质量控制复核人员之间存在意见分歧，审计项目组应当遵循事务所的政策和程序予以妥善处理。

二、评价审计过程中发现的错报

1. 错报的沟通和更正

除非法律法规禁止，注册会计师应当及时将审计过程中累积的所有错报与适当层级的管理层进行沟通。注册会计师还应当要求管理层更正这些错报。及时与适当层级的管理层沟通错报事项是重要的，因为这能使管理层评价这些事项是否为错报，并采取必要行动，如有异议则告知注册会计师。适当层级的管理层通常是指有责任和权限对错报进行评价并采取必要行动的人员。

法律法规可能限制注册会计师向管理层或被审计单位内部的其他人员通报某些错报。例如，法律法规可能专门规定禁止通报某事项或采取其他行动，这些通报或行动可能不利于有关权力机构对实际存在的或怀疑存在的违法行为展开调查。在某些情况下，注册会计师的保密义务与通报义务之间存在的潜在冲突可能很复杂。此时，注册会计师可以考虑征询法律意见。

管理层更正所有错报（包括注册会计师通报的错报），能够保持会计账簿和记录的准确性，降低由于与本期相关的、非重大的且尚未更正的错报的累积影响而导致未来期间财务报表出现重大错报的风险。

如果管理层拒绝更正沟通的部分或全部错报，注册会计师应当了解管理层不更正错报的理由，并在评价财务报表整体是否不存在重大错报时考虑该理由。《中国注册会计师审计准则第 1501 号——对财务报表形成审计意见和出具审计报告》要求注册会计师评价财务报表是否在所有重大方面按照适用的财务报告编制基础编制。这项评价包括考虑被审计单位会计实务的质量（包括表明管理层的判断可能出现偏向的迹象）。注册会计师对管理层不更正错报的理由的理解，可能影响其对被审计单位会计实务质量的考虑。

2. 评价未更正错报的影响

未更正错报是指注册会计师在审计过程中累积的且被审计单位未予更正的错报。注册会计师在确定重要性时，通常依据对被审计单位财务结果的估计，因为此时可能尚不知道实际的财务结果。因此，在评价未更正错报的影响之前，注册会计师可能有必要依据实际的财务结果对重要性做出修改。如果在审计过程中获知某项信息，而该信息可能导致注册会计师确定与原来不同的财务报表整体重要性或者特定类别交易、账户余额或披露的一个或多个重要性水平（如适用），注册会计师应当予以修改。因此，在注册会计师评价未更正错报的影响之前，可能已经对重要性或重要性水平（如适用）做出重大修改。但是，如果注册会计师对重要性或重要性水平（如适用）进行的重新评价导致需要确定较低的金额，则应重新考虑实际执行的重要性和进一步审计程序的性质、时间安排和范围的适当性，以获取充分、适当的审计证据，作为发表审计意见的基础。

注册会计师需要考虑每一单项错报，以评价其对相关类别的交易、账户余额或披露的影响，包括评价该项错报是否超过特定类别的交易、账户余额或披露的重要性水平（如适用）。如果注册会计师认为某一单项错报是重大的，则该项错报不太可能被其他错报抵消。例如，如果收入存在重大高估，即使这项错报对收益的影响完全可被相同金额的费用高估所抵消，注册会计师仍认为财务报表整体存在重大错报。对于同一账户余额或同一类别的交易内部的错报，这种抵消可能是适当的。然而，在得出抵消非重大错报是适当的这一结论之前，需要考虑可能存在其他未被发现的错报的风险。

确定一项分类错报是否重大，需要进行定性评估。例如，分类错报对负债或其他合同条款的影响，对单个财务报表项目或小计数的影响，以及对关键比率的影响。即使分类错报超过了在评价其他错报时运用的重要性水平，注册会计师可能仍然认为该分类错报对财务报表整体不产生重大影响。

在某些情况下，即使某些错报低于财务报表整体的重要性，但因与这些错报相关的某些情况，在将其单独或连同在审计过程中累积的其他错报一并考虑时，注册会计师也可能将这些错报评价为重大错报。例如，某项错报的金额虽然低于财务报表整体的重要性，但对被审计单位的盈亏状况有决定性的影响，注册会计师应认为该项错报是重大错报。

除非法律法规禁止，注册会计师应当与治理层沟通未更正错报，以及这些错报单独或汇总起来可能对审计意见产生的影响。在沟通时，注册会计师应当逐项指明重大的未更正错报，要求被审计单位更正未更正错报。

扫一扫，更多内容

注册会计师应当与治理层沟通与以前期间相关的未更正错报对相关类别的交易、账户余额或披露以及财务报表整体的影响。

3. 书面声明

注册会计师应当要求管理层和治理层（如适用）提供书面声明，说明其是否认为未更正错报单独或汇总起来对财务报表整体的影响不重大。这些错报项目的概要应当包含在书面声明中或附在其后。由于编制财务报表要求管理层和治理层（如适用）调整财务报表以更正重大错报，注册会计师应当要求其提供有关未更正错报的书面声明。在某些情况下，管理层和治理层（如适用）可能并不认为注册会计师提出的某些未更正的错报是错报。基于这一原因，他们可能在书面声明中增加以下表述："因为［描述理由］，我们不同意……事项和……事项构成错报。"然而，即使获取了这一声明，注册会计师仍需要对未更正错报的影响形成结论。

三、复核审计工作底稿和财务报表

（一）对财务报表总体合理性进行总体复核

在审计结束或临近结束时，注册会计师应当运用分析程序的目的是确定审计调整后的财务报表整体是否与其对被审计单位的了解一致，是否具有合理性。注册会计师应当围绕这一目的运用分析程序。

在运用分析程序进行总体复核时，如果识别出以前未识别的重大错报风险，注册会计师应当重新考虑对全部或部分各类交易、账户余额、披露评估的风险是否恰当，并在此基础上重新评价之前计划的审计程序是否充分，是否有必要追加审计程序。

（二）复核审计工作底稿

《质量控制准则第 5101 号——会计师事务所对执行财务报表审计和审阅、其他鉴证和相关服务业务实施的质量控制》对会计师事务所业务复核与项目质量控制复核的质量控制制度做出规定。《中国注册会计师审计准则第 1121 号——对财务报表审计实施的质量控制》对注册会计师执行财务报表审计的复核与审计项目质量控制复核的质量控制程序做出规定。

遵循准则要求执行复核是确保注册会计师执业质量的重要手段之一。会计师事务所需要按照《质量控制准则第 5101 号——会计师事务所对执行财务报表审计和审阅、其他鉴证和相关服务业务实施的质量控制》和《中国注册会计师审计准则第 1121 号——对财务报表审计实施的质量控制》的相关规定，结合事务所自身组织架构特点和质量控制体系建设需要制订相关的质量控制政策和程序，对审计项目复核（包括项目组内部复核和项目质量控制复核）的级次以及人员、时间、范围和工作底稿记录等做出规定。

1. 项目组内部复核

（1）复核人员。《质量控制准则第 5101 号——会计师事务所对执行财务报表审计和审阅、其他鉴证和相关服务业务实施的质量控制》规定，会计师事务所在安排复核工作时，应当由项目组内经验较多的人员复核经验较少的人员的工作。会计师事务所应当根据这一原则，确定有关复核责任的政策和程序。

对一些较为复杂、审计风险较高的领域，例如，舞弊风险的评估与应对、重大会计估计及其他复杂的会计问题、审核会议记录和重大合同、关联方关系和交易、持续经营存在的问题等，需要指派经验丰富的项目组成员执行复核，必要时可以由项目合伙人执行复核。

（2）复核范围。

执行复核时，复核人员需要考虑的事项包括：①审计工作是否已按照职业准则和适用的法律法规的规定执行；②重大事项是否已提请进一步考虑；③相关事项是否已进行适当咨询，由此形成的结论是否已得到记录和执行；④是否需要修改已执行审计工作的性质、时间安排和范围；⑤已执行的审计工作是否支持形成的结论，并已得到适当记录；⑥已获取的审计证据是否充分、适当；⑦审计程序的目标是否已实现。

（3）复核时间。审计项目复核贯穿审计全过程，随着审计工作的开展，复核人员在审计计划阶段、执行阶段和完成阶段及时复核相应的工作底稿。例如，在审计计划阶段复核记录审计策略和审计计划的工作底稿，在审计执行阶段复核记录控制测试和实质性程序的工作底稿，在审计完成阶段复核记录重大事项、审计调整及未更正错报的工作底稿等。

（4）项目合伙人复核。根据审计准则的规定：项目合伙人应当对会计师事务所分派的每项审计业务的总体质量负责；项目合伙人应当对项目组按照会计师事务所复核政策和程序实施的复核负责。

《中国注册会计师审计准则第 1121 号——对财务报表审计实施的质量控制》应用指南指出项目合伙人在审计过程的适当阶段及时实施复核，有助于重大事项在审计报告日之前得到及时满意的解决。项目合伙人复核的内容包括：①对关键领域所做的判断，尤其是执行业务过程中识别出的疑难问题或争议事项；②特别风险；③项目合伙人认为重要的其他领域。项目合伙人无须复核所有审计工作底稿。《中国注册会计师审计准则第 1131 号——审计工作底稿》要求项目合伙人记录复核的范围和时间。在审计报告日或审计报告日之前，项目合伙人应当通过复核审计工作底稿与项目组讨论，确信已获取充分、适当的审计证据支持得出的结论和拟出具的审计报告。

2. 项目质量控制复核

根据《质量控制准则第 5101 号——会计师事务所对执行财务报表审计和审阅、其他鉴证和相关服务业务实施的质量控制》的规定，会计师事务所应当制定政策和程序，要求对特定业务（包括所有上市实体财务报表审计）实施项目质量控制复核，以客观评价项目组做出的重大判断以及在编制报告时得出的结论。

会计师事务所应当制定政策和程序，以明确项目质量控制复核的性质、时间安排和范围。这些政策和程序应当要求，只有完成项目质量控制复核，才可以签署业务报告。

（1）质量控制复核人员。《质量控制准则第 5101 号——会计师事务所对执行财务报表审计和审阅、其他鉴证和相关服务业务实施的质量控制》规定，会计师事务所应当制定政策和程序，解决项目质量控制复核人员的委派问题，明确项目质量控制复核人员的资格要求，包括：①履行职责需要的技术资格，包括必要的经验和权限；②在不损害其客观性的前提下，项目质量控制复核人员能够提供业务咨询的程度。

会计师事务所在确定质量控制复核人员的资格要求时，需要充分考虑质量控制复核工作的重要性和复杂性，安排经验丰富的注册会计师担任项目质量控制复核人员，例如，有一定执业经验的合伙人，或专门负责质量控制复核的注册会计师等。

（2）质量控制复核范围。《中国注册会计师审计准则第 1121 号——对财务报表审计实施的质量控制》规定，项目质量控制复核人员应当客观地评价项目组做出的重大判断以及在编制审计报告时得出的结论。

评价工作应当涉及的内容有：①与项目合伙人讨论重大事项；②复核财务报表和拟出具的审计报告；③复核选取的与项目组做出的重大判断和得出的结论相关的审计工作底稿；④评价在编制审计报告时得出的结论，并考虑拟出具审计报告的恰当性。

对于上市实体财务报表审计，项目质量控制复核人员在实施项目质量控制复核时，还应考虑：①项目组就具体审计业务对会计师事务所独立性做出的评价；②项目组是否已就涉及意见分歧的事项，或者其他疑难问题或争议事项进行适当咨询，以及咨询得出的结论；③选取的用于复核的审计工作底稿，是否反映了项目组针对重大判断执行的工作，以及是否支持得出的结论。

（3）质量控制复核时间。《中国注册会计师审计准则第 1121 号——对财务报表审计实施的质量控制》规定，只有完成了项目质量控制复核，才能签署审计报告。

按照《中国注册会计师审计准则第 1501 号——对财务报表形成审计意见和出具审计报告》的规定，审计报告的日期不得早于注册会计师获取充分、适当的审计证据，并在此基础上对财务报表形成审计意见的日期。对于上市实体财务报表审计业务或符合标准需要实施项目质量控制复核的其他业务，这种复核有助于注册会计师确定是否已获取充分、适当的审计证据。

项目质量控制复核人员在业务过程中的适当阶段及时实施项目质量控制复核，有助于重大事项在审计报告日之前得到迅速、满意的解决。

注册会计师要考虑在审计过程与项目质量复核人员积极协调配合，使其能够及时实施质量控制复核，而非在出具审计报告前才实施复核。例如，在审计计划阶段，质量控制复核人员复核项目组对会计师事务所独立性做出的评价、项目组在制订审计策略和审计计划时做出的重大判断及发现的重大事项等。

第二节　期后事项

企业的经营活动是连续不断、持续进行的，但财务报表的编制却是建立在“会计分期假设”基础之上的。作为主要审计对象的财务报表，其编制基础是连续不断的经营活动的一种人为划分。因此，注册会计师在实施被审计单位某一会计期间的财务报表审计时，除了对所审会计年度内发生的交易和事项实施必要的审计程序外，还必须考虑所审会计年度之后发生和发现的事项对财务报表和审计报告的影响，以保证一个会计期间的财务报表的真实性和完整性。

一、期后事项的种类

期后事项是指财务报表日至审计报告日之间发生的事项，以及注册会计师在审计报告日后知悉的事实。

财务报表可能收到财务报表日后发生的事项的影响。适用的财务报告编制基础通常专门提及期后事项，将其区分为下列两类。

（1）对财务报表日已经存在的情况提供证据的事项，即对财务报表日已经存在的情况提供了新的或进一步证据的事项。这类事项影响财务报表金额，需提请被审计单位管理层调整财务报表及与之相关的披露信息，称为“财务报表日后调整事项”。

（2）对财务报表日后发生的情况提供证据的事项，即表明财务报表日后发生的情况的事项。这类事项虽不影响财务报表金额，但可能影响财务报表的正确理解，需提请被审计单位管理层在财务报表的附注中做适当披露，称为“财务报表日后非调整事项”。

审计报告的日期向财务报表使用者表明，注册会计师已考虑其知悉的、截至审计报告日发生的事项和交易的影响。

1. 财务报表日后调整事项

这类事项既为被审计单位管理层确定财务报表日账户余额提供信息，也为注册会计师核实这些余额提供补充证据。如果这类期后事项的金额重大，应提请被审计单位对本期财务报表及相关的账户金额进行调整。诸如：

（1）资产负债表日后诉讼案件结案，法院判决证实了企业在资产负债表日已经存在现时义务，需要调整原先确认的与该诉讼案件相关的预计负债，或确认一项新负债。

（2）资产负债表日后取得确凿证据，表明某项资产在资产负债表日发生了减值或者需要调整该项资产原先确认的减值金额。

（3）资产负债表日后进一步确定了资产负债表日前购入资产的成本或售出资产的收入。

（4）资产负债表日后发现了财务报表舞弊或差错。

利用期后事项审计以确认被审计单位财务报表所列示金额时，应对财务报表日已经存在的事项和财务报表日出现的事项严加区分，不能混淆。如果确认发生变化的事项直到财务报表日后才发生，就不应将财务报表日后的信息并入财务报表中去。

2. 财务报表日后非调整事项

这类事项因不影响财务报表日财务状况，所以不需要调整被审计单位的本期财务报表。但如果被审计单位的财务报表因此可能受到误解，就应在财务报表中以附注的形式予以适当披露。

被审计单位在资产负债表日后发生的，需要在财务报表上披露而非调整的事项通常包括：

（1）资产负债表日后发生重大诉讼、仲裁、承诺。

（2）资产负债表日后资产价格、税收政策、外汇汇率发生重大变化。

（3）资产负债表日后因自然灾害导致资产发生重大损失。

（4）资产负债表日后发行股票和债券以及其他巨额举债。

（5）资产负债表日后资本公积转增资本。

（6）资产负债表日后发生巨额亏损。

（7）资产负债表日后发生企业合并或处置子公司。

（8）资产负债表日后企业利润分配方案中拟分配的以及经审议批准宣告发放的股利或利润。

根据期后事项的上述定义，期后事项可以划分为三个时段：第一个时段是财务报表日后至审计报告日，在这一期间发生的事项称为“第一时段期后事项”；第二个时段是审计报告日后至财务报表报出日，在这一期间发现的事实称为“第二时段期后事项”；第三个时段是财务报表报出日后，在这一期间发现的事实称为“第三时段期后事项”。期后事项分段示意图如图 12-1 所示。

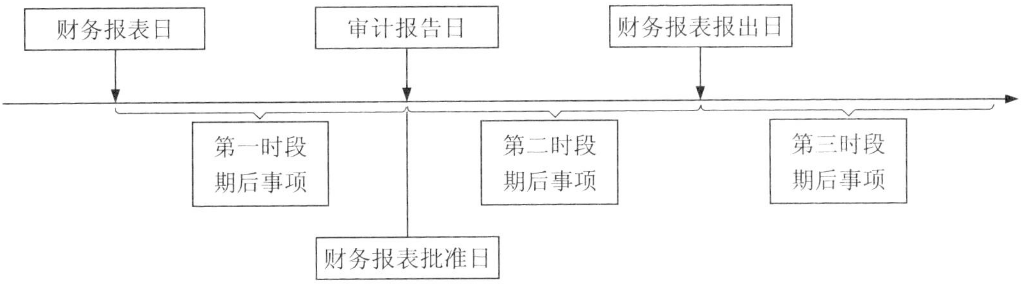

图 12-1 期后事项分段示意图

图 12-1 中，财务报表日是指财务报表涵盖的最近期间的截止日期；财务报表批准日是指构成整套财务报表的所有报表（包括相关附注）已编制完成，并且被审计单位的董事会、管理层或类似机构已经认可其对财务报表责任的日期；财务报表报出日是指审计报告和已审计财务报表提供给第三方的日期。按照《中国注册会计师审计准则第 1501 号——对财务报表形成审计意见和出具审计报告》的规定，审计报告的日期不应早于注册会计师获取充分、适当的审计证据（包括管理层认可对财务报表的责任且已批准财务报表的证据），并在此基础上对财务报表形成审计意见的日期。因而，在实务中审计报告日通常与财务报表批准日是相同的日期。

二、财务报表日至审计报告日之间发生的事项

1. *主动识别第一时段期后事项*

注册会计师应当实施必要的审计程序，获取充分、适当的审计证据，以确定截至审计报告日发生的、需要在财务报表中调整或披露的事项均已得到识别。但是，注册会计师并不需要对之前已实施审计程序并已得出满意结论的事项执行追加的审计程序。

财务报表日至审计报告日之间发生的期后事项属于第一时段期后事项。对于这一时段的期后事项，注册会计师负有主动识别的义务，应当设计专门的审计程序来识别这些期后事项，并根据这些事项的性质判断其对财务报表的影响，进而确定是进行调整还是披露。

2. *用以识别期后事项的审计程序*

注册会计师应当按照审计准则的规定实施审计程序，以使审计程序能够涵盖财务报表日至审计报告日（或尽可能接近审计报告日）之间的日期。

通常情况下，针对期后事项的专门审计程序，其实施时间越接近审计报告日越好。越接近审计报告日，也就意味着离财务报表日越远，被审计单位这段时间内累积的对财务报表日已经存在的情况提供的进一步证据也就越多；越接近审计报告日，注册会计师遗漏期后事项的可能性也就越低。

在确定审计程序的性质和范围时，注册会计师应当考虑风险评估的结果。用以识别第一时段期后事项的审计程序通常包括：

（1）了解管理层为确保识别期后事项而建立的程序。

（2）询问管理层和治理层（如适用），确定是否已发生可能影响财务报表的期后事项。

（3）查阅被审计单位的所有者、管理层和治理层在财务报表日后举行会议的纪要，在不能获取会议纪要的情况下，询问此类会议讨论的事项。

（4）查阅被审计单位最近的中期财务报表（如有）。

3. 知悉对财务报表有重大影响的期后事项时的考虑

在实施上述审计程序后，如果注册会计师识别出对财务报表有重大影响的期后事项，应当确定这些事项是否按照适用的财务报告编制基础的规定在财务报表中得到恰当反映。

如果所知悉的期后事项属于调整事项，注册会计师应当考虑被审计单位是否已对财务报表做出适当的调整。如果所知悉的期后事项属于非调整事项，注册会计师应当考虑被审计单位是否在财务报表附注中予以充分披露。

三、注册会计师在审计报告日后至财务报表报出日前知悉的事实

（一）被动识别第二时段期后事项

在审计报告日后，注册会计师没有义务针对财务报表实施任何审计程序。审计报告日后至财务报表报出日前发现的事实属于"第二时段期后事项"，注册会计师针对被审计单位的审计业务已经结束，要识别可能存在的期后事项比较困难，因而无法承担主动识别第二时段期后事项的审计责任。但是，在这一阶段，被审计单位的财务报表并未报出，管理层有责任将发现的可能影响财务报表的事实告知注册会计师。当然，注册会计师还可能从媒体报道、举报信或者证券监管部门告知等途径获悉影响财务报表的期后事项。

（二）知悉第二时段期后事项时的考虑

在审计报告日后至财务报表报出日前，如果知悉了某事实，且若在审计报告日知悉可能导致修改审计报告，注册会计师应当：与管理层和治理层（如适用）讨论该事项；确定财务报表是否需要修改；如果需要修改，询问管理层将如何在财务报表中处理该事项。

1. 管理层修改财务报表时的处理

如果管理层修改了财务报表，注册会计师应当根据具体情况对有关修改实施必要的审计程序；同时，除非下文述及的特殊情况适用，注册会计师应当将用以识别期后事项的上述审计程序延伸至新的审计报告日，并针对修改后的财务报表出具新的审计报告。新的审计报告日不应早于修改后的财务报表被批准的日期。

此时，注册会计师需要获取充分、适当的审计证据，以验证管理层根据期后事项所做出的财务报表调整或披露是否符合适用的财务报告编制基础的规定。

在有关法律法规或适用的财务报告编制基础未禁止的情况下，如果管理层对财务报表的修改仅限于反映导致修改的期后事项的影响，被审计单位的董事会、管理层或类似机构也仅对有关修改进行批准，注册会计师可以仅针对有关修改将用以识别期后事项的上述审计程序延伸至新的审计报告日（以下简称特定情形）。在这种情况下，注册会计师应当选用下列处理方式之一。

（1）修改审计报告，针对财务报表修改部分增加补充报告日期，从而表明注册会

计师对期后事项实施的审计程序仅限于财务报表相关附注所述的修改。

在这种处理方式下，注册会计师修改审计报告，针对财务报表修改部分增加补充报告日期，而对管理层做出修改前的财务报表出具的原审计报告日期保持不变。之所以这样处理是因为，原审计报告日期告知财务报表使用者针对该财务报表的审计工作何时完成；补充报告日期告知财务报表使用者自原审计报告日之后实施的审计程序仅针对财务报表的后续修改。有关补充报告日期的示例："除附注×所述事项的日期为[仅针对附注×所述修改的审计程序完成日期]之外，[原审计报告日]。"

（2）出具新的或经修改的审计报告，在强调事项段或其他事项段中说明注册会计师对期后事项实施的审计程序仅限于财务报表相关附注所述的修改。

2. 管理层不修改财务报表且审计报告未提交时的处理

如果认为管理层应当修改财务报表而没有修改，并且审计报告尚未提交给被审计单位，注册会计师应当按照《中国注册会计师审计准则第 1502 号——在审计报告中发表非无保留意见》的规定发表非无保留意见，然后再提交审计报告。

3. 管理层不修改财务报表且审计报告已提交时的处理

如果认为管理层应当修改财务报表而没有修改，并且审计报告已经提交给被审计单位，注册会计师应当通知管理层和治理层（除非治理层全部成员参与管理被审计单位）在财务报表做出必要修改前不要向第三方报出。如果财务报表在未经必要修改的情况下仍被报出，注册会计师应当采取适当措施，以设法防止财务报表使用者信赖该审计报告。例如，针对上市公司，注册会计师可以利用证券传媒等刊登必要的声明，防止使用者信赖审计报告。注册会计师采取的措施取决于自身的权利和义务以及所征询的法律意见。

四、注册会计师在财务报表报出日后知悉的事实

（一）没有义务识别第三时段期后事项

财务报表报出后知悉的事实属于第三时段期后事项，注册会计师没有义务针对财务报表实施任何审计程序。但是，并不排除注册会计师通过媒体等其他途径获悉可能对财务报表产生重大影响的期后事项的可能性。

（二）知悉第三时段期后事项时的考虑

在财务报表报出后，如果知悉了某事实，且若在审计报告日知悉可能导致修改审计报告，注册会计师应当：与管理层和治理层（如适用）讨论该事项；确定财务报表是否需要修改；如果需要修改，询问管理层将如何在财务报表中处理该事项。

应当指出的是，需要注册会计师在知悉后采取行动的第三时段期后事项是有严格限制的：①这类期后事项应当是在审计报告日已经存在的事实；②该事实如果被注册会计师在审计报告日前获知，可能影响审计报告。只有同时满足这两个条件，注册会计师才需要采取行动。

1. 管理层修改财务报表时的处理

如果管理层修改了财务报表，注册会计师应当采取如下必要的措施。

（1）根据具体情况对有关修改实施必要的审计程序。例如，查阅法院判决文件、复核会计处理或披露事项，确定管理层对财务报表的修改是否恰当。

（2）复核管理层采取的措施能否确保所有收到原财务报表和审计报告的人士了解这一情况。

在修改了财务报表的情况下，管理层应当采取恰当措施，如上市公司可以在证券类报纸、网站上刊登公告，重新公布财务报表和审计报告，让所有收到原财务报表和审计报告的人士了解这一情况。注册会计师需要对这些措施进行复核，判断它们是否能达到这样的目标。例如，上市公司管理层刊登公告的媒体是否是中国证券监督管理委员会指定的媒体，若仅刊登在其注册地的媒体上，则异地的使用者可能无法了解这一情况。

（3）延伸实施审计程序，并针对修改后的财务报表出具新的审计报告。

除非上文所述的特定情形适用，将用以识别期后事项的上述审计程序延伸至新的审计报告日，并针对修改后的财务报表出具新的审计报告，新的审计报告日不应早于修改后的财务报表被批准的日期。

（4）在特殊情况下，修改审计报告或提供新的审计报告。

需要提醒的是，注册会计师应当在新的或经修改的审计报告中增加强调事项段或其他事项段，提醒财务报表使用者关注财务报表附注中有关修改原财务报表的详细原因和注册会计师提供的原审计报告。

2. 管理层未采取任何行动时的处理

如果管理层没有采取必要措施确保所有收到原财务报表的人士了解这一情况，也没有在注册会计师认为需要修改的情况下修改财务报表，注册会计师应当通知管理层和治理层（除非治理层全部成员参与管理被审计单位），注册会计师将设法防止财务报表使用者信赖该审计报告。

如果注册会计师已经通知管理层或治理层，而管理层或治理层没有采取必要措施，注册会计师应当采取适当措施，以设法防止财务报表使用者信赖该审计报告。注册会计师采取的措施取决于自身的权利和义务。因此，注册会计师可能认为寻求法律意见是适当的。

第三节　书面声明

书面声明是指被审计单位管理层向注册会计师提供书面陈述，用以确认某些事项或支持其他审计证据。书面声明不包括财务报表及其认定，以及支持性账簿和相关记录。在本节中单独提及管理层时，应当理解为管理层和治理层（如适用）。管理层负责按照适用的财务报告编制基础编制财务报表并使其实现公允反映。

书面声明是注册会计师在财务报表审计中需要获取的必要信息，是审计证据的重要来源。如果管理层修改书面声明的内容或不提供注册会计师要求的书面声明，可能使注册会计师警觉存在重大问题的可能性。而且，在很多情况下，要求管理层提供书面声明而非口头声明，可以促使管理层更加认真地考虑声明所涉及的事项，从而提高声明的质量。

尽管书面声明提供了必要的审计证据，但其本身并不为所涉及的任何事项提供充分、适当的审计证据。而且，管理层已提供可靠书面声明的事实，并不影响注册会计师就管理层责任履行情况或具体认定获取的其他审计证据的性质和范围。

一、针对管理层责任的书面声明

针对财务报表的编制，注册会计师应当要求管理层提供书面声明，确认其根据审计业务约定条款，履行了按照适用的财务报告编制基础编制财务报表并使其实现公允反映（如适用）的责任。

针对提供的信息和交易的完整性，注册会计师应当要求管理层就下列事项提供书面声明：①按照审计业务约定条款，已向注册会计师提供所有相关信息，并允许注册会计师不受限制地接触所有相关信息以及被审计单位内部人员和其他相关人员；②所有交易均已记录并反映在财务报表中。

如果未从管理层获取其确认已履行责任的书面声明，注册会计师在审计过程中获取的有关管理层已履行这些责任的其他审计证据是不充分的。这是因为，仅凭其他审计证据不能判断管理层是否在认可并理解其责任的基础上，编制和列报财务报表并向注册会计师提供了相关信息。例如，如果未向管理层询问其是否提供了审计业务约定条款中要求提供的所有相关信息，也没有获得管理层的确认，注册会计师就不能认为管理层已提供了这些信息。

基于管理层认可并理解在审计业务约定条款中提及的管理层的责任，注册会计师可能还要求管理层在书面声明中再次确认其对自身责任的认可与理解。当存在下列情况时，这种确认尤为适当。

（1）代表被审计单位签订审计业务约定条款的人员不再承担相关责任。

（2）审计业务约定是在以前年度签订的。

（3）有迹象表明管理层误解了其责任。

（4）情况的改变需要管理层再次确认其责任。

当然，再次确认管理层对自身责任的认可与理解，并不限于管理层已知的全部事项。

二、其他书面声明

除《中国注册会计师审计准则第 1341 号——书面声明》和其他审计准则要求的书面声明外，如果注册会计师认为有必要获取一项或多项其他书面声明，以支持与财务报表或者一项或多项具体认定相关的其他审计证据，注册会计师应当要求管理层提供这些书面声明。

1. 关于财务报表的额外书面声明

除了针对财务报表的编制，注册会计师应当要求管理层提供基本书面声明以确认其履行了责任外，注册会计师可能认为有必要获取有关财务报表的其他书面声明。其他书面声明可能是对基本书面声明的补充，但不构成其组成部分。其他书面声明可能包括针对下列事项做出的声明。

（1）会计政策的选择和运用是否适当。

（2）是否按照适用的财务报告编制基础对下列事项（如相关）进行了确认、计量、列报或披露：①可能影响资产和负债账面价值或分类的计划或意图；②负债（包括实际负债和或有负债）；③资产的所有权或控制权，资产的留置权或其他物权，用于担保的抵押资产；④可能影响财务报表的法律法规及合同（包括违反法律法规及合同的行为）。

2. 与向注册会计师提供信息有关的额外书面声明

除了针对管理层提供的信息和交易的完整性的书面声明外，注册会计师可能认为有必要要求管理层提供书面声明，确认其已将注意的所有内部控制缺陷向注册会计师通报。

3. 关于特定认定的书面声明

在获取有关管理层的判断和意图的证据时，或在对判断和意图进行评价时，注册会计师可能考虑下列一项或多项事项。

（1）被审计单位以前对声明的意图的实际实施情况。

（2）被审计单位选取特定措施的理由。

（3）被审计单位实施特定措施的能力。

（4）是否存在审计过程中已获取的、可能与管理层判断或意图不一致的任何其他信息。

此外，注册会计师可能认为有必要要求管理层提供有关财务报表特定认定的书面声明，尤其是支持注册会计师就管理层的判断或意图或者完整性认定从其他审计证据中获取的了解。例如，如果管理层的意图对投资的计价基础非常重要，但若不能从管理层获取有关该项投资意图的书面声明，注册会计师就不可能获取充分、适当的审计证据。尽管这些书面声明能够提供必要的审计证据，但其本身并不能为财务报表特定认定提供充分、适当的审计证据。

三、书面声明的日期和涵盖的期间

书面声明的日期应当尽量接近对财务报表出具审计报告的日期，但不得在审计报告日后。书面声明应当涵盖审计报告针对的所有财务报表和期间。

由于书面声明是必要的审计证据，在管理层签署书面声明前，注册会计师不能发表审计意见，也不能签署审计报告。而且，由于注册会计师关注截至审计报告日发生的、可能需要在财务报表中做出相应调整或披露的事项，书面声明的日期应当尽量接近对财务报表出具审计报告的日期，但不得在其之后。

在某些情况下，注册会计师在审计过程中获取有关财务报表特定认定的书面声明可能是适当的。此时，可能有必要要求管理层更新书面声明。管理层有时需要再次确认以前期间做出的书面声明是否依然适当，因此，书面声明需要涵盖审计报告中提及的所有期间。注册会计师和管理层可能认可某种形式的书面声明，以更新以前期间所做的书面声明。更新后的书面声明需要表明，以前期间所做的声明是否发生了变化，以及发生了什么变化（如有）。

在实务中可能会出现这样的情况，即在审计报告中提及的所有期间内，现任管理层均尚未就任。他们可能由此声称无法就上述期间提供部分或全部书面声明。然而，这一事实并不能减轻现任管理层对财务报表整体的责任。相应地，注册会计师仍然需要向现任管理层获取涵盖整个相关期间的书面声明。

四、对书面声明可靠性的疑虑以及管理层不提供要求的书面声明

（一）对书面声明可靠性的疑虑

1. 对管理层的胜任能力、诚信、道德价值观或勤勉尽责存在疑虑

如果对管理层的胜任能力、诚信、道德价值观或勤勉尽责存在疑虑，或者对管理层在这方面的承诺或贯彻执行存在疑虑，注册会计师应当确定这些疑虑对书面或口头声明和审计总体的可靠性可能产生的影响。注册会计师可能认为，管理层在财务报表中做出不实陈述的风险很大，以至于审计工作无法进行。在这种情况下，除非治理层采取适当的纠正措施，否则注册会计师可能需要考虑解除业务约定（如果法律法规允许）。很多时候，治理层采取的纠正措施可能并不足以使注册会计师发表无保留意见。

2. 书面声明与其他审计证据不一致

如果书面声明与其他审计证据不一致，注册会计师应当实施审计程序以设法解决这些问题。注册会计师可能需要考虑风险评估结果是否仍然适当。如果认为不适当，注册会计师需要修正风险评估结果，并确定进一步审计程序的性质、时间安排和范围，以应对评估的风险。如果问题仍未解决，注册会计师应当重新考虑对管理层的胜任能力、诚信、道德价值观或勤勉尽责的评估，或者重新考虑对管理层在这些方面的承诺或贯彻执行的评估，并确定书面声明与其他审计证据的不一致对书面或口头声明和审计证据总体的可靠性可能产生的影响。

如果认为书面声明不可靠，注册会计师应当采取适当措施，包括确定其对审计意见可能产生的影响。

（二）管理层不提供要求的书面声明

如果管理层不提供要求的一项或多项书面声明，注册会计师应当：

（1）与管理层讨论该事项。

（2）重新评价管理层的诚信，并评价该事项对书面或口头声明和审计证据总体的可靠性可能产生的影响。

（3）采取适当措施，包括确定该事项对审计意见可能产生的影响。

如果存在下列情形之一，注册会计师应当对财务报表发表无法表示意见。

（1）注册会计师对管理层的诚信产生重大疑虑，以至于认为其做出的书面声明不可靠。

（2）管理层不提供下列书面声明：①针对财务报表的编制，管理层确认其根据审计业务约定条款，履行了按照适用的财务报告编制基础编制财务报表并使其实现公允反映（如适用）的责任。②针对提供的信息和交易的完整性，管理层提供书面声明的

事项包括：按照审计业务约定条款，已向注册会计师提供所有相关信息，并允许注册会计师不受限制地接触所有相关信息以及被审计单位内部人员和其他相关人员；所有交易均已记录并反映在财务报表中。

这是因为，仅凭其他审计证据，注册会计师不能判断管理层是否履行了上述两方面的责任。如果注册会计师认为有关这些事项的书面声明不可靠，或者管理层不提供有关这些事项的书面声明，则注册会计师无法获取充分、适当的审计证据，这对财务报表的影响可能是广泛的，并不局限于财务报表的特定要素、账户或项目。在这种情况下，注册会计师需要按照《中国注册会计师审计准则第 1502 号——在审计报告中发表非无保留意见》的规定，对财务报表发表无法表示意见。

思考与练习

关键术语

未更正错报、项目质量控制复核、期后事项、书面声明

延伸阅读

1.《中国注册会计师审计准则第 1251 号——评价审计过程中识别出的错报》

2.《中国注册会计师审计准则第 1501 号——对财务报表形成审计意见和出具审计报告》

3.《质量控制准则第 5101 号——会计师事务所对执行财务报表审计和审阅、其他鉴证和相关服务业务实施的质量控制》

4.《中国注册会计师审计准则第 1121 号——对财务报表审计实施的质量控制》

5.《中国注册会计师审计准则第 1332 号——期后事项》

6.《中国注册会计师审计准则第 1341 号——书面声明》

思考题

1. 什么是未更正错报？如何评价未更正错报的影响？
2. 质量控制复核的范围包括哪些？
3. 什么是期后事项？期后事项分为几种类型？
4. 针对不同类别的期后事项，注册会计师的责任是什么？
5. 如果管理层不提供要求的书面声明，注册会计师应如何处理？

练习题

（一）单项选择题

1. 下列对审计过程识别出的错报的考虑中，正确的是（　　）。

　A. 注册会计师在评价错报时，只需要单独评价每项错报

　B. 如果法律法规限制注册会计师向被审计单位管理层或被审计单位的其他人员通报某些错报，注册会计师直接出具无法表示意见的审计报告

　C. 确定一项分类错报是否重大时，注册会计师需要进行定性评估

　D. 注册会计师在审计过程中，要及时与被审计单位管理层沟通所有的错报

2. 针对审计过程中发现的错报，注册会计师以下做法不恰当的是（　　）。

A. 审计过程中发现的错报应及时与适当层级的管理层进行沟通

B. 建议管理层更正所有错报可以降低由于与本期相关的、非重大的且尚未更正的错报的累积影响而导致未来期间财务报表出现重大错报的风险

C. 在评价未更正错报的影响之前，注册会计师可能有必要依据实际的财务结果对重要性做出修改

D. 通过重要性水平评估确定一项分类错报是否重大

3. 下列关于项目质量控制复核的说法中，错误的是（　　）。

A. 项目质量控制复核是对项目组所有工作的复核

B. 项目质量控制复核是在出具报告前，对项目组做出的重大判断和在准备报告时形成的结论做出客观评价的过程

C. 项目质量控制复核是对审计工作结果实施的最后的质量控制

D. 项目质量控制复核可以消除妨碍注册会计师判断的偏见，得出符合事实的审计结论

4. 以下选项中，属于应提请被审计单位调整财务报表的期后事项的是（　　）。

A. 资产负债表日后取得确凿证据表明某项资产在资产负债表日发生了减值

B. 资产负债表日后发生重大诉讼、仲裁、承诺

C. 资产负债表日后因自然灾害导致资产发生重大损失

D. 资产负债表日后发生企业合并或处置子公司

5. 关于注册会计师对期后事项的责任，下列表述中错误的是（　　）。

A. 注册会计师有责任实施必要的审计程序，以确定截至审计报告日发生的期后事项是否均已得到识别

B. 在审计报告日后知悉的事实，没有义务针对财务报表实施审计程序

C. 在审计报告日后至财务报表报出日前，如果知悉可能对财务报表产生重大影响的事实，有责任采取措施

D. 在财务报表报出后，如果知悉可能对财务报表产生重大影响的事实，没有责任采取措施

6. 如果注册会计师在审计报告日后至财务报表报出日前知悉了需要修改财务报表的事实，并且管理层在审计报告日后修改了财务报表。在检查修改后的财务报表时，注册会计师发现管理层对财务报表的修改仅限于反映导致修改的期后事项的影响，被审计单位的董事会、管理层或类似机构也仅对有关修改进行批准，那么注册会计师下列做法中错误的是（　　）。

A. 针对修改后的财务报表出具新的审计报告，修改审计报告的日期，不在任何事项段说明该事项

B. 仅针对有关修改将用以识别期后事项的审计程序延伸至新的审计报告日

C. 出具新的或经修改的审计报告，在强调事项段或其他事项段中说明注册会计师对期后事项实施的审计程序仅限于财务报表相关附注所述的修改

D. 修改审计报告，针对财务报表修改部分增加补充报告日期

7. 以下有关书面声明的说法中正确的是（　　）。

A. 如果注册会计师不能获取充分、适当的审计证据，则可获取书面声明作为发表审计意见的基础
B. 如果被审计单位管理层已就某事项提供书面声明，则可在一定程度上减轻注册会计师的责任
C. 书面声明提供的审计证据需要其他审计证据予以佐证
D. 书面声明的日期可以在审计报告日后

8. 下列关于书面声明的日期和涵盖的期间的说法中，正确的是（　　）。
A. 就某些交易获取的单独书面声明可以晚于审计报告日
B. 在审计报告中提及的所有期间内，如果现任管理层均尚未就任，该事实能减轻现任管理层对财务报表整体的责任
C. 书面声明的日期可以与审计报告日一致
D. 在管理层签署书面声明前，注册会计师可以发表审计意见

9. 如果注册会计师对管理层的胜任能力、诚信、道德价值观或勤勉尽责存在疑虑，下列说法中，错误的是（　　）。
A. 注册会计师应当确定这些疑虑对管理层做出的书面或口头声明可能产生的影响
B. 审计证据的可靠性可能受到影响
C. 鉴于对该疑虑影响的考虑，注册会计师可能会发表非无保留意见
D. 注册会计师可能认为管理层在财务报表中做出不实陈述的风险很大，以至于审计工作无法进行，基于谨慎性考虑，注册会计师要与被审计单位解除业务约定

10. 如果被审计单位管理层拒绝就其责任的履行情况提供书面声明，注册会计师的下列做法中，错误的是（　　）。
A. 重新评价被审计单位管理层的诚信情况
B. 重新评价获取审计证据的总体可靠性
C. 对财务报表出具无法表示意见的审计报告
D. 对财务报表出具保留意见的审计报告

（二）多项选择题

1. 如果注册会计师在评价未更正错报的影响前，调低了财务报表整体的重要性水平，则以下做法中恰当的有（　　）。
A. 重新考虑实际执行的重要性水平
B. 重新考虑进一步审计程序的性质
C. 重新考虑进一步审计程序的时间安排和范围
D. 重新考虑获取的证据是否充分、适当

2. 执行项目组内部复核时，复核人员需要考虑的事项包括（　　）。
A. 是否需要修改已执行审计工作的性质、时间安排和范围
B. 考虑拟出具审计报告的恰当性
C. 审计程序的目标是否已实现
D. 重大事项是否已提请进一步考虑

3. A 注册会计师负责对乙公司 2018 年度财务报表进行审计。A 注册会计师出具审计报告的日期为 2019 年 3 月 15 日，财务报表报出日为 2019 年 3 月 20 日。对于截至 2019 年 3 月 15 日发生的期后事项，A 注册会计师的下列做法中正确的有（　　）。

A. 设计专门的审计程序识别这些期后事项

B. 尽量在接近资产负债表日时实施针对期后事项的专门审计程序

C. 尽量在接近审计报告日时实施针对期后事项的专门审计程序

D. 不专门设计审计程序识别这些期后事项

4. 下列选项中，属于其他书面声明的有（　　）。

A. 针对管理层责任的书面声明

B. 关于特定认定的书面声明

C. 关于财务报表的额外书面声明

D. 与向注册会计师提供信息有关的额外书面声明

5. A 注册会计师负责审计甲公司 2018 年度财务报表，现场审计工作完成日为 2019 年 2 月 28 日，财务报表批准日为 2019 年 3 月 20 日，审计报告日为 2019 年 3 月 29 日，财务报表报出日为 2019 年 3 月 31 日。下列有关书面声明日期的表述中，正确的有（　　）。

A. A 注册会计师取得日期为 2019 年 3 月 29 日的书面声明

B. A 注册会计师取得日期为 2019 年 2 月 28 日的书面声明

C. A 注册会计师取得日期为 2019 年 2 月 28 日的书面声明，并于 2019 年 3 月 29 日就 2019 年 2 月 28 日至 2019 年 3 月 29 日的变化获取管理层的更新声明

D. A 注册会计师取得日期为 2019 年 3 月 20 日的书面声明，并于 2019 年 3 月 31 日就 2019 年 3 月 20 日至 2019 年 3 月 31 日的变化获取管理层的更新声明

（三）判断改错题（正确的打“√”，错误的打“×”，并改正）

1. 由于项目合伙人在审计的过程中工作较多，项目合伙人在出具审计报告后，对审计工作底稿进行详细的复核。（　　）

2. 项目合伙人应当对会计师事务所分派的每项审计业务的总体质量负责。（　　）

3. 审计报告的日期不应早于注册会计师获取充分、适当的审计证据，并在此基础上对财务报表形成审计意见的日期。（　　）

4. 管理层声明书的日期必须与注册会计师的审计报告日一致。（　　）

5. 如果管理层的某项声明与其他审计证据相矛盾，注册会计师应当调查这种情况。必要时，重新考虑管理层做出的其他声明的可靠性。（　　）

（四）综合题

甲公司是 ABC 会计师事务所的常年审计客户。A 注册会计师担任甲公司 2018 年度财务报表审计项目合伙人，B 注册会计师担任项目质量控制复核人，2019 年 2 月 20 日 A 注册会计师出具了审计报告，2019 年 2 月 25 日甲公司对外报出 2018 年度财务报表。在审计工作完成阶段，注册会计师遇到以下相关事项：①根据复核计划，审计项

目经理复核了审计工作底稿，A 注册会计师复核了财务报表和拟出具的审计报告，确信获取了充分、适当的审计证据。②在审计过程中，A 注册会计师要求项目组成员之间相互复核工作底稿。③2019 年 2 月 22 日，B 注册会计师随机选取若干份工作底稿进行了复核，没有发现重大问题。④在财务报表报出前，A 注册会计师获悉甲公司 2019 年 1 月 10 日发生了一笔大额销售退回，因此，要求管理层修改财务报表，并于 2019 年 2 月 25 日重新出具了审计报告。管理层于 2019 年 2 月 26 日批准并报出修改后的财务报表。⑤2019 年 2 月 28 日，A 注册会计师通过证监会获知，2019 年 2 月 20 日甲公司上年度的未决诉讼已经判决，并且支付了大额赔偿款，A 注册会计师与管理层和治理层讨论了该事项，并且确定财务报表需要修改。⑥2018 年 7 月，甲公司更换了主要管理层成员。由于现任管理层仅就其任职期间提供书面声明，A 注册会计师向前任管理层获取了其在任时相关期间的书面声明。

要求：针对上述第①至⑥项，假定不考虑其他条件，逐项指出 A 注册会计师或 B 注册会计师的处理是否恰当。如不恰当，请说明理由。

第十三章 审计报告

学习目的与要求

通过本章的学习，能够了解审计报告的含义、作用与分类，审计报告的内容、结构以及撰写中的标准用语；掌握审计意见的基本类型、不同审计意见的适用情形；理解审计报告的信息传达与沟通功能。

第一节 审计报告概述

一、审计报告的含义

审计报告是指注册会计师根据中国注册会计师审计准则的规定，在实施审计工作的基础上对被审计单位财务报表发表审计意见的书面文件。审计报告依据格式和规范性要求，分为标准审计报告和非标准审计报告；依据详略程度，分为简式审计报告和详式审计报告；依据编写主体，分为对内审计报告和对外审计报告。

审计报告是注册会计师在完成审计工作后向委托人提交的最终产品，具有以下特征。

（1）注册会计师应当按照中国注册会计师审计准则（以下简称审计准则）的规定执行审计工作，出具审计报告。

（2）注册会计师在实施审计工作的基础上才能出具审计报告。在风险导向审计模式下，注册会计师应当实施风险评估程序，以此作为评估财务报表层次和认定层次重大错报风险的基础。风险评估程序本身并不足以为发表审计意见提供充分、适当的审计证据，注册会计师还应当实施进一步审计程序，包括实施控制测试（必要时或决定测试时）和实质性程序。注册会计师通过实施上述审计程序，获取充分、适当的审计证据，得出合理的审计结论，作为形成审计意见的基础。注册会计师应当根据由审计证据得出的结论，清楚表达对财务报表的意见。

（3）注册会计师通过对财务报表发表审计意见履行业务约定书约定的责任。财务报表审计的目标是注册会计师通过执行审计工作，对财务报表的合法性和公允性发表审计意见。因此，在实施审计工作的基础上，注册会计师需要对财务报表形成审计意见，并向委托人提交审计报告。

（4）注册会计师应当以书面形式出具审计报告。审计报告具有特定的要素和格式，注册会计师只有以书面形式出具报告，才能清楚表达对财务报表发表的审计意见。

（5）注册会计师应当对其出的审计报告负责。无论是出具标准审计报告，还是非标准审计报告，注册会计师一旦在审计报告上签名并盖章，就表明对其出具的审计报告负责。

(6) 注册会计师应当将已审计的财务报表附于审计报告后。审计报告是注册会计师对财务报表合法性和公允性发表审计意见的书面文件，因此，注册会计师应当将已审计的财务报表附于审计报告之后，以便于财务报表使用者正确理解和使用审计报告，并防止被审计单位替换、更改已审计的财务报表。

二、审计报告的作用

注册会计师签发的审计报告，主要具有鉴证、保护和评价三方面的作用。

1. 鉴证作用

注册会计师签发的审计报告，不同于政府审计和内部审计的审计报告，是以超然独立的第三方的身份，对被审计单位财务报表合法性、公允性发表专业意见。这种意见具有鉴证作用，得到了政府及其各部门和社会各界的普遍认可。政府有关部门，如财政部门、税务部门等，了解、掌握企业的财务状况和经营成果的主要依据是企业提供的财务报表。财务报表是否合法、公允，主要依据注册会计师的审计报告做出判断。股份制企业的股东主要依据注册会计师的审计报告来判断被投资企业的财务报表是否公允地反映了财务状况和经营成果，以进行投资决策。债权人主要依据注册会计师的审计报告来判断企业的偿债能力，以便做出贷款决策等。

2. 保护作用

注册会计师通过审计，可以对被审计单位财务报表出具不同类型审计意见的审计报告，以提高或降低财务报表信息使用者对财务报表的信赖程度，能够在一定程度上对被审计单位的各利害关系人的利益起到保护作用。如投资者为了减少投资风险，在进行投资之前，必须要查阅被投资企业的财务报表和注册会计师的审计报告，了解被投资企业的经营情况和财务状况。投资者根据注册会计师的审计报告做出投资决策，可以降低其投资风险。

3. 评价作用

审计报告是对注册会计师审计任务完成情况及其结果所做的总结，它可以表明审计工作的质量并明确注册会计师的审计责任。事务所质量管理人员通过审计报告，可以了解注册会计师在审计过程中是否实施了必要的审计程序，是否以审计工作底稿为依据发表审计意见，发表的审计意见是否与被审计单位的实际情况相一致，审计工作的质量是否符合要求，可以评价注册会计师审计责任的履行情况。

三、审计报告的格式与内容

审计报告分为标准审计报告和非标准审计报告。当注册会计师出具的无保留意见的审计报告不附加说明段、强调事项段、其他事项段或其他任何修饰性用语时，该报告称为标准审计报告。非标准审计报告，是指标准审计报告以外的其他审计报告，包括带强调事项段的无保留意见的审计报告和非无保留意见的审计报告。非无保留意见的审计报告包括保留意见的审计报告、否定意见的审计报告和无法表示意见的审计报告。

1. 标题

审计报告的标题应当统一规范为“审计报告”。

2. 收件人

审计报告的收件人是指注册会计师按照业务约定书的要求致送审计报告的对象，一般是指审计业务的委托人。审计报告应当载明收件人的全称。

注册会计师应当与委托人在业务约定书中约定致送审计报告的对象，以防止在此问题上发生分歧或审计报告被委托人滥用。针对整套通用目的财务报表出具的审计报告，审计报告的致送对象通常为被审计单位的全体股东或董事会。

3. 审计意见段

审计报告应当包含标题为“审计意见”的段落。审计意见段应当说明，财务报表是否按照适用的会计准则和相关会计制度的规定编制，是否在所有重大方面公允反映了被审计单位的财务状况、经营成果和现金流量。

财务报表审计的目标是注册会计师通过执行审计工作，对财务报表的下列方面发表审计意见：①财务报表是否按照适用的会计准则和相关会计制度的规定编制；②财务报表是否在所有重大方面公允反映了被审计单位的财务状况、经营成果和现金流量。因此，当注册会计师完成审计工作，获取了充分、适当的审计证据，应当就上述内容对财务报表发表审计意见。

4. 形成审计意见的基础

应当紧接在审计意见部分之后，并包括下列方面：①说明注册会计师按照审计准则的规定执行了审计工作；②提及审计报告中用于描述审计准则规定的注册会计师责任的部分；③声明注册会计师按照与审计相关的职业道德要求独立于被审计单位，并履行了职业道德方面的其他责任，声明中应当指明适用的职业道德要求，如《中国注册会计师职业道德守则》；④说明注册会计师是否相信获取的审计证据是充分、适当的，为发表审计意见提供了基础。

5. 关键审计事项

关键审计事项是指注册会计师依据职业判断，认为在当期财务报表审计中至关重要的事项。这些事项是在对财务报表整体进行审计并形成意见的背景下做出的判断，审计师并不对这些事项提供单独的意见。在对关键审计事项进行描述的时候，需要索引至财务报表及附注相关内容，并且说明确定为关键审计事项的理由以及如何进行审计应对。

6. 管理层对财务报表的责任段

审计报告应当包含标题为“管理层对财务报表的责任”的段落，用以描述被审计单位中负责编制财务报表的人员的责任，包括：①按照适用的财务报告编制基础编制财务报表，并使其实现公允反映。设计、执行和维护必要的内部控制，以使财务报表不存在由于舞弊或错误而导致的重大错报。②评估被审计单位持续经营能力和使用持续经营假设是否适当，并披露与持续经营相关的事项（如适用）。对该评估责任的说明应当包括描述在何种情况下使用持续经营假设是适当的。

7. 注册会计师的责任段

（1）说明注册会计师的目标是对财务报表整体是否不存在由于舞弊或错误导致的重大错报获取合理保证，并出具包含审计意见的审计报告；说明合理保证是高水平的保证，但并不能保证按照审计准则执行的审计在某一重大错报存在时总能发现；说明错报可能由于舞弊或错误导致。

（2）说明在按照审计准则执行审计工作的过程中，注册会计师运用职业判断，并保持职业怀疑；通过说明注册会计师的责任，对审计工作进行描述。这些责任包括：①识别和评估由于舞弊或错误导致的财务报表重大错报风险，设计和实施审计程序以应对这些风险，并获取充分、适当的审计证据，作为发表审计意见的基础。由于舞弊可能涉及串通、伪造、故意遗漏、虚假陈述或凌驾于内部控制之上，未能发现由于舞弊导致的重大错报的风险高于未能发现由于错误导致的重大错报的风险。②了解与审计相关的内部控制，以设计恰当的审计程序，但目的并非是对内部控制的有效性发表意见。当注册会计师有责任在财务报表审计的同时对内部控制的有效性发表意见时，应当略去上述“目的并非对内部控制的有效性发表意见”的表述。③评价管理层选用会计政策的恰当性和做出会计估计及相关披露的合理性。④对管理层使用持续经营假设的恰当性得出结论。同时，根据获取的审计证据，就可能导致对被审计单位持续经营能力产生重大疑虑的事项或情况是否存在重大不确定性得出结论。如果注册会计师得出结论认为存在重大不确定性，审计准则要求注册会计师在审计报告中提请报表使用者关注财务报表中的相关披露；如果披露不充分，注册会计师应当发表非无保留意见。注册会计师的结论基于截至审计报告日可获得的信息。然而，未来的事项或情况可能导致被审计单位不能持续经营。⑤评价财务报表的总体列报、结构和内容（包括披露），并评价财务报表是否公允反映相关交易和事项。

8. 按照相关法律法规的要求报告的事项

本部分的格式和内容，取决于法律法规对其他报告责任性质的规定。本部分应当说明相关法律法规规定的事项（其他报告责任）。如果其他报告责任涉及的事项与审计准则规定的报告责任涉及的事项相同，可以在审计准则规定的同一报告要素部分列示。

9. 注册会计师的签名和盖章

审计报告应当由项目合伙人和另一名负责该项目的注册会计师签名和盖章。注册会计师应当在对上市实体整套通用目的财务报表出具的审计报告中注明项目合伙人。

10. 会计师事务所的名称、地址及盖章

审计报告应当载明会计师事务所的名称和地址，并加盖会计师事务所公章。

11. 报告日期

审计报告的日期是审计责任划分时段的关键时点，审计报告应当注明报告日期。审计报告的日期不应早于注册会计师获取充分、适当的审计证据（包括管理层认可对财务报表的责任且已批准财务报表的证据），并在此基础上对财务报表形成审计意见的日期。

在确定审计报告日时，注册会计师应当确信已获取下列两方面的审计证据。

（1）构成整套财务报表的所有报表（包括相关附注）已编制完成。

（2）被审计单位的董事会、管理层或类似机构已经认可其对财务报表负责。

第二节　审计意见类型与审计报告的撰写

一、审计意见类型

审计意见类型分为无保留意见和非无保留意见，其中的非无保留意见包括了保留意见、否定意见和无法表达意见三种意见类型。具体出具何种意见类型取决于注册会计师对被审计单位财务报表所有重大方面的合法性和公允性的判断，以及获取的审计证据是否充分、适当。审计意见类型决策如图 13-1 所示。

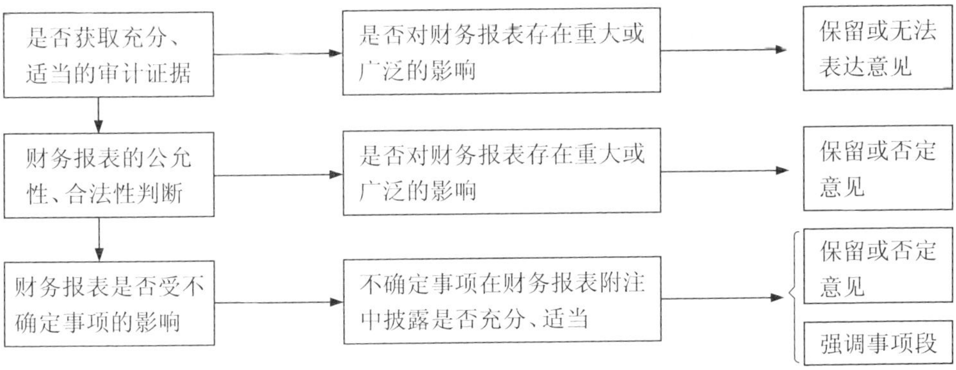

图 13-1　审计意见类型决策

广泛性是描述错报影响的术语，用以说明错报对财务报表的影响，或者由于无法获取充分、适当的审计证据而未发现的错报（如存在）对财务报表可能产生的影响。包括下列方面：①不限于对财务报表的特定要素、账户或项目产生影响；②虽然仅对财务报表的特定要素、账户或项目产生影响，但这些要素、账户或项目是或可能是财务报表的主要组成部分；③当与披露相关时，产生的影响对财务报表使用者理解财务报表至关重要。

二、沟通关键审计事项

沟通关键审计事项旨在通过提高已执行审计工作的透明度增加审计报告的沟通价值。沟通关键审计事项能够为财务报表预期使用者提供额外的信息，以帮助其了解注册会计师根据职业判断认为对本期财务报表审计最为重要的事项。沟通关键审计事项还能够帮助财务报表预期使用者了解被审计单位，以及已审计财务报表中涉及重大管理层判断的领域。注册会计师应当从与治理层沟通过的事项中确定在执行审计工作时重点关注过的事项。

在审计报告的关键审计事项部分逐项描述关键审计事项，并同时说明下列内容。

（1）该事项被认定为审计中最为重要的事项之一，因而被确定为关键审计事项的原因。

（2）该事项在审计中是如何应对的。

三、不同审计意见的审计报告撰写

审计报告分为标准审计报告和非标准审计报告，当审计人员出具的无保留审计意见不附加任何强调事项段和其他事项段时，该报告被称作标准审计报告。除此之外的审计报告被称为非标准审计报告。

（一）标准无保留意见的审计报告

1. 签发标准无保留意见审计报告的条件

标准无保留意见的审计报告是注册会计师对被审计单位财务报表发表不带强调事项段的无保留意见审计报告。注册会计师经过审计后，认为被审计单位财务报表符合下列所有条件，注册会计师应当出具标准无保留意见的审计报告。

（1）财务报表在所有重大方面已经按照适用的财务报告编制基础的规定编制，公允反映了被审计单位的财务状况、经营成果和现金流量，即财务报表的编制合法、反映公允。

（2）注册会计师已经按照中国注册会计师审计准则的规定计划和执行审计工作，在审计过程中未受到限制。

没有必要在审计报告中增加强调事项段或任何修饰性用语。

2. 使用的专业术语和参考格式

标准无保留意见的审计报告应当以“我们认为”作为意见段的开头，并使用“在所有重大方面”“公允反映”等专业术语。

标准无保留审计报告的参考格式如下：

审　计　报　告

ABC股份有限公司全体股东：

一、审计意见

我们审计了后附的ABC股份有限公司（以下简称ABC公司）财务报表，包括××年12月31日的资产负债表、××年度的利润表、股东权益变动表和现金流量表以及财务报表附注。

我们认为，ABC公司财务报表在所有重大方面按照企业会计准则的规定编制，公允反映了ABC公司××年12月31日的财务状况以及××年度的经营成果和现金流量。

二、形成审计意见的基础

我们按照中国注册会计师审计准则的规定执行了审计工作。审计报告的“注册会计师对财务报表审计的责任”部分进一步阐述了我们在这些准则下的责任。按照《中国注册会计师职业道德守则》，我们独立于ABC公司财务，并履行了职业道德方面的其他责任。我们相信，我们获取的审计证据是充分、适当的，为发表审计意见提供了基础。

三、关键审计事项

关键审计事项是根据我们的职业判断，认为对本期财务报表审计最为重要的事项。这些事项的应对以对财务报表整体进行审计并形成审计意见为背景，我们不对这些事项单独发表意见。

（一）事项描述

……因此我们确定××为关键审计事项。

（二）审计应对

针对××问题，我们实施的审计程序主要包括：……

四、其他信息

ABC公司管理层（以下简称管理层）对其他信息负责。其他信息包括年度报告中涵盖的信息，但不包括财务报表和我们的审计报告。

我们对财务报表发表的审计意见不涵盖其他信息，我们也不对其他信息发表任何形式的鉴证结论。

结合我们对财务报表的审计，我们的责任是阅读其他信息，在此过程中，考虑其他信息是否与财务报表或我们在审计过程中了解到的情况存在重大不一致或者似乎存在重大错报。

基于我们已执行的工作，如果我们确定其他信息存在重大错报，我们应当报告该事实。在这方面，我们无任何事项需要报告。

五、管理层和治理层对财务报表的责任

管理层负责按照企业会计准则的规定编制财务报表，使其实现公允反映，并设计、执行和维护必要的内部控制，以使财务报表不存在由于舞弊或错误导致的重大错报。

在编制财务报表时，管理层负责评估公司的持续经营能力，披露与持续经营相关的事项（如适用），并运用持续经营假设，除非管理层计划清算公司、停止营运或别无其他选择。

治理层负责监督公司的财务报告过程。

六、注册会计师对财务报表审计的责任

我们的责任对财务报表整体是否不存在由于舞弊或错误导致的重大错报获取合理保证，并出具包含审计意见的审计报告；合理保证是高水平的保证，但并不能保证按照审计准则执行的审计在某一重大错报存在时总能发现；错报可能由于舞弊或错误导致，如果合理预期单独或者汇总起来可能影响财务报表使用者依据财务报表做出的经济决策，则错报是重大的。

在按照审计准则执行审计工作的过程中，注册会计师运用职业判断，并保持职业怀疑，我们同时执行了以下工作。

(1) 识别和评估由于舞弊或错误导致的财务报表重大错报风险，设计和实施审计程序以应对这些风险，并获取充分、适当的审计证据，作为发表审计意见的基础。由于舞弊可能涉及串通、伪造、故意遗漏、虚假陈述或凌驾于内部控制之上，未能发现由于舞弊导致的重大错报的风险高于未能发现由于错误导致的重大错报的风险。

(2) 了解与审计相关的内部控制，以设计恰当的审计程序，但目的并非对内部控制的有效性发表意见。

(3) 评价管理层选用会计政策的恰当性和做出会计估计及相关披露的合理性。

(4) 对管理层使用持续经营假设的恰当性得出结论。同时，根据获取的审计证据，就可能导致对被审计单位持续经营能力产生重大疑虑的事项或情况是否存在重大不确定性得出结论。如果我们得出结论认为存在重大不确定性，审计准则要求我们在审计报告中提请报表使用者关注财务报表中的相关披露；如果披露不充分，我们应当发表非无保留意见。我们的结论基于截至审计报告日可获得的信息。然而，未来的事项或情况可能导致被审计单位不能持续经营。

(5) 评价财务报表的总体列报、结构和内容（包括披露），并评价财务报表是否公允反映相关交易和事项。

就ABC公司中实体或业务活动的财务信息获取充分、适当的审计证据，以对财务报表发表审计意见。

我们与治理层就计划的审计范围、时间安排和重大审计发现等事项进行沟通，包括沟通我们在审计中识别出的值得关注的内部控制缺陷。

我们还就已遵守与独立性相关的职业道德要求向治理层提供声明，并与治理层沟通可能被合理认为影响我们独立性的所有关系和其他事项，以及相关的防范措施（如适用）。

从与治理层沟通过的事项中，我们确定哪些事项对本期财务报表审计最为重要，因而构成关键审计事项。我们在审计报告中描述这些事项，除非法律法规禁止公开披露这些事项，或在极少数情形下，如果合理预期在审计报告中沟通某事项造成的负面后果超过在公众利益方面产生的益处，我们确定不应在审计报告中沟通该事项。

××会计师事务所　　　　　　　　中国注册会计师：×××
　　　　　　　　　　　　　　　　（签名并盖章）
（盖章）　　　　　　　　　　　　中国注册会计师：×××
　　　　　　　　　　　　　　　　（签名并盖章）
中国××市　　　　　　　　　　　××年×月×日

（二）保留意见的审计报告

1. 签发保留意见审计报告的条件

当存在下列情形之一时，注册会计师应当发表保留意见。

（1）在获取充分、适当的审计证据后，注册会计师认为错报单独或汇总起来对财务报表影响重大，但不具有广泛性。

（2）注册会计师无法获取充分、适当的审计证据以作为形成审计意见的基础，但认为未发现的错报（如存在）对财务报表可能产生的影响重大，但不具有广泛性。

应当指出的是，注册会计师在获取充分、适当的审计证据后，只有当认为财务报表就整体而言是公允的，但还存在对财务报表产生重大影响的错报时，才能发表保留意见。如果注册会计师认为错报对财务报表产生的影响极为严重且具有广泛性，则应发表否定意见。因此，保留意见被视为注册会计师在不能发表无保留意见情况下最不严厉的审计意见。

注册会计师因审计范围受到限制而发表保留意见还是无法表示意见，取决于无法获取的审计证据对形成审计意见的重要性。注册会计师在判断重要性时，应当考虑有关事项潜在影响的性质和范围以及在财务报表中的重要程度。只有当未发现的错报对财务报表可能产生的影响重大但不具有广泛性时，才能发表保留意见。

2. 保留意见审计报告的基本内容与专业术语

（1）修改对注册会计师责任的描述，以说明为发表保留意见提供了基础。

（2）应在注册会计师责任段之后意见段之前增加说明段，说明导致保留意见的事项。

（3）当发表保留意见的审计报告时，应当对审计意见段使用恰当的标题，通常为“保留意见”。

（4）注册会计师应当在审计意见段中使用“除……可能产生的影响外”等术语。如果因审计范围受到限制，注册会计师还应当在注册会计师的责任段中提及这一情况。

保留意见的审计报告（审计范围受到限制）的参考格式如下。

审　计　报　告

ABC股份有限公司全体股东：

一、审计意见

我们审计了后附的ABC股份有限公司（以下简称ABC公司）财务报表，包括××年12月31日的资产负债表、××年度的利润表、股东权益变动表和现金流量表以及财务报表附注。

我们认为，除了××对财务报表产生的影响之外，ABC 公司财务报表在所有重大方面按照企业会计准则的规定编制，公允反映了 ABC 公司××年 12 月 31 日的财务状况以及××年度的经营成果和现金流量。

二、形成保留意见的基础

我们按照中国注册会计师审计准则的规定执行了审计工作。审计报告的“注册会计师对财务报表审计的责任”部分进一步阐述了我们在这些准则下的责任。按照《中国注册会计师职业道德守则》，我们独立于××公司财务，并履行了职业道德方面的其他责任。我们相信，我们获取的审计证据是充分、适当的，为发表审计意见提供了基础。

ABC 公司××年 12 月 31 日的资产负债表中应收账款余额×万元，占资产总额的×%。由于 ABC 公司未能提供债务人地址，我们无法实施函证以及其他替代审计程序，以获取充分、适当的审计证据。

……

（三）否定意见的审计报告

1. 签发否定意见审计报告的条件

在获取充分、适当的审计证据后，如果认为错报单独或汇总起来对财务报表的影响重大且具有广泛性，注册会计师应当出具否定意见的审计报告。否定意见意味着注册会计师认为被审计单位财务报表没有在所有重大方面按照适用的财务报告编制基础的规定编制，未能公允反映其财务状况、经营成果和现金流量，说明被审计单位的财务报表不值得信赖。

2. 否定意见审计报告的基本内容与专业术语

（1）修改对注册会计师责任的描述，以说明为发表否定意见提供了基础。

（2）应在注册会计师责任段之后意见段之前增加说明段，说明形成否定意见的基础。

（3）当发表否定意见的审计报告时，应当对审计意见段使用恰当的标题，通常为“否定意见”。

（4）注册会计师应当在审计意见段中说明，注册会计师认为由于形成否定意见的基础段所述事项的重要性，财务报表没有在所有重大方面按照适用的财务报告编制基础编制，未能实现公允反映。

（5）使用“由于‘二、形成否定意见的基础’段所述事项的重要性”“财务报表没有在所有重大方面按照……的规定编制，未能公允反映……”等专业术语。

否定意见的审计报告的参考格式如下。

审　计　报　告

ABC 股份有限公司全体股东：

一、审计意见

我们审计了后附的 ABC 股份有限公司（以下简称 ABC 公司）财务报表，包括××年 12 月 31 日的资产负债表、××年度的利润表、股东权益变动表和现金流量表以及财务报表附注。

我们认为，由于“二、形成否定意见的基础”段所述事项的重大性，ABC 公司财务报表没有在所有重大方面按照企业会计准则的规定编制，未能公允反映 ABC 公司××年 12 月 31 日的财务状况以及××年度的经营成果和现金流量。

二、形成否定意见的基础

我们按照中国注册会计师审计准则的规定执行了审计工作。审计报告的“注册会计师对财务报表审计的责任”部分进一步阐述了我们在这些准则下的责任。按照《中国注册会计师职业道德守则》，我们独立于ABC公司财务，并履行了职业道德方面的其他责任。我们相信，我们获取的审计证据是充分、适当的，为发表审计意见提供了基础。

如财务报表附注×所述，ABC公司的长期股权投资未按企业会计准则的规定采用权益法核算。如果按权益法核算，ABC公司的长期股权投资账面价值将减少×万元，净利润将减少×万元，从而导致ABC公司由盈利×万元变为亏损×万元。

……

（四）无法表示意见的审计报告

1. 签发无法表示意见审计报告的条件

如果审计范围受到限制可能产生的影响非常重大和广泛，不能获取充分、适当的审计证据，以至于无法对财务报表发表审计意见，注册会计师应当出具无法表示意见的审计报告。

只有当审计范围受到限制可能产生的影响非常重大和广泛，不能获取充分、适当的审计证据，以至于无法确定财务报表的合法性与公允性时，注册会计师才应当出具无法表示意见的审计报告。无法表示意见不同于否定意见，它通常仅仅适用于注册会计师不能获取充分、适当的审计证据。如果注册会计师发表否定意见，必须获得充分、适当的审计证据。无论是无法表示意见还是否定意见，都只有在非常严重的情形下采用。

2. 无法表示意见审计报告的基本内容和专业术语

（1）修改引言段，说明注册会计师接受委托审计财务报表。要将“我们审计了后附的……”修改为“我们接受委托，审计后附的……”。

（2）调整“注册会计师的责任”段的表述，并仅做如下说明：“我们的责任是在执行审计工作的基础上对财务报表发表审计意见。但由于‘形成无法表示意见的基础’段所述的事项，我们无法获取充分、适当的审计证据以为发表审计意见提供基础。”

（3）在“无法表示意见”段之前增加说明段，并使用恰当的标题，通常是“形成无法表示意见的基础”，明确说明形成无法发表审计意见的所有原因。

（4）在审计意见段中通常使用“由于‘二、形成无法表示意见的基础’段所述事项的重要性”“由于无法实施必要的审计程序”“由于无法获取必要的审计证据”“我们无法对后附的财务报表发表意见”等术语。

无法表示意见的审计报告的参考格式如下。

审 计 报 告

ABC股份有限公司全体股东：

一、无法表示意见

我们接受委托，审计后附的ABC股份有限公司（以下简称ABC公司）财务报表，包括××年12月31日的资产负债表、××年度的利润表、股东权益变动表和现金流量表以及财务报表附注。

由于审计范围受到限制可能产生的影响非常重大和广泛，我们无法对后附的财务报表发表审计意见。

二、形成无法表示意见的基础

ABC公司未对××年12月31日的存货进行盘点，金额为×万元，占期末资产总额的50%。我们无法实施存货监盘，也无法实施替代审计程序，以对期末存货的数量和状况获取充分、适当的审计证据。

三、管理层和治理层对财务报表的责任

管理层负责按照企业会计准则的规定编制财务报表，使其实现公允反映，并设计、执行和维护必要的内部控制，以使财务报表不存在由于舞弊或错误导致的重大错报。

在编制财务报表时，管理层负责评估公司的持续经营能力，披露与持续经营相关的事项（如适用），并运用持续经营假设，除非管理层计划清算公司、停止营运或别无其他选择。

治理层负责监督公司的财务报告过程。

四、注册会计师对财务报表审计的责任

我们的责任对财务报表整体是否不存在由于舞弊或错误导致的重大错报获取合理保证，并出具包含审计意见的审计报告。但由于“二、形成无法表示意见的基础”所述事项，我们无法获取充分、适当的审计证据作为发表审计意见的基础。

……

（五）带强调事项段的无保留意见的审计报告

1. 强调事项段的含义

审计报告的强调事项段是指审计报告中含有的一个段落，该段落提及已在财务报表中恰当列报或披露的事项，根据注册会计师的职业判断，该事项对财务报表使用者理解财务报表至关重要。

增加强调事项应当同时符合下列条件。

（1）可能对财务报表产生重大影响，但被审计单位进行了恰当的会计处理，且在财务报表中做出充分披露。

（2）不影响注册会计师发表的审计意见。

从审计理论上讲，注册会计师在审计意见段之前增加说明段，用来说明发表保留意见、否定意见和无法表示意见的理由；而在意见段之后增加强调事项段，只是增加审计报告的信息含量，提高审计报告的有用性，不影响发表的审计意见。

2. 增加强调事项段的情形

是否需要增加强调事项段，取决于注册会计师的职业判断。可能认为需要增加强调事项段的情形包括：①对被审计单位持续经营能力有重大疑虑；②异常诉讼或监管行动的未来结果存在不确定性；③提前应用（在允许的情况下）对财务报表有广泛影响的新会计准则；④存在已经或持续对被审计单位财务状况产生重大影响的特大灾难；⑤其他重大不确定事项。

强调事项段的过多使用会降低注册会计师沟通所强调事项的有效性。因此，为了规范强调事项段的使用，审计准则做了三个方面的规定：①强调事项段不能过多使用；②强调事项段不能代替审计意见；③强调事项段不能代替管理层应当做出的披露。

3. 强调事项段的处理

如果在审计报告中增加强调事项段，注册会计师应当采取下列措施。

（1）将强调事项段紧接在审计意见段之后。

（2）使用“强调事项”或其他适当标题。

（3）明确提及被强调事项以及相关披露的位置，以便能够在财务报表中找到对该事项的详细描述。

（4）指出审计意见没有因该强调事项而改变。

强调事项段位于审计意见之后，参考格式如下。

审 计 报 告

ABC股份有限公司全体股东：

一、审计意见

我们审计了后附的ABC股份有限公司（以下简称ABC公司）财务报表，包括××年12月31日的资产负债表、××年度的利润表、股东权益变动表和现金流量表以及财务报表附注。

我们认为，ABC公司财务报表在所有重大方面按照企业会计准则的规定编制，公允反映了ABC公司××年12月31日的财务状况以及××年度的经营成果和现金流量。

二、形成审计意见的基础

我们按照中国注册会计师审计准则的规定执行了审计工作。审计报告的“注册会计师对财务报表审计的责任”部分进一步阐述了我们在这些准则下的责任。按照《中国注册会计师职业道德守则》，我们独立于ABC公司财务，并履行了职业道德方面的其他责任。我们相信，我们获取的审计证据是充分、适当的，为发表审计意见提供了基础。

三、强调事项

我们提醒财务报表使用者关注，如财务报表附注×所述，ABC公司在××年发生亏损×万元，在××年12月31日，流动负债高于资产总额×万元。ABC公司已在财务报表附注×充分披露了拟采取的改善措施，但其持续经营能力仍然存在重大不确定性。本段内容不影响已发表的审计意见。

……

思考与练习

关键术语

审计报告、标准无保留意见、保留意见、否定意见、无法表示意见、带强调事项段的无保留意见

延伸阅读

1.《中国注册会计师审计准则第1501号——对财务报表形成审计意见和出具审计报告》

2.《中国注册会计师审计准则第1502号——在审计报告中发表非无保留意见》

3.《中国注册会计师审计准则第1503号——在审计报告中增加强调事项段和其他事项段》

4.《中国注册会计师审计准则第1504号——在审计报告中沟通关键审计事项》

思考题

1. 审计报告中说明段和强调事项段有何区别？

2. 什么情况下应当在审计报告中增加强调事项段？

3. 不同意见类型的审计报告的出具条件是什么？

4. 根据近三年上市公司年报的审计意见类型的统计数据，说明被签发的审计意见类型主要是哪一种，分析其原因。

练习题

（一）单项选择题

1. 注册会计师在对或有事项进行审计时，其关注的首要目标是（　　）。

A. 存在　　B. 完整性　　C. 分类和可理解性　　D. 发生

2. 下列有关审计报告的说法中正确的是（　　）。

A. 引言段、责任段、说明段和意见段均属于审计报告的基本要素

B. 当发表无法表示意见的审计报告时应当删除被审计单位管理层的责任段

C. 为提醒报表使用者注意某些事项，通常应在审计意见段的前面增加强调事项段予以强调

D. 当被审计单位为股份有限公司时，审计报告的收件人是该股份有限公司全体股东

3. 下列有关审计报告中增加强调事项段的说法不正确的是（　　）。

A. 强调事项段内容仅用于提醒财务报表使用者关注

B. 是否需要增加强调事项段取决于注册会计师的职业判断

C. 强调事项段应当在意见段的前面

D. 强调事项段不影响注册会计师发表的审计意见

4. 下列应出具非无保留审计意见的是（　　）。

A. 客户公司不愿编制最近三年的比较会计报表

B. 变更了固定资产折旧方法，并已在会计报表附注中说明，经主管财政机关批准

C. 对产成品发出计价由加权平均法改为后进先出法，使销售成本上升，这一变化未在会计报表中说明，确定应纳税所得额时未做调整

D. 一些应收账款账户余额无法实施函证程序，但已应用其他审计程序进行了验证

5. 注册会计师于2018年11月20日开始对被审计单位2018年的会计报表进行审计，2019年2月16日完成外勤工作，2019年2月20日管理层签署了已审会计报表，2019年2月25日被审计单位的年度会计报表正式对外公布，则审计报告日通常为（　　）。

A. 2019年1月20日　　B. 2019年2月20日

C. 2019年2月25日　　D. 2019年2月16日

（二）多项选择题

1. 注册会计师应当考虑在审计报告的意见段后增加强调事项段的情形包括（　　）。

A. 异常诉讼的未来结果存在不确定性

B. 监管行动的未来结果存在不确定性

C. 提前应用对财务报表有广泛影响的新会计准则

D. 存在已经对被审计单位财务状况产生重大影响的特大灾难

2. 下列说法中有关否定意见的审计报告中不正确的是（　　）。

A. 在意见段中使用“除……的影响外”　　B. 删除被审计单位管理层的责任段

C. 删除注册会计师的责任段　　D. 在意见段之前增加说明段

3. 下列属于需要被审计单位在财务报表披露的非调整事项的有（　　）。

A. 财务报表日后发现财务报表存在舞弊

B. 财务报表日后发生企业合并

C. 财务报表日后不久的销售情况显示库存商品在财务报表日已经发生了减值

D. 财务报表日后因自然灾害导致资产发生重大损失

4. 注册会计师应当直接与治理层沟通的事项主要包括（　　）。

A. 注册会计师的责任　　B. 计划的审计范围和时间

C. 审计工作中发现的重大问题　　D. 注册会计师的独立性

5. 注册会计师在评价财务报表的合法性时，应当评价管理层的下列事项（　　）。

A. 选择和运用的会计政策是否符合适用的会计准则和相关会计制度并适合于被审计单位的具体情况

B. 管理层做出的会计估计是否合理

C. 财务报表是否做出充分披露

D. 管理层是否承诺财务报表不存在重大错报，包括舞弊

（三）判断改错题（正确的打“√”，错误的打“×”，并改正）

1. 被审计单位将应记入营业外收入的事项记入了营业收入，属于重分类错误。（　　）

2. 如果律师声明书表明或暗示律师拒绝提供信息，则注册会计师应当视为审计范围受到限制。（　　）

3. 注册会计师应当针对期后事项实施专门的审计程序，以获取充分、适当的审计证据。（　　）

4. 注册会计师必须在获取充分、适当的审计证据的情况下才能出具审计报告。（　　）

5. 无保留意见的审计报告意味着注册会计师通过实施审计工作认为被审计单位财务报表的编制不存在错误。（　　）

6. 注册会计师审计报告的意见段之后增加强调事项段，只是增加审计报告的信息含量，提高审计报告的有用性，并不影响发表的审计意见。（　　）

（四）综合题

根据案例资料进行分析，并回答相关问题。

注册会计师在2013年3月10日完成了对ABC股份有限公司（以下简称ABC公司）2012年度财务报表的审计工作，现假定发现如下情况：①ABC公司在2012年将

发出存货的计价方法由原先进先出法改为个别计价法，经注册会计师调查取证认为其变更会计处理方法是合理的，但建议公司将这种变更及其对财务报表的影响在财务报表附注中披露，但 ABC 公司拒不接受注册会计师的调整建议。②利润总额中的 80%是由其境外子公司提供的，注册会计师无法赴国外对子公司的财务报表进行审查，也无法通过其他审计程序进行验证。③审计中发现 ABC 公司多计收入 230 万元，多计费用 120 万元，ABC 公司拒绝了注册会计师的调整建议。ABC 公司 2012 年度审计前的利润总额为 100 万元。④对应收账款项目进行函证时，其中对余额为 15 万元的客户 B 公司的函证未收到回函，注册会计师运用其他审计程序搜集了充分、适当的审计证据。假定注册会计师确定的重要性水平为 20 万元。⑤ABC 公司于 2013 年 1 月 20 日遭受重大火灾，对其未来的持续经营能力产生重大影响，但 ABC 公司已在财务报表附注中进行充分披露。

要求：

（1）请分别针对上述情况，说明注册会计师应当出具何种类型的审计意见，并简要说明理由。

（2）如果仅存在情况⑤，请代注册会计师编写审计报告。

参考文献

[1] 何秀英. 审计学 [M]. 6 版. 大连：东北财经大学出版社，2017.
[2] 张继勋. 审计学 [M]. 2 版. 北京：清华大学出版社，2015.
[3] 王生根. 中国注册会计师执业准则重点难点解析与应用分析 [M]. 大连：东北财经大学出版社，2018.
[4] 中国注册会计师协会. 审计 [M]. 北京：经济科学出版社，2019.
[5] 秦荣生. 审计学 [M]. 9 版. 北京：中国人民大学出版社. 2017.
[6] 刘静，卢相君. 审计学 [M]. 北京：经济科学出版社，2017.
[7] 中国注册会计师协会. 中国注册会计师执业准则 [M]. 北京：经济科学出版社，2019.
[8] 袁小勇，陈郡. 审计学 [M]. 北京：首都经济贸易大学出版社，2018.
[9] 宋常. 审计学 [M]. 8 版. 北京：中国人民大学出版社，2018.
[10] 田钊平. 审计基础与实务 [M]. 2 版. 北京：清华大学出版社，2012.
[11] 王生根. 审计实务——基于风险导向审计理念 [M]. 北京：清华大学出版社，2009.
[12] 吕先锫，刘新琳. 审计学 [M]. 2 版. 成都：西南财经大学出版社，2012.
[13] 许延明，史冬梅，赵严翠. 审计学 [M]. 哈尔滨：哈尔滨工业大学出版社，2014.
[14] 杨清香. 审计学 [M]. 武汉：华中科技大学出版社，2010.
[15] 李晓慧. 审计学：实务与案例 [M]. 4 版. 北京：中国人民大学出版社，2017.
[16] 殷文玲. 审计案例教程 [M]. 2 版. 北京：清华大学出版社，2012.
[17] 林丽. 审计学 [M]. 北京：清华大学出版社，2011.
[18] 史元. 审计学 [M]. 北京：高等教育出版社，2012.
[19] 郭强华. 新编审计学——案例分析、职场考证与创业辅导 [M]. 北京：清华大学出版社，2017.
[20] 陈淑芳. 审计学 [M]. 上海：立信会计出版社，2018.
[21] 王英姿. 审计原理与实务 [M]. 上海：上海财经大学出版社，2016.
[22] 文硕. 世界审计史 [M]. 北京：中国审计出版社，1990.
[23] 陈伟. 审计信息化 [M]. 北京：高等教育出版社，2017.
[24] 伍利娜，戚务君. 高级审计学：实证视野下的审计研究 [M]. 北京：北京大学出版社，2013.
[25] 王砚书，董丽英. 审计案例 [M]. 大连：东北财经大学出版社，2019.
[26] 阿伦斯，埃尔德，比斯利. 审计学：一种整合方法 [M]. 谢盛纹，译. 14 版. 北京：中国人民大学出版社，2013.